Ullstein

## DAS BUCH

Einsparungen im Gesundheitswesen machen auch vor der Zahnarzttür nicht halt, Krankenkassen erstatten ihren Mitgliedern gerade noch die medizinisch notwendige Zahnbehandlung. Zahnärzte wittern das große Geschäft. Sie versuchen, Patienten massiv in die private Behandlung zu drängen. Dem Argument, daß eine optimale Behandlung mittels des Kassengeldes nicht gewährleistet ist, sind Patienten oft hilflos ausgeliefert. Doch gründliches Wissen und Informationen helfen den Patienten, sich dem heftigen Verlangen der Zahnärzte nach Zuzahlung zu widersetzen.
Der Autor, Zahnarzt in freier Praxis, entlarvt die gängigen Verkäufertricks und Halbwahrheiten, mit denen viele seiner Kollegen versuchen, Patienten zur Zuzahlung zu überreden, ja sogar zu zwingen.
Das Buch ist für Patienten. Es ist übersichtlich aufgebaut und verständlich geschrieben. Es enthält zahlreiche Informationen zu typischen Behandlungssituationen und viele Hinweise, wie sich Patienten gegen das »Abkassieren« wehren können.

## DER AUTOR

Gert Gröde ist seit vielen Jahren Zahnarzt in eigener Praxis. Engagiert setzt er sich für die Belange seiner Patienten ein und plädiert dafür, daß viele seiner Kollegen ihr auf Marketing orientiertes Denken revidieren. Ärzte sollen wieder das sein, was von ihnen erwartet wird: Heiler und Interessenwahrer ihrer Patienten.

Gert Gröde

# KOSTENFALLE ZAHNARZT

## Über das Geschäft mit den Zähnen



Ullstein

Ullstein Buchverlage GmbH & Co. KG,
Berlin
Taschenbuchnummer 35760

Originalausgabe
April 1998

Umschlaggestaltung:
Simone Fischer & Christof Berndt
Umschlagfoto:
Tony Stone/Bilderwelten


Printed in Germany 1998
Gesamtherstellung:
Ebner Ulm
ISBN 3 548 35760 1

Gedruckt auf alterungsbeständigem Papier
mit chlorfrei gebleichtem Zellstoff

Die Deutsche Bibliothek – CIP-Einheitsaufnahme
Gröde, Gerd: Kostenfalle Zahnarzt: über das Geschäft mit den Zähnen/ Gerd Gröde.
– Orig.-Ausg. – Berlin : Ullstein, 1998
(Ullstein-Buch ; Nr. 35760)
ISBN 3-548-35760-1

Dieses Buch ist der Patientin Frau Karl gewidmet. Sie hat mich bei der nicht ganz unerheblichen Frage, ob es geschrieben und veröffentlicht werden soll, immer wieder unterstützt.

# INHALT

# VORWORT

Der Gang zum Zahnarzt ist für viele Patienten unangenehm. Das liegt aus ihrem Blickwinkel zunehmend nicht mehr nur an den bekannten Unannehmlichkeiten, wenn man im Zahnarztstuhl liegt, sich vom Halogenscheinwerfer blenden lassen muß, um sich dann mit weit geöffnetem Mund einem schwerbewaffneten Menschen auszuliefern. Die Zahnbehandlung ist vor allem spürbar teurer geworden. Weil jeder gesetzlich versicherte Patient jetzt bei der Behandlung statt der Sachleistung, die von den Krankenkassen bezahlt wird, auch die Kostenerstattung wählen darf, bei der Zahnärzte nach der privaten Gebührenordnung liquidieren, blüht das Geschäft mit den Zähnen mehr denn je. Nicht wenige Dentisten versuchen, die Patienten mit wechselnden Argumenten in die private Behandlung zu drängen und sind sich nicht zu schade, ihnen selbst unnütz Überteuertes zu verkaufen. Dabei haben sie natürlich nicht Lieschen Müller als Zielgruppe, sondern eher Hobbygolfer mit genügend Kleingeld und einem Wertpapierdepot. Zur privaten Zuzahlung unfähige Bürger sollen am liebsten aussortiert werden. In einer Zeit, wo alle über steigende Abgabenlasten stöhnen, die Wirtschaft kriselt und die Arbeitslosigkeit neue Rekordmarken setzt, werden bei derlei Zahnarztdenken vor allem einfache Bürger die Zeche zahlen müssen. Sie entrichten zwar nicht unerhebliche Beträge zur gesetzlichen Krankenversicherung, erhalten aber, ohne dem heftigen Verlangen vieler Zahnärzte zur privaten Zahlung nachgeben zu können, nur noch die medizinisch notwendige Versorgung. Mancher Patient hofft vielleicht, der Doktor werde seinen Erwartungen nach Qualität und Ästhetik beim Zahnersatz auch ohne den zusätzlichen Griff ins Portemonnaie schon entsprechen. Von wegen – grüßt mancher Zahnarzt herzlich zurück. *»Für blinde Passagiere sollte kein Platz an Bord des Schiffes Zahnprothetik sein«*, tönt es in *Die Zahnarztwoche* (10/97), und dieser Gedankeninhalt bringt das heftige Verlangen vieler Zahnärzte zur Privatleistung bei der Zahnbehandlung auf einen Punkt. Das ist, wie man es dreht und wendet, Zweiklassenmedizin, bei dem das Prinzip »Wer hat, dem wird gegeben« zum Leitmotiv der Zahngesundheit der Bürger erhoben wird. Zahnärztliches Marketing schiebt die Welle laufend neu an, auf der jetzt immer mehr Dentisten reiten. Die Masche abzockender Zahnärzte ist immer gleich: Sie versprechen die Qualität ihrer privat zu honorierenden Bemühungen bei freundlichster Bedienung – aber das natürlich nur dann. Manche Dentisten begreifen sich gar immer mehr als Verkäufer und haben den Patienten als »Kunden« im Visier. Angesichts der Erkenntnisse vordenkender Kollegen geraten viele Zahnärzte ins Grübeln: Warum denn billige Füllungen ins Programm nehmen, wenn man die Leute am besten mit privaten Leistungen kriegt? Und wenn mit der Füllung nicht genug Honorar zu verdienen ist, wird den Patienten eben lieber ein hübsches und teures Inlay aufgeschwatzt, das man zum angeblichen Hit puscht. Die Privatbehandlung: Ein Coup nach Geschmack vieler Dentisten, der sie in Champagnerlaune versetzt. Während die Behandlung sozialversicherter Patienten, bei denen der kesse Griff ins Portemonnaie keine Früchte trägt, bei einigen Zahnärzten zuweilen unwirsch abläuft, gibt's für Selbstzahler ein Löffelchen mehr Aufmerksamkeit hier und eine Portion Lächeln als Nachschlag dort. Es zählt vor allem das, was rauskommt, wenn der Patient die Praxis verläßt. Hauptsache ist, er hat zur Kassenleistung noch dazu oder die Behandlung ganz selbst bezahlt. Besonders private Eingriffe werden am Patienten hochgejubelt, mit denen manch selbsternannte Eliten der Reparatur von Zähnen ihr hehres Berufsziel, den Profit, immer weiter in die Höhe treiben wollen. Mit gängigen Verkäufertricks versuchen sie rasch, das Vertrauen unwissender Patienten zu gewinnen, so daß viele die Halbwahrheiten ihrer Argumente gar nicht durchschauen können. Kein Wunder, wenn viele Patienten verunsichert sind. Die Materie ist kompliziert und die Ehrfurcht vor dem Doktor groß. Von wirklichen Zweifeln über die Richtigkeit ihres anpreisenden Verkaufsgehabes sind vor allem am Profit interessierte Zahnärzte indes nicht angekränkelt. Statt sich neuen dentalen Erkenntnissen und den wirklichen Interessen ihrer Patienten zuzuwenden, verbringen sie einen beträchtlichen Teil ihrer Freizeit mit dem Studium von Abrechnungsvorschriften und versuchen, möglichst viele Patienten mit möglichst vielen privat abrechenbaren Leistungen zu beglücken. Der Zahnarztwille ist aber nicht immer kompatibel zu den finanziellen Möglichkeiten seiner Patienten, denn die besonders schöne Zahnbehandlung kann leicht mehr kosten, als das Familienbudget verkraften kann.

Der Zahnarzt, der nur dann happy ist, wenn er Patienten schröpfen kann, sollte sein Denken dringend renovieren. Mediziner müssen ihren Beruf wieder vorrangig als Heilen verstehen, und der Arzt sollte sowieso kein Marketingmann in dem Sinn sein, daß er seine Praxis vom Markt her führt. Widersetzen sich die Patienten allerdings nicht selbst dem Schröpfen bei der Zahnbehandlung, wird, da muß man kein Prophet sein, bei einigen Dentisten alles beim alten bleiben. Darauf zu warten, daß ausgerechnet Profitjäger unter ihnen sich von selber ändern und sich eher an den Wünschen der Patienten orientieren, wäre wohl zu naiv gedacht. Der Zug, einmal auf die Gleise gestellt, rollt, wenn man nicht die Bremse zieht. Kontrolle tut also not. Eine gewisse Skepsis sollte sich einstellen, wenn der Zahnarzt statt der Kunststoffüllung immer nur das teure Inlay und die Prothese der obersten Preisklasse empfiehlt. Was müßte geschehen? Zunächst sollte man als Patient immer Transparenz vom Zahnarzt fordern. Notwendig ist, daß der Patient sowohl über komplette finanzielle Belastungen als auch über sämtliche in Frage kommenden Behandlungsalternativen aufgeklärt wird – auch für den schmalen Geldbeutel. Man muß nicht alles hinnehmen, was der Zahnarzt einem mit sanftem Druck empfiehlt oder vorschreiben will, schon gar nicht die angeblich notwendige Zuzahlung in jedem Fall. Ohnmächtig brauchen Versicherte dem heftigen Verlangen mancher Zahnärzte, an ihnen zusätzlich Honig saugen zu wollen, nicht zusehen. Sie haben diverse Rechte, und kein Zahnarzt kann etwa nach Belieben schalten und walten. Wer sich als Patient davor schützen will, daß aus seiner Angst und Unbedarftheit Profit gezogen wird, der muß die Zurückhaltung dem Zahnarzt gegenüber aufgeben. Es wird Zeit, einen neuen Akkord anzuschlagen, wenn man nur mit Extragedern gut behandelt werden soll. Immer mehr Dentisten tummeln sich schließlich im Feld der Zahnbehandlungen, und der Wettbewerb wird härter. Andere Zahnärzte nach der Richtigkeit der vorgeschlagenen Therapie zu befragen kann vielleicht, Kopfblockade hin und her, viel Geld einsparen. Manches deutet sowieso darauf hin, daß die früher so geschlossene Front der ärztlichen Brüder aufzuweichen beginnt. Die Kritik aus den eigenen Reihen wird lauter, und Mißstände kommen von kritischen Medizinern an den Tag. Aufsehen erregte zum Beispiel der Hamburger Arzt Dr. Rainer Holzhüter mit seinem Buch *Wehrt euch, Patienten*, in dem er schonungslos die Krankmacher eines kranken Gesundheitssystems entlarvt: Ärzte, die nicht mehr nur Heiler und Helfer, sondern Medizinverwalter mit dem stets aufs Honorar schielenden Blick geworden sind. Er ruft seine Kollegen auf, sich an ihre eigentliche Berufung rückzuerinnern und wieder das zu tun, was von ihnen erwartet werden darf: sich vorrangig den Interessen ihrer Patienten zu widmen. Auch bei den Zahnärzten geht es nicht um zaghafte Korrekturen wie das Bemühen um mehr Qualität, sondern darum, sich als Anwalt menschlicher Würde zu begreifen. Nicht für das Geld allein sollen Zahnärzte bohren. Statt um immer höhere Honorare zu fighten, soll der Mensch wieder im Mittelpunkt ihrer Bemühungen stehen. Darauf immer wieder hinzuweisen, finde ich angemessen. Sicher wird diese Meinung nicht die Gegenliebe meiner Kollegen finden. Ich möchte allerdings betonen, daß ein insgesamt bitterer Nachruf auf die Zahnärzte sicherlich unangebracht ist, obwohl sich einige das Mißtrauen durch Pfusch, Geldgier und Arroganz zum Teil redlich verdient haben. Viele Einzelfälle, bei denen Patienten sich zu Recht über die Art der Behandlung beschweren dürfen, ergeben schließlich eine Tendenz. Ich bin jedoch der festen Überzeugung, daß die Mehrheit meiner zahnärztlichen Kollegen und Kolleginnen sich täglich nach bestem Gewissen um gute Ergebnisse bei ihrer verantwortungsvollen Tätigkeit bemüht. Zum Wohle der Behandelten. Dennoch und gerade deswegen möchte ich alle Patienten ermuntern, die nicht in deren Händen sind, Aufmüpfigkeit zu üben, wenn sie das Gefühl haben, für dumm verkauft zu werden. Ich möchte hinter die Kulissen des Geschäfts einiger geldgieriger Zahnärzte mit den Zähnen schauen lassen, auch wenn sie sich empören. Der Patient, der weiß, was alles möglich ist, wenn man zur Zahnbehandlung geht, hat den Blick geschärft und kann sich wehren. Wer kritisch und selbstbewußt beim Zahnarzt auftritt, wird auch so manche Kostenfalle als Klippe bei der Zahnbehandlung umschiffen können, und ich hoffe, dies dem Leser und Patienten in meinem Buch anschaulich verdeutlichen zu können. Kollegen, die dieses Buch zur Hand nehmen, werden sicher ebenfalls Nutzen aus der Lektüre ziehen. Vielleicht halten es manche für unnötigen Alarmismus –, vielleicht bewegt es andere zum Umdenken. Das wäre um Längen besser, als so weiterzumachen. Mit der Nennung von Zahnärzten im allgemeinen meine ich natürlich auch alle Kolleginnen. Wie den männlichen Vertretern unseres Berufes gegenüber hege ich für sie gleichermaßen den größten Respekt. Vor allem dann, wenn sie bei ihrer verantwortungsvollen Tätigkeit auf die Bevormundung ihrer Patienten verzichtet haben.

# MANAGEMENT ZAHNARZTPRAXIS

Die Zahnärzte werden in Gesprächen am Stammtisch oder in öffentlich geführten Diskussionen nicht müde, immer wieder und ganz ungeniert das Bild der durch die Krankenkassen und die Gesundheitspolitik unterbezahlten Mediziner hervorzukehren. Das ist nichts Neues, denn die Zahnärzte haben der Bevölkerung auch in den zurückliegenden Jahren ständig versucht vorzugaukeln, daß sie finanziell gerade so über die Runden kommen. Auch wenn die meisten Bürger mit Blick auf ihre Zahnarztrechnungen ganz anderes vermuten dürften.

Natürlich sind die fetten Jahre, da vor allem die Kassen die Arbeiten der Zahnärzte sowohl höher bezuschußten als auch wesentlich häufiger genehmigten, vorbei. Ganz so einfach ist das Verdienen für Deutschlands Dentisten mit Kassengeldern jedenfalls nicht mehr, aber zum Ausgleich versuchen sie sich jetzt durch private Zusatzvereinbarungen an ihren Patienten schadlos zu halten.

Die Zahnarztpraxen werden von ihren Besitzern heute immer mehr unter den Gesichtspunkten des Marketing geführt, nach dem Motto: Die Behandlung ist teuer, und Zeit ist Geld. Da sind für viele Zahnärzte besonders privat zu vereinbarende Eingriffe an den Zähnen der gesetzlich versicherten Patienten interessant.

Auf standespolitischer Ebene der Zahnärzteschaft wurde in den letzten Jahren mit den Führungskräften der Krankenkassen und den Vertretern der Gesundheitspolitik hart gerungen, um auch weiterhin die satten Honorare der bohrenden Mediziner sicherzustellen. Das ist ihnen gerade in der jüngsten Vergangenheit gelungen, denn mit der Einführung der Festzuschüsse zum Zahnersatz und der Mehrkostenregelung in der Füllungstherapie haben sie erreicht, viele ihrer ehemals durch die Kassen reglementierten handwerklichen Verrichtungen privatisieren zu dürfen. Privat mit den Patienten abzurechnen bedeutet für den Zahnarzt in der Regel aber auch mehr zu verdienen, und mit der Unterschrift der Behandelten bei zusätzlichen Vereinbarungen ist das sogar ganz legal. So wird auch in der Zukunft nicht befürchtet werden müssen, daß die Zahnärzte verarmen. Für ihre Leistungen lassen sie sich sogar überdurchschnittlich gut entlohnen. Die meisten Patienten, die in der Vergangenheit stets damit rechnen konnten, daß allein der Krankenschein die Behandlung bezahlt, dürfen diesen Effekt künftig so nicht mehr ohne weiteres einkalkulieren. Das können viele Patienten nach Erhalt der Rechnung, die der Zahnarzt schickt, bestätigen. Besonders durch den Dreh an der Steigerungsschraube bei privat erbrachten Eingriffen, die jetzt vor allem den gesetzlich Versicherten schmackhaft gemacht werden sollen, blüht für viele Zahnärzte das Geschäft mit den Zähnen mehr denn je. Ein Geschäft, bei dem viele Patienten immer öfter mit verkaufspsychologischen Taktiken angegangen werden und die ärztliche Ethik zugunsten steigender Honorartöpfe der Zahnärzte nicht selten als erstes abdankt.

Wer aber als Patient das Konzept allzu gieriger Behandler durchschaut, kann Kontrolle ausüben. Und das scheint bei einigen Dentisten bitter nötig.

# Der schlecht verdienende Zahnarzt: Das Märchen

Obwohl aus den eigenen Reihen, teils mit aufwendigen und spröden Grafiken, immer wieder anderes behauptet wird, zählen doch die meisten Zahnärzte nicht zu den Normalverdienern, sie verbuchen zum Teil horrende Jahreseinkommen. Nicht wenige von ihnen leisten sich die Yacht, die der Normalverdiener nur vom Foto kennt, einen neuen Porsche und wohnen in der Villa im teuren Vorort der Stadt, in der ihre einträglichen Praxen liegen. Es soll ihnen ja auch gegönnt sein, überdurchschnittliche Einkommen nach Hause zu tragen. Nur, das ständige Gejammer der bohrenden Medizinerzunft um zu wenig Honorar macht besonders die wütend, die den teils aufwendigen Lebensstandard einiger Zahnärzte bezahlen müssen. Und das sind in der Regel die Patienten. Zahnärztliches Klagen über die angeblich permanenten Honorarabschmelzungen legen angesichts bekannter Jahreseinkommen von durchschnittlich 180000 Mark pro Zahnarzt den Verdacht nahe, daß der Bürger hier für dumm verkauft werden soll.

»Verarschen kann ich mich selbst«, sagt der Volksmund. Einkommenseinbußen, die wirklich weh tun, haben meist Menschen mit einfacheren Berufen und ohne Doktortitel zu verkraften. Und in einer Zeit, wo alle über steigende Abgabenlasten stöhnen, die Wirtschaft kriselt und die Arbeitslosigkeit neue Rekordmarken setzt, ist den Zahnärzten mehr Augenmaß und Zurückhaltung bei der dauernden Forderung nach steigenden Honoraren zu empfehlen. Die Kollegen der Zahnärzte, die Kieferorthopäden als Zahnfehlstellungsregulierer, sahnen in Dimensionen ab, an die sicherlich kaum ein Leser denkt. Hier an den Klammern gedreht und dort ein paar Drähte bewegt: pro Jahr lassen sich zwischen einer und 15 Millionen Mark erschrauben. Zwar sind die Gewinnspannen bei den Kieferorthopäden noch größer als bei den Zahnärzten, aber auch bei den Dentisten sind die Einkommen weit überdurchschnittlich.

Immerhin wurden schon 1991 ein Drittel aller im ambulanten Behandlungsbereich aufgewendeten Kosten der gesamten Medizin von den Zahnärzten verschlungen. Das sollte sich in deren Einkommen widerspiegeln, und so war auch 1995 etwa jeder zweite Deutsche nach einer Umfrage für das Institut der Deutschen Zahnärzte (IDZ) der Meinung, daß die Zahnärzte zuviel verdienen. Von den Zahnärzten und ihren Funktionären wird dies natürlich heftig dementiert, weil es um ihre Pfründe geht. Als Auswirkungen der verschiedenen Stufen der Gesundheitsreform und Kassenzwängen werden die gesunkenen Einkommen an Hand von Kurven und Balkengrafiken demonstriert und der Eindruck erweckt, daß über dem dentalen Berufsstand längst der Pleitegeier seine Kreise zieht. Es wird gejammert und gezetert, daß sie angeblich an der unteren Skala der Einkommen aller Mediziner zu finden seien. Das ist natürlich eine Frage der Betrachtung, denn andere Ärzte verschiedenster Fachrichtungen zählen auch nicht gerade zu den Kleinverdienern.

Während etwa 1970 künstliche Zähne bei den Ausgaben der Kassen mit nur zwei Milliarden Mark zu Buche standen, hatten sich die Zahnärzte bereits 1983 mit rund 400 Prozent Zuwachs ihrer Leistungen für Zahnersatz am eifrigsten aus den Mitteln der Krankenversicherungen bedient. Als Folge verschiedener Kostendämpfungsversuche der Gesundheitspolitik gab es einige Leistungsbegrenzungen und Abwertungen der Zahnersatzleistungen. Doch auf den Inhalt der Geldbörsen hatte dies kaum Auswirkungen. Die gesetzlichen Maßnahmen, als Notbremse zu den stetig steigenden Ausgaben im Gesundheitswesen gedacht, bewirkten im wesentlichen lediglich eine Umverteilung der Kosten: Jetzt bürdeten die Zahnärzte den Patienten die stetig steigende Eigenleistungen auf. Dieser Trend setzt sich weiter fort. So werden Patienten auch in Zukunft immer tiefer in die Tasche greifen müssen, um den Gang zum Zahnarzt zu bezahlen. Dieser Meinung scheint auch der Präsident der Bundeszahnärztekammer, Dr. F.-J. Willmes, zu sein und stellt als Zahnarzt fest:

*»Ich sage ganz offen, wie ein Ministerialbeamter möchte ich schon honoriert werden, denn schließlich ist es kein Honigschlekken, Tag für Tag am Behandlungsstuhl zu stehen.«*

Nun, ist man versucht zu fragen, wenn diese Arbeit kein Zuckerlecken für Herrn Doktor ist, warum legt er sie dann nicht einfach nieder? Zahnärzte gibt es heute so viele, daß man getrost von einer Schwemme reden darf.

*Die Zahnarztwoche*, wöchentlich erscheinendes Sprachrohr der deutschen Zahnärzte, rechnete vor, daß das Durchschnittseinkommen des bundesdeutschen Zahnarztes 1993 etwa 179000 Mark betrug. Daß dies einigen Zahnärzten zur Finanzierung eines aufwendigen Lebensstandards zu wenig ist, kann man glauben, muß man aber nicht. Es gibt eben Geschichten, die lassen sich kaum nachprüfen; man kann sie allenfalls nachvollziehen. Wenn man will. Der Bundeszahnärztekammer-Präsident wertet das Einkommen seiner Kollegen jedenfalls *»... schon fast als Kuriosum ...«* und schmollt, das sei doch *»gerade mal so viel wie ein Fregattenkapitän ...«* Was er nicht sagte: Spitzenverdiener der Branche brachten es 1993 allerdings auch schon auf Einnahmen von mehr als 450000 Mark. Darüber durften sich in diesem Jahr immerhin 1880 westdeutsche und 70 Zahnärzte aus den neuen Bundesländern freuen (Deutsches Institut für Wirtschaftsforschung). Jeder zehnte Zahnarzt erbohrt nach statistischen Daten der Bundesvereinigung der Zahnärzte einen Umsatz von 1 Million Mark pro Jahr. Bei den nach Abzug eines Urlaubs etwa verbleibenden 200 Arbeitstagen im Jahr und der Berücksichtigung üblicher Öffnungszeiten, bei denen für die meisten Dentisten die Praxis am Mittwoch und Freitag nachmittags geschlossen bleibt, machte dieses Zehntel aller Zahnärzte somit einen täglichen Umsatz von fast 5000 Mark! Der freie Verband Deutscher Zahnärzte hat seinen Mitgliedern mindestens notwendige Arbeitszeiten für fast alle zahnärztlichen Eingriffe empfohlen, die die Qualität der Bemühungen an den Zähnen sicherstellen sollen. Bei derartig hohen Umsätzen würde 10 Prozent der Zahnärzte aber unter Einhaltung der angeratenen Mindestzeiten für die einzelnen Verrichtungen zwanzig Stunden am Tag Patienten behandeln. Da dies ein Unding ist, bleibt nur der Schluß, daß viele ihrer Behandlungen wohl in unglaublichem Tempo und gepfuscht oder überhaupt nicht nach den Regeln der zahnärztlichen Kunst erbracht wurden. Die Vermutung sei erlaubt: Vielleicht wurden einige Handgriffe ja auch gar nicht ausgeführt und den Kassen trotzdem in Rechnung gestellt. In einem Verfahren wegen Betrugs wurde übrigens ein Kieferorthopäde mit einer Geldbuße von 600 000 Mark belegt, die er lächelnd aus der Tasche zog ... (R. Holzhüter: *Wehrt euch, Patienten!*) Aber auch Zahnärzte wurden schon wegen des Verdachts unberechtigter Bereicherung von der Polizei gejagt. Von 1983 bis 1985 hatte die Hamburger Kripo nach anonymen Anzeigen gegen dort praktizierende Zahnärzte ermittelt und 32 von ihnen Abrechnungsbetrug in verschiedenen Varianten nachgewiesen. Im genannten Zeitraum hatten sie die Krankenkassen um über 4 Millionen Mark geprellt! Über deren kriminelle Energie kann man nachträglich nur staunen, wenn man bedenkt, daß jeder dieser Zahnärzte nebenbei und vor allem unberechtigt etwa 125 000 Mark abgezweigt hatte. Der vermutete Schaden lag im übrigen weit höher ... Die genannten strafrechtlichen Ermittlungen bezogen sich damals auch nur auf den Raum Hamburg und hatten lediglich die Betrügereien dortiger Zahnärzte aufgedeckt. Der Geldhunger einiger schwarzer Schafe der zahnärztlichen Zunft ist indessen immer noch ungestillt: In Hessen wurde kürzlich gegen 50 Zahnärzte staatsanwaltschaftlich ermittelt, die in Straftaten im Zusammenhang mit der Anfertigung von billigem Zahnersatz zum Nachteil der Kassen und Patienten verwickelt waren.

Zurück zu den regulären Einkommen bundesdeutscher Zahnärzte: Die Einnahmen der selbständig tätigen Dentisten aus der Behandlung von Kassen- und Privatpatienten summierten sich 1993 nach Angaben des Deutschen Instituts für Wirtschaftsforschung insgesamt immerhin auf knapp 28 Milliarden Mark. Mit den Festzuschüssen zum Zahnersatz und den von Zahnärzten erwünschten privaten Zuzahlungsbehandlungen sind zudem auch alle gesetzlich versicherten Chipkarten-Patienten immer mehr den wirtschaftlichen Interessen der Zahnärzte ausgeliefert, was ihre Einnahmen weiter kräftig nach oben ziehen wird.

Während die gegenüber den gesetzlichen Krankenkassen abgerechneten Einfachgebühren der Zahnärzte etwa mit dem Faktor 1,5 multipliziert werden, dürfen Zahnärzte Privatpatienten gegenüber dieselbe Leistung wesentlich höher in Rechnung stellen. Grundsätzlich kann jeder gesetzlich versicherte Patient, zum Beispiel als Mitglied der AOK, auch Privatpatient werden, wenn er dies wünscht. Diesem Wunsch wird so mancher Behandler mit »sanftem Druck« oder dem forschen Hinweis, daß sonst die Qualität seiner Bemühungen in Frage gestellt sei, nachhelfen. Es wird geschätzt, daß allein die Mehrkosten der Privatisierung des Zahnersatzes die Portemonnaies der gesetzlich Versicherten mit etwa 1,5 Milliarden Mark zusätzlich belasten werden.

Um die glänzenden Geschäfte zu verwirklichen, legt sich mancher Zahnarzt mit viel geschwafeltem Aufwand krumm, um möglichst viele Patienten, die möglichst viel dazuzahlen, zu gewinnen. Entsprechende Hilfe, wie man sich dabei verhalten muß, kann er von Kollegen selbst erhalten. Diese selbsternannten Marketing-Berater publizieren in zahnärztlichen Zeitschriften oft und gerne Tips und Tricks zum neuen Behandeln in der schönen Zahnarztwelt, damit sich die Patienten dort als »Kunden« auch recht wohl fühlen. Besonders die, bei denen Extragelder winken, denn der Hintergrund dieser Bemühungen meint oft genug nur das Patienten-Schröpfen. Zahnarzt Dr. V. Bonatz zum Beispiel trifft den Punkt genau und fragt in *Die Zahnarztwoche* 9/97 besorgt: *»Sind wir bereit, als freie Unternehmer unsere selbstzahlenden Patienten gezielt zu ihrem Vorteil zu beeinflussen?« . . . Anlaß genug, einmal zu fragen, wieviel Service wir unserer Klientel entgegenbringen, die in Zukunft mehr aus eigener Tasche für unsere Leistungen zahlen muß.«*

Vor allem gegen Bares verändern sich da ehemals ruppige Umgangsformen von Zahnärzten und das Bemühen um bessere Qualität bei der Behandlung. Dies besonders oder überhaupt nur dann, wenn entsprechend angegangene Patienten bereit sind, diverse Beträge zusätzlich zu berappen. Dann könne man auch *»entsprechend der geplanten Behandlung den Patienten ganz behutsam in reservierte und neu zu schaffende ›Privatzonen‹ lenken«* und ihn *»mit warmer, sympathischer Stimme . . . gleich mit korrektem Namen . . .«* ansprechen. Selbstverständlich soll *»diese Stille extra bezahlt werden«*, und dann geht auch *». . . der Prosecco auf Praxiskosten.«* Auch der eigentliche Eingriff kann bei den draufzahlenden Patienten sehr angenehm und störungsfrei verlaufen, denn: *»Der Behandler sollte seinerseits der Versuchung zu Unterbrechungen der privaten Behandlung widerstehen: Es wird weder zwischendurch . . . mit dem Techniker geplaudert, es wird nicht mal schnell eine Nachkontrolle nebenan durchgeführt . . . Und das Handy bleibt auch draußen, Golftermine können durch die Rezeption vereinbart werden.«* Bei Patienten, die diesen kostenpflichtigen Service nicht zu schätzen wissen, müsse eben *... wieder auf die normalen Sprechstunden ausgewichen werden.«* Trotz vereinbarter Termine im Wartezimmer des Herrn Doktor herumzusitzen, kommt allerdings vielen Patienten sehr bekannt vor ... Wer zu den Kassenkosten nichts dazugibt, weil er nicht kann oder schlicht nicht will, wird auf Entzug im Service gesetzt, so würde es nach dem Willen zahnärztlicher Marketingboys gehen.

Kurze Verweilzeiten auf dem Behandlungsstuhl nach endlosem Warten und Frust, wenn die Sekretärin spitz und ansonsten sprachlos die Versicherungskarte einfordert, lassen den nicht umworbenen, »normalen« Kassenpatienten schnell zur bloßen Nummer ohne besonderes Interesse schrumpfen. Persönliche Zuwendung oder gar die ausreichende Beantwortung von Fragen sind für ihn kaum vorgesehen. Die Zeit drängt, und Zeit ist Geld! Zuzahlende Patienten dürfen sich dagegen höchster Aufmerksamkeit vieler Zahnärzte erfreuen. Das um so mehr, je weiter deren Geldbeutel geöffnet wird. Bei ihnen können sogar *»... die Patientenumhänge ... jetzt besonders groß, flauschig und weiß sein.«* Die Phantasie geldhungriger Zahnärzte im Umgarnen von Patienten mit dem nötigen »Kleingeld« kennt kaum Grenzen, wenn es nach dem Zahnarzt Dr. Bonatz geht, für den Patienten »Kunden« sind: *»Und noch ein konkretes Beispiel für Service des privat Behandelten: Es gibt Zahntechniker, die die fertige Krone in eine kleine edle Schachtel mit liebevoller Schleife verpacken ... Wenn das Auspacken dieses Präsentes vor den Patientenaugen zelebriert wird, muß die Wertschätzung steigen ... Natürlich kann die Prothese auch aus braunem Packpapier gewickelt werden. Aber dann geht die Begeisterung verloren ... Selbstverständlich kann auch die Nachsorge beim Selbstzahler verbessert werden: Seine Terminwünsche haben Vorrang.«*

Zahnärztliche Funktionäre haben zur Rechtfertigung ihrer finanziellen Begehren versucht, die Einkommen ihrer Kollegen mit dem Mitleid der Öffentlichkeit verbinden zu wollen. Viele von ihnen stünden angeblich nahe am Ruin und wüßten gelegentlich kaum, wie sie durch die Kassengelder allein den Strom zahlen sollten, damit der Bohrer weiter surrt. Einer von ihnen kam 1979 auf die kuriose Idee, den Bürgern einen durchschnittlichen Stundenlohn von 5,48 Mark suggerieren zu wollen. Die Zeitschrift Der Spiegel kam allerdings in eigenen Recherchen zu ganz anderen Ergebnissen und zur Korrektur der Volksverdummung: Der durchschnittliche Nettoverdienst westdeutscher Zahnärzte lag damals schon fast 25mal höher als der von einem Standesvertreter vorgegaukelte Nettoverdienst von DM 5,48 in der Stunde, also bei etwa 135 DM pro zahnärztlicher Arbeitsstunde (Durchschnitt aller westdeutschen Zahnärzte 1979). Er wird durch das gewollte Patientenschröpfen vieler Zahnärzte zukünftig noch bedeutend höher und überproportional steigen. Da können die Normalverdienenden nur hoffen, daß die eigene Arbeitskraft noch lange erhalten bleibt, um die eventuell auf sie zukommenden Zahnarztrechnungen begleichen zu können. Für manch einen geht nach derlei Kenntnissen die Rechnung anders: Er putzt die Zähne künftig öfter und besonders zwischendurch. Wenn er schlau ist.

☞ Erwarten Sie vom Zahnarzt und seinen Angestellten ganz selbstverständlich freundliche Aufmerksamkeit, Zeit und das permanente Bemühen um beste Behandlungsergebnisse. Ohne Zuzahlung, die Ihnen in einer Rechnung der privaten Gebührenordnung für Zahnärzte (GOZ) später präsentiert werden soll. Oder zahlen Sie nicht schon genug Beiträge zur gesetzlichen Krankenversicherung? Geben Sie niemals ungeprüfte Blankounterschriften unter private Vereinbarungen jeder Art, deren Konsequenz Sie zunächst gar nicht abschätzen können. Mancher unterschrieb beim Zahnarzt alles mögliche, flog dort als Adler ein und ging als Suppenhuhn. Vergewissern Sie sich beim Zahnarzt, ob zu Ihrer Behandlung zusätzliche Zahlungen fällig sind, die angeblich nicht durch Ihre Krankenkasse abgegolten werden. Wenn Sie ausschließlich die Qualität der Kassenleistung ohne Extrarechnung wünschen, beobachten Sie genau, ob die Laune der Zahnarztmannschaft sinkt. Wenn ja, sind Sie möglicherweise in einer anderen Praxis besser aufgehoben, dessen Besitzer nicht auf die Mitfinanzierung seiner Golf- und Tennisstunden durch Patienten schielt.

# Auf leisen Sohlen: Zahnärzte als Verkäufer

Kaum jemand ahnt, daß nicht wenige Zahnärzte ihre Patienten mit vielen ihrer teuren Leistungen schlicht »überversorgen«. Dies bestätigt auch die Untersuchung einer Krankenkasse, nach der zwei von zehn Zahnärzten die Zähne ihrer Patienten mit zum Teil doppelt so vielen Füllungen oder Kronen bestückt hatten, als dies nach der Befunderhebung eigentlich notwendig gewesen wäre. Jeder zehnte Zahnarzt zog eine übliche, von den Kassen bezahlte Füllung gar nicht in Betracht, sondern schwatzte den Betroffenen lieber gleich ein privates Inlay auf, dessen Kosten von den gesetzlichen Krankenkassen nicht übernommen werden und dem Doktor mehr Honorar bringt. Sachgerecht gearbeitete Füllungen können, im Durchschnitt betrachtet, etwa 10 Jahre oder länger der Kaubelastung standhalten. Nach dem dreijährigen Beobachtungszeitraum der Betriebskrankenkasse Voith aber waren schon 30 Prozent der behandelten Zähne wieder gefüllt, neu überkront oder gar gezogen worden. Die Auflistung zahnärztlicher Überversorgungen, die natürlich auch Rückschlüsse auf die Qualität der Ausführungen zuläßt, ließe sich seitenlang fortführen. Die Mengenausweitung der dentalen Verrichtungen an den Zähnen der Versicherten machte es den Zahnärzten in den zurückliegenden Jahren möglich, reformbedingte Einkommenseinbußen aufzufangen. Dies war sicher auch ein Zeichen verfehlter Gesundheitspolitik. Heute haben die Besitzer der Zahnarztpraxen verstärkt die Geldbeutel der Patienten im Visier. Dazu bedienen sie sich mitunter perfider »Verkaufsargumente«, die Unwissenheit und Angst der »Kunden« ausnützend. Die Techniken kennt neben manchem Zahnarzt auch der »Drücker« an der Haustür. Einseifen, überzeugen und vor allem das: Verkaufen!

Die Zahnärzte haben der Wirtschaft über die Schulter geschaut und begreifen sich immer mehr selbst auch als Unternehmer, die ihre Praxen marketinggerecht betreiben möchten. Die Devise lautet: Die Unkenntnis der Patienten bezüglich ausreichender und zuzahlungsfreier Eingriffe ausnutzen und sich in der Kunst des Überredens zum Selbst- oder Draufzahlen schulen. »Verkaufen« und in den Zahn einbauen läßt sich viel. Hauptsache der Eingriff ist teuer, und wird nicht durch die Krankenkassen allein bezahlt. Das Spektrum an Leistungen, die der Zahnarzt heute privat in Rechnung stellen kann, ist groß: Inlays anstatt der billigeren Füllungen und technisch verspielte Prothesen mit aufwendigen Halteelementen an noch vorhandenen Zähnen, die sich überkronen lassen, sind nur Beispiele. »Verkauft« wird dies und vieles mehr zwar unter dem Deckmäntelchen zahnärztlicher Ethik, indes haben es viele Zahnärzte eher auf das Portemonnaie der Behandelten abgesehen, das es zu therapieren gilt. Tricks zum verlockenden Anbieten teurer Zahnreparaturen kommen vom dentalen Marketing, auf das sich einige Zahnärzte spezialisiert haben und dies pausenlos veröffentlichen. Artikel in zahnärztlichen Fachzeitschriften, die sich mit Verkaufstraining und professionellen Überzeugungstechniken befassen, gibt es reichlich. Ihr Inhalt: Wie man Patienten »an die Angel« nimmt und dafür sorgt, sich vom geschluckten Köder nicht mehr loszureißen.

Das Motto: Wir Zahnärzte sind auch Verkäufer und wissen, wie Patienten zu beschwatzen sind. Zum Beispiel mit den Hilfen in *Die Zahnarztwoche* 4/97, »*Die fünf Beratungsstufen zum Therapie-Verkauf*«.

1. Stufe: *Motivation.* Hier soll der Zahnarzt den »Erwartungshorizont« von Patienten mit Fragen, die mit einem »W« beginnen (Wieviel? Was? Wann?), ausloten. Er versucht schnell herauszufinden, wieviel Patienten »in den Heilungsprozeß« investieren wollen, denn dieses Interview spart ihm später Zeit, und die ist beim Zahnarzt teuer. Wer zu der Behandlung nichts dazuzahlen will, mit dem wird das Gespräch schnell abgebrochen, denn nur um zu reden, ist man schließlich nicht erschienen. Auf alle Fälle seien aber Befundunterlagen und möglichst auch ein großes Röntgenbild der Gebißsituation vom Patienten anzufertigen. Ob dies im Hinblick auf die Strahlenbelastung wirklich nötig ist, interessiert den Zahnarzt kaum. Das zahlt

die Versicherung, und auch »sozialversicherungsgebundenes Therapieniveau« läßt des Doktors Konten steigen. Wer als Patient doch Bereitschaft zur Extrazahlung signalisiert, den begleitet der Zahnarzt sanft in die

2. Stufe: *Zielformulierung*. Ein pfiffiger Zahnarzt konfrontiert seine Patienten »nicht etwa mit allen denkbaren Versorgungsmöglichkeiten«. Nein, die Therapieentscheidung wird von ihm selbst getroffen, denn dann können die Patienten nur noch die teuren Leistungen des Doktors, und zwar in den »vorgegebenen Bahnen«, wählen. Daß vollständige Aufklärung in jeder erdenklichen Hinsicht allerdings zur wichtigsten Pflicht der Zahnärzte gehört, die es Patienten überhaupt erst möglich macht, frei dem Eingriff zuzustimmen, wird nicht erwähnt. Statt dessen soll der Zahnarzt nach seiner dreisten Therapie-Offerte gar nicht mehr viel sagen, sonst »laufe man Gefahr«, Patienten »totzusabbeln«, die ihr Geld zusammenhalten und am Ende einfach gehen. Einwände, die von Patienten kommen, läßt der schlaue Zahnarzt zu, aber erst in der

3. Stufe: *Spontanverarbeitung*. Diese Phase stillen Zuhörens kann ihn zwar gelegentlich beunruhigen, denn man wisse nie, »was der Patient vorbringen wird«. Der Zahnarzt solle aber trotzdem alle möglichen und wenn auch finanziellen Bedenken ruhig zulassen, weil er sonst Gefahr liefe, daß sie sich im Unterbewußtsein des Patienten festsetzen könnten. Wer Lust hat, kann sich dabei als Fachmann heimlich amüsieren, wie wenig wissenschaftlich sich Patienten ausdrücken können, und still darüber lächeln, daß sie vielleicht »Kieferchirurg und Kiefer(n)orthopäde« durcheinanderbringen. Nachdem Herr Doktor seinen Spaß hatte, nimmt er Patienten mit in die

4. Stufe: *Logische Verarbeitung*. Sich der endgültigen Zustimmung zur teuren Gebißsanierung seiner »Kunden« zu versichern, ist der Zweck dieser zahnärztlichen Übung. Der Zahnarzt wird hier von dankbaren Patienten erzählen, denen es in seiner Praxis immer so gefällt und die dem Rest der Welt stolz die von ihm so schön gemachten Zähne zeigen. Zur Bekräftigung seiner Argumente holt er vielleicht Fotos seiner schönsten Fälle aus der Schublade oder Modelle gerade ablaufender Behandlungen zum Befühlen. Jetzt wird es aber Zeit, den »Preiskomplex« anzugehen, der schon einmal Unbehagen beim Patienten auslösen kann, besonders wenn der nicht die »Kas-

senzähne« will. Den »Geschäftsabschluß« startet der Zahnarzt in der

5. Stufe: *Abschluß und Zusammenfassung.* Jetzt soll alles schnell gehen. Als Trostpflaster wird der eventuelle Zuschuß der Krankenkasse aus dem Computer heraus bestimmt, ein Händedruck, ein letztes Lächeln, und die Sekretärin gibt Termine. Halt, das Wichtigste nur nicht vergessen: Ohne die Unterschrift des Patienten als Zeichen seiner Zustimmung zu der teuren Therapieentscheidung ist die mühsam aufgeschwatzte Privatvereinbarung des Zahnarztes für das zusätzlich zu erwartende Einkommen rein rechtlich nämlich gar nichts wert.

Ob die neuen »Privatzähne« später wirklich so exklusiv sind, wie versprochen, darf der Patient bis zum Termin nur hoffen. Wenn nicht, machen manche Zahnärzte auch gerne wieder neue, das aber möglichst nicht auf ihre Kosten.

# DIE GESCHÄFTE MIT DEN ZÄHNEN

Auch der angehende Zahnarzt unterwirft sich als künftiger Mediziner nach seinem Studium stillschweigend dem *Eid des Hippokrates.* Das Land hat nach seinen bestandenen Prüfungen zwar einen neuen Arzt, aber aus dem Schwur des gleichnamigen heilenden Griechen (460–370 vor Chr.), der keinen Unterschied wegen der sozialen Stellung seiner Patienten machen wollte, resultiert für den künftigen Zahnarzt dennoch keine gleichlautende Verpflichtung. Statt dessen werden von ihm privatversicherte oder selbstzahlende Patienten oft schon zu Beginn seiner Karriere deshalb fürsorglich umhegt und gehätschelt, weil sie sein Honorar bedeutend mehr in die Höhe treiben als die zu Behandelnden mit Chipkarte ohne Zuzahlungswillen. Einige Zahnärzte nehmen gesetzlich Versicherte mit dem Hinweis auf ihre enorme Überlastung gar nicht an. Die meisten schon, aber immer öfter mit dem Hintergedanken, sie zu Extrazahlungen ihrer Leistungen durch spezielle private Vereinbarungen auf vorgefaßten Formularen zu überreden. Dies geschieht oft mit dem sich rechtfertigenden und fast schon erpresserischen Hinweis an die Patienten, daß nur mit den Kassengeldern allein leider keine gute Qualität in der Zahnheilkunde möglich sei. Viele der so Informierten geben dem »sanften Druck« der Mediziner nach und zahlen extra, zwar mit Kopfschütteln und der aufkeimenden Frage im Hinterkopf, wofür sie in ihre Versicherung überhaupt einzahlen.

Mehr und mehr Zahnärzte begreifen ihre Praxen heute als lohnendes Geschäft und schielen mit ungeniertem Blick zuallererst in das Patientenportemonnaie. Das Verdienen wird besonders dann sehr leicht gemacht, wenn die Behandelten von ihnen nicht über alle machbaren Zahnversorgungen in Kenntnis gesetzt werden. Besonders Dentisten mit Dollars in den Augen favorisieren stets die teuren Therapien. Das fällt ihnen gar nicht schwer, denn besonders ängstliche Patienten stimmen den ihnen je nach Taktik des Behandlers freundlich oder harsch unterbreiteten Vorschlägen zur Zahnsanierung mit dem Extragriff zum Geldbeutel zu. Nicht wenige hoffen nach dem Motto »Augen zu, und durch!«, daß der gefürchtete Eingriff wenigstens nur teuer, aber nicht besonders schmerzhaft ist und man dann auch wieder »richtig beißen« kann.

Dennoch sind auch die preiswerteren, durch die Kasse bezahlten Zahnreparaturen bei guter Ausführung durch den Zahnarzt durchaus auch brauchbare Alternativen zur oft überteuerten, privat bezahlten Therapie. Ansprechende Ästhetik inklusive, wenn Herr Doktor will und kann. Wo aber vor allem Geld das Motiv zahnärztlicher Bemühung ist, bleibt für die wenig Verdienenden nicht viel Zeit. Sachlich kühl und distanziert geführte Behandlungen mit Patienten, denen das Geld nun einmal nicht so locker sitzt, wie es der Zahnarzt gerne hätte, verstärken dann noch deren Angst und Ohnmacht. Das muß man sich einmal vorstellen: Es soll sogar Zahnärzte geben, die vor ihnen schlotternde Patienten nur rüde oder knapp begrüßen, sie über den Eingriff gar nicht informieren und mit der Bemerkung, daß das Wartezimmer voll sei, unmittelbar »zur Sache« gehen. Mancher grüßt noch nicht einmal, und ob die eilig verpaßte Spritze an den Delinquenten, nach der Herr Doktor ins nächste Sprechzimmer eilt, später dann auch wirkt, interessiert ihn kaum. Diese Zahnschleifer haben zweifellos den Beruf verfehlt und schaden obendrein dem Ansehen aller Zahnärzte ganz enorm. Arroganz, die verständliche Gespräche mit Patienten unmöglich macht, ist bei ihnen nicht nur Mode, sondern Pflicht. Es liegt auf der Hand, daß bei derartigen Dentisten im Weiß-Gehabe Behandlungen jeder Art zum Horrortrip verkommen. Diese schwarzen Schafe der bohrenden Zunft sind beschämend für den Berufsstand an sich, aber Konsequenzen resultieren daraus für so arbeitende Zahnärzte selten oder nicht. Ein häufiger Grund für derartige Behandlungsmentalitäten scheint in dem Frust vieler Zahnärzte selbst zu liegen: Nach Umfragen unter ihnen würde sich eine erschreckend hohe Zahl nicht nochmals dafür entscheiden, diesen Beruf erneut zu wählen. Warum nach diesen späten Einsichten der betroffenen Behandler später Patienten leiden müssen, bleibt allerdings kein Rätsel. Der Broterwerb im weißen Kittel ist nicht nur lukrativ, sondern wird obendrein noch mit Ansehen, Autorität und Respekt belohnt. Manche Zahnärzte sehen sich denn auch heute noch als »Gott in Weiß«, und diese Aura umgibt andere Berufe eben nicht. Wenn daneben vorrangig finanzielle Gründe das Motiv des Weiterbohrens sind, können einem von diesen Zahnärzten be(miß)handelte Patienten wirklich leid tun. Deren Ängste werden dort, und das ist nachvollziehbar, niemals enden. Es sei denn, sie geraten beim Wechsel (Praxis-Hopping) in die Hände eines besseren Zahnarztes, der sie sowohl einfühlsam behandelt als sich auch ausreichend Zeit für aufklärende Gespräche nimmt. Ein freundliches Wort mit eingeschlossen, weil dies seiner ethischen Auffassung vom Beruf entspricht. Nicht wenige Zahnärzte sollten ihr Denken deshalb dringend renovieren und sich darüber bewußt werden, daß Patienten neben der fachlichen Qualifikation des Zahnarztes, die vorausgesetzt werden darf, durchaus auch seine menschliche Reife, wie kostenfrei geäußerte Gefühle, schätzen. Aus humanen Gründen, aber auch, weil die Versicherten durch ihre Beiträge zu den Kassen letztlich dessen Brötchengeber sind. Statt dessen malt die Zahnarztwelt oft andere Bilder. Dauernd und immer wieder wird selbst bei kleinsten Verrichtungen an den Zähnen dringlich nur der geschäftliche Aspekt betont. Da werden Patienten oft gleich nach der Inspektion mit dem Vorschlag konfrontiert, statt der einfachen Füllung doch lieber gleich das blitzende Goldinlay einbauen zu lassen oder den Zahn mit einer Krone zu verdeckeln. Diese Therapien zahlt nicht die Kasse, Bares winkt extra, und da liegt das besondere Geschäft. Nur: Einige der so dröge angegangenen Patienten empfinden später wie nach einer Butterfahrt. Man wollte doch nur Kaffee und Kuchen, und hinterher hat man auch die Rheumadecke . . .

# Das Geschäft mit der Angst

*»Patienten müssen wollen, was der Zahnarzt will, was sie sollen wollen.«*

(Zahnarzt Prof. Riegl im *Zahnärzteblatt* 6/87)

Zu derlei Gedankeninhalten, die leider für einige Zahnärzte typisch sind, muß man feststellen, daß sie über den rein handwerklichen Part ihres Tuns offenbar nie hinauskommen. Mißbrauchen auch heute noch manch selbsternannte Autoritäten mit dem Bohrer die wirklichen Wünsche der Patienten, die eigentlich gern ihre Partner wären? Und sind sie ansonsten, aus Unfähigkeit oder Berechnung, den Gefühlen der vor ihnen Liegenden gegenüber oft weitestgehend verschlossen? Es muß befürchtet werden ja, denn auf einer Tagung von Zahnärzten und Psychologen zum Thema »Angst und Angstabbau« kam man zu dem erschreckenden Ergebnis, daß *»über 60 Prozent der erwachsenen Bevölkerung so starke Angst vor dem Zahnarzt habe, daß die notwendigen Arztbesuche oft aufgeschoben werden oder gar nicht stattfinden ... Dem steht ein Zahnarzt gegenüber, der auf die psychologische Seite seines Berufes gar nicht vorbereitet ist ... So wird die Patientenangst zum Zahnarztstreß.«* (J. K. Roth, Angst vor dem Zahnarzt in: *Psychologie heute* 4/88)

So stellt sich heraus, daß das Gros der Zahnärzte neben den Lükken ihrer Patienten offenbar auch eine ebensolche hat. Nämlich die, psychologisch vorbereitet auf die ganz normale Angst der Patienten eingehen zu können.

Zahnschmerzen stehen für die meisten Menschen ganz oben auf der Leidensskala. Trotz dentaler High-Tech-Technologie und den vielfältigen Möglichkeiten der Betäubung sind Schmerzen bei der Zahnbehandlung oft dennoch an der Tagesordnung, wie viele Patienten wissen. Wie auch nicht, wenn es sogar Zahnärzte geben soll, die der dreisten Meinung sind, daß vor ihnen liegende Patienten geringfügige Schmerzen gefälligst auszuhalten haben. Sie setzen die Opferbereitschaft der Behandelten autoritär voraus und bagatellisieren deren Angst. Der wie zum Hohn erteilte Hinweis an die »Querulanten«, daß »da nichts weh tun könne«, nützt den Betroffenen natürlich wenig.

↳ Eine neu in der Praxis erschienene Patientin zitterte schon bei der Begrüßung im Zahnarztstuhl wie Espenlaub. Auf die Frage nach dem Ursprung ihrer Angst teilte sie mir mit, daß bei ihr vor Jahren von einem älteren Kollegen ein Zahn ohne Betäubung aufgebohrt worden sei. Zu der nie vergessenen Körperverletzung hatte sie der damalige Zahnarzt mit den Worten: »Jetzt stellen Sie sich mal hier nicht so an!«, und »Sie sind aber vielleicht empfindlich« angeherrscht, seine Behandlung aber trotzdem fortgesetzt. Das löste später bei ihr eine nicht zu beherrschende Panik vor jedem Zahnarzt aus ...

Wohl kaum jemand kennt einen Menschen, der mit Begeisterung zum Zahnarzt geht. Fast jeder muß zwar in Abständen dorthin, aber niemand sucht besonders diesen Mediziner ausgesprochen gerne auf. Die Überwindung zu diesem notwendigen Gang fällt oft deshalb so schwer, weil möglicherweise zahnärztliche Verrichtungen anfallen könnten, bei denen Unheimliches, ja Bedrohliches erwartet wird. Viele Erwachsene haben schon in früher Kindheit unangenehme Erfahrungen bei schmerzhaften zahnärztlichen Eingriffen gemacht und halten sie im Hinterkopf gespeichert. Diese Erinnerungen bleiben unvergessen und sind später kaum noch auszubügeln. Das Erlebte läßt sich, weil unbewußt verankert, nicht so ohne weiteres löschen, und da muß Vertrauen her. Vertrauen, das nur ein Zahnarzt, der geduldig und vor allem dazu bereit ist, mühevoll neu aufbauen kann.

↳ Vor einiger Zeit suchte mich ein Patient mit heftigen Zahnschmerzen auf, der mich in der Behandlungsliege mit flackernden Augen, Angstschweiß und hektischen Kopfbewegungen argwöhnisch beobachtete. Nach ein paar Worten, bei denen sein Blick ausschließlich auf die vor ihm liegenden Instrumente gerichtet blieb, sprang er plötzlich auf und redete entschuldigend auf mich ein: Ich wäre der »ich weiß nicht wievielte Zahnarzt«, bei dem er die Behandlung abgebrochen hat, und dies zum Teil auch, weil er sich so schämt. Ich konnte ihn wenigstens zu einer Untersuchung überreden und war entsetzt: Viele seiner Zähne waren total zerstört und manche nur noch als Stummel sichtbar. Dieser Mann mußte bei verschiedenen Zahnärzten einiges erlebt haben, denn seine Angst vor jeder Behandlung war offenbar so groß, daß er sowohl seine Zähne kaum noch pflegte als auch den Gang in eine Praxis nur noch mit nicht mehr beherrschbaren Schmerzen wagte.

Bedauerlicherweise können oder wollen einige Zahnärzte ihren ängstlichen Patienten kaum echte Hilfe bei der Überwindung ihrer Problematik geben, obwohl sie sich aufgrund gerade ihrer Tätigkeit ständig dazu aufgerufen fühlen sollten. Es darf vermutet werden, daß die sich teils bis zur Phobie steigernde Angst einiger Patienten bei dem bloßen Gedanken an bevorstehende Zahnbehandlungen deshalb fortbesteht, weil ihnen früher Zahnärzte begegneten, die, offenbar aus mangelndem Einfühlungsvermögen, den Nährboden zu ebendieser weiter bestehenden Angst bereitet hatten. Bei einigen kommt es in der Folge nicht nur zu völlig desolaten Gebißzuständen, sondern sogar Magen-Darm-Störungen durch ungenügendes Zerkleinern der aufgenommenen Nahrung. Das gesundheitliche Wohlbefinden dieser Patienten kann dann höchstens noch durch einfühlsame Zahnsanierung hergestellt werden, sofern sich hier ein Zahnarzt findet ... Da ist zu verstehen, daß fast 15 Prozent wirklich behandlungsbedürftiger Patienten nur noch mit Schmerzen den Weg in eine Zahnarztpraxis finden. Meistens in eine diensthabende Notfall-Praxis, in der teils stark gestreßte Zahnärzte oft kaum mehr Zeit als für den hoffentlich befreienden Eingriff haben. Bei der dortigen Behandlung kommt es dann verstärkt zu den allgemein bekannten psychischen Reaktionen, die Angst begleiten können: Ansteigen des Blutdrucks, Schweißausbruch, Verkrampfung, Unruhe und übersteigerte Schmerzwahrnehmung bis hin zum möglichen Kreislaufkollaps. Dieser Zahnarztbesuch wurde zum traumatischen Erlebnis, beim nächsten Mal zittern dann die Hände wieder, die Nerven liegen blank, und die Kiefer mahlen im Akkord. Manche haben die Nacht davor wieder nicht geschlafen und morgens keinen Bissen heruntergekriegt. Sie sind schon wachsbleich, wenn sie die Praxis nur betreten müssen. Die Schuld daran allein nur dem Zahnarzt zuzuweisen, ist sicherlich falsch. Helfen würde aber vielen hier normales menschliches Verhalten und ein beruhigendes Wort . . .

Aus den Berichten vieler Patienten muß gefolgert werden, daß manche Zahnärzte sich in die Angst ihrer Patienten gar nicht hineinversetzen können oder wollen. Ihr Denken scheint sich zwischen den Behandlungen allein um profitable Stundenumsätze zu drehen, die eine begleitende psychologische Betreuung höchstens bei denjenigen erlaubt, die die Bezahlbehandlung wünschen. Der Verdacht liegt außerdem nahe, daß für die ausgeprägte Angst vorm Zahnarzt die oft im Zeitraffer ausgeführte Schnellbehandlung der Patienten Auslöser ist. Im Vergleich zu ihren amerikanischen Kollegen behandeln deutsche Zahnärzte etwa doppelt so viele Patienten. Während in den USA der begleitenden Beratung, Aufklärung und Motivation zur Zahnpflege der Bürger weitaus größere Bedeutung zugemessen wird, bleibt diese Tätigkeit der Zahnärzte hier oft im Ansatz deshalb stecken, weil sie durch die Kassen angeblich nur ungenügend entlohnt wird. Viel lieber bohren manche Dentisten die Löcher in die Zähne etwas größer, um sie anschließend möglichst teuer und aufwendig verschließen zu können.

Eigentlich sollte es aber nicht zuletzt auch ein Gebot der Ethik für die Ärzte sein, Angst bei Patienten abzubauen. Wie soll dies aber gelingen, wenn sie teils unverständlich oder überhaupt nicht informiert werden und im zahnärztlichen Gespräch ansonsten Außenseiter bleiben? Gerade Fragen stellen und Wünsche äußern zu können gehört bei zahnärztlichen Behandlungen doch zu den vorrangigen Bedürfnissen von Patienten. Dennoch reduziert sich die von ihnen beim Zahnarzt verbrachte Zeit neben oder während des eigentlichen Eingriffs häufig auf seine mehr oder weniger kompetenten Bemerkungen, die für viele unverständlich bleiben. Dies zu ändern, sollte vorrangige Aufgabe von Zahnärzten sein, denen der reibungslose Geschäftsablauf ihrer verkaufsorientierten Praxen wichtiger als die wirklichen Anliegen ihrer Patienten ist. Es sollte ihnen eigentlich nicht schwerfallen, allgemeinverständliche Erläuterungen zu den oft nur an die Helferin gemurmelten Befunden abzugeben, die man als Laie auch verstehen kann. Mit geeigneten Anschauungsmaterialien verdeutlicht, warum gerade dieser Eingriff notwendig ist und jener besser nicht in Frage kommt, könnten vom Zahnarzt die möglichen Konsequenzen besser dargestellt und Patienten direkt in die Behandlung einbezogen werden. Könnten, wenn viele Dentisten nicht der Meinung wären, daß dies, wenn unbezahlt, nur ihren Geldfluß bremst.

Jede zahnärztliche Behandlung stellt einen Eingriff in die körperliche Unversehrtheit der Patienten dar, ihre Ängste und Sorgen bei der Manipulation an Zähnen ist sicherlich berechtigt. Ausreichende Aufklärung über die zu erfolgenden notwendigen Eingriffe sowie der verständliche Wunsch nach weitestgehender Schmerzfreiheit darf deshalb jeder, der sich vertrauensvoll in die Hände eines Zahnarztes begibt, selbstverständlich von ihm einfordern.

↳ »Die Angst vor dem Zahnarztbesuch« wird in der Internationalen Klassifikation psychischer Störungen als Krankheit definiert und stellt kein hypochondrisch übersteigertes Fehlverhalten einzelner dar. Daß sie mitunter nachweislich durch den Zahnarzt erst verursacht wird, zeigt ein neueres Urteil des Landgerichts Weiden (Az.: 1 0 228/96). Von dort wurden einer 36jährigen Patientin Schmerzensgeld in Höhe von 60000 Mark zugesprochen, weil der sie behandelnde Zahnarzt von ihr verlangte, den Mund eineinhalb Stunden lang geöffnet zu halten, um eine nicht passende Brücke unterzubringen. Das führte zu später anhaltenden und starken Gesichtsschmerzen der Klägerin mit der Folge zeitweiliger Arbeitslosigkeit und notwendiger Umschulung. Auch ein vom Gericht zugezogener Sachverständigen-Gutachter bestätigte, daß die geforderte Mundöffnung der mißhandelten Patientin um das sechsfach Zulässige (!) überschritten wurde und ursächlich für die bis heute bei ihr fortbestehenden Schmerzen anzusehen ist.

Tatsächlich ergeben sich in zahnärztlichen Praxen besonders dann

Gefahren, wenn Zahnärzte sich zuweilen Eingriffe zutrauen, die sie kaum beherrschen und über deren Risiken sie betreffende Patienten mangelhaft oder überhaupt nicht aufklären. Im nachfolgenden Beispiel der *Zahnärztliche Mitteilungen* 9/97 wurde aus der simplen Kontrolluntersuchung eines Zahnarztes ein krachender Kieferbruch:

↳ »Ein Zahnarzt kam bei einer Patientin, die sich in seine Behandlung begeben hatte, um den Zustand ihres Gebisses kontrollieren zu lassen . . ., zu dem Ergebnis, es sei angebracht . . . Weisheitszähne zu entfernen . . ., dabei kam es zu einer Fraktur des linken Kieferwinkels. Über den Verlauf des Eingriffes klärte er die Patientin unstreitig nicht auf.«

»Der kleine Horror-Laden« dieses Fachmanns zahnärztlicher Kunst hat dennoch weiter auf, und dort behandelte Patienten dürfen nur hoffen, daß ähnliche Eingriffe von ihm künftig unterbleiben oder die sein Können übersteigenden handwerklichen Verrichtungen per Überweisung von einer Fachklinik vorgenommen werden.

☞ Ist Ihre Angst vorm Zahnarzt nicht beherrschbar, werden Sie sich bei der Behandlung gelegentlich darüber bewußt, daß sie jederzeit aufstehen, und wieder gehen können. Niemand kann Sie festhalten, weder der Zahnarzt noch sein Personal. Auch die (bitte nur als Gedanken-Experiment durchzuführende!) Vorstellung, liegend auf seine in ihrem Mund befindlichen Finger beißen zu können, mag vielleicht helfen, Angst zu mindern. Gedanken sind schließlich frei. Versuchen Sie es vielleicht auch mit der am Ende dieses Buches empfohlenen Compact-Disk.

Zu selten verfügen Zahnärzte über Kenntnisse und Fähigkeiten, die Wünsche ihrer Patienten nach der angenehmen Behandlung ohne Angst befriedigen zu können. Leider werden psychologische Fähigkeiten, angstmindernd auf Patienten einzuwirken, bei der zahnärztlichen Ausbildung nur selten trainiert. Wer das in Ausübung des zahnärztlichen Handwerks erkennt, sollte eigene Defizite zügig abbauen, denn zum Zahnarzt kommt stets ein Mensch und kein Zahn allein. Statt dessen sind viele Dentisten hauptsächlich damit befaßt, in möglichst kurzer Zeit so viel wie möglich abzurechnen. Der für den Laien oft unverständliche Medizinerjargon tut sein übriges, vielen den Gang zum Zahnarzt zu vergällen. Wer kann die Zahnarztsprache denn verstehen, und warum soll bei der Untersuchung nicht auch eine Übersetzung ins allgemein Verständliche möglich sein? Zahnchinesische Lautergüsse ohne weitere Erklärung verursachen bei vielen Patienten doch Angst vor dem, »was danach kommt«. Ganz besonders dann, wenn sie nach der Aufforderung, den Mund zu öffnen, schon den Einstich einer Nadel spüren oder gleich der Bohrer surrt. Patienten nicht oder nur ungenügend über den Ablauf eines bevorstehenden zahnärztlichen Eingriffs »in Kenntnis zu setzen«, hat sicherlich auch mit dem nicht selten anzutreffenden Dünkel von Zahnärzten zu tun. Das wirkt zwar wie von gestern, und so viel Anmaßung mag für sie selbst vielleicht eindrucksvoll sein, für Patienten ist sie demütigend. Die immer wieder anzutreffende Unlust zum Reden und »Sicherklären« einiger Zahnärzte, ob aus wirklichem Unvermögen oder zur Schau gestellten Arroganz, kann Patienten nie zum Partner machen, sondern hält die Kluft zum »Gott im weißen Kittel« aufrecht. Bei manchem gewollt, wie vermutet werden darf. Bei anderen fehlt schlicht oft das Motiv zur freundlichen Behandlung dann, wenn sich dadurch nichts Bedeutendes hinzuverdienen läßt. So wird mehr Menschlichkeit vor allem dem Zahnarzt nur gelingen, der seinen verantwortungsvollen Beruf als Hilfe am Menschen und aus Berufung begreift. Manche müßten dringend an der Verbesserung ihrer kommunikativen Möglichkeiten arbeiten und ihr teils absurdes Verhalten in bezug auf ihr Klientel selbstkritisch überdenken. Immer zuerst an die Patienten denken! Dies erst signalisiert wirkliches Interesse und meint nicht nur deren Geld.

Es bleibt zu hoffen, daß mehr Zahnärzte ihre Öffnungszeiten dazu nutzen werden, besser auf die Wünsche von Patienten einzugehen, ganz besonders auch denen mit dem schmalem Budget gegenüber. Indes wird es, da muß man kein Prophet sein, alles beim alten bleiben: Eine Änderung der Einstellung ausgerechnet durch die Zahnärzte allein ist nicht zu erwarten. Was also tun? Not macht erfinderisch. Wer als Patient das berechtigte Gefühl hat, bei der Behandlung mit dem Rücken an der Wand zu stehen, sollte, damit die Situation nicht völlig aus dem Ruder läuft, das Zepter dann selbst in die Hand nehmen und seine Rechte freundlich und bestimmt einfordern. Auch wenn der Zahnarzt dann Zerknirschung zeigt und mancher plötzlich ahnt: Die Zeiten gehen zu Ende, in denen noch viele vor Angst und übertriebenem Respekt vor ihm verstummen.

☞ Wenn dies jemals der Fall sein sollte, lassen Sie sich vom Zahnarzt nicht für dumm verkaufen und weder in fünf Minuten abfertigen noch unfreundlich behandeln. Bestehen Sie auf den unter Partnern üblichen Umgangston und auf ausreichend Zeit während der Behandlung. Werden Ihre Erwartungen diesbezüglich nicht erfüllt, nehmen Sie Ihr jederzeit vorhandenes Recht zum Wechsel des Behandlers wahr. Beanspruchen Sie für sich als hilfesuchender Patient, nicht mehr nur zahlendes Opferlamm allein zu sein, und bestehen Sie auf die verständliche Erklärung zum Ablauf des bevorstehenden Eingriffs, den Risiken und Alternativen. Machen Sie sich klar, daß die zahnärztliche Behandlung eine Dienstleistung zur Sicherung auch Ihrer Mundgesundheit ist und daß Sie durch die Beiträge zur Krankenversicherung den Behandler dazu in die Pflicht nehmen dürfen. Nichts anderes hat der Gesetzgeber für den Kassenzahnarzt bestimmt.

Auch Vertreter der Krankenkassen unterstützen ihre Versicherten manchmal darin, bei berechtigtem Interesse den zahnärztlichen Behandler zu wechseln. Sogar wenn es um Preise geht. »Der Versicherte kann sogar bei mehreren Zahnärzten Angebote (sogenannte Zweitmeinungen) einholen. Das hat nichts mit Mißtrauen zu tun. Der Patient kann denjenigen Vertragsarzt wählen, der zum Beispiel gute Qualität zum günstigen Preis anbietet.« (VDAK-Kreisvorsitzender K. Birkhahn im *Patriot,* Lippstadt vom 7. 1. 1998)

# Unter Druck: Zahnärzte in Zeitnot

Zahnärzte in selbständigen Praxen haben oft ein hausgemachtes Grundproblem: Die Zeit für die Behandlung rinnt wie feiner Sand durch ihre Finger. Zum Teil nervös und in unglaublichem Tempo durchgeführte Eingriffe, unter denen Patienten dann zu leiden haben, machen die zeitliche Überforderung mancher Zahnärzte deutlich. Dieses Problem entsteht zwangsläufig dann, wenn die Praxis sehr viele Behandlungszimmer hat. Selbst von einem versierten Zahnarzt können dann Patienten höchstens »bedient« werden. Leider sind mehr als drei Behandlungsräume für einen einzigen Zahnarzt keine Seltenheit und stellen oft den normalen Standard deutscher Praxen dar. Damit setzt sich für den Zahnarzt, besonders wenn sein Wartezimmer übervoll ist, das Rad einer von ihm selbst inszenierten Zeitnot in Bewegung, das die Zeit für die handwerklichen Eingriffe schrumpfen läßt. Von einer servicegerechten Behandlung, die Zeit und Freundlichkeit für den Patienten einschließt, kann dann wahrhaft keine Rede mehr sein.

Zahnärztliche Marketingstrategen haben ihren Kollegen gegenüber errechnet, daß deren Arbeitsstunde im Wert zwischen 300 und 500 Mark angesiedelt werden muß, um je nach Aufwand ihrer Praxis kostendeckend zu bohren. Der einzelne Zahnarzt setzt sich nach dieser Vorgabe allerdings dem Druck aus, durchschnittlich alle zehn Minuten mindestens 60 Mark zu erwirtschaften, wenn er auch noch einen Gewinn nach Hause tragen will. Man kann sich leicht vorstellen, wie wenig Zeit da den Patienten zugedacht wird, die zu ihrer Zahnbehandlung nichts privat dazuzahlen wollen, oder können. In gutbesuchten Zahnarztpraxen werden täglich nicht selten 30 bis 40 Patienten durchgeschleust und abgefertigt. Selbst ohne die Einrechnung einer kleinen Verschnaufpause für den Doktor bleiben in diesen Praxen nur noch 10 bis 16 Minuten Zeit für die Behandlung des einzelnen. Selbst dieses Zeitintervall scheint indes unrealistisch, weil jeder zahnärztliche Eingriff am nächsten Patienten umfangreiche hygienische Maßnahmen im vorher benutzen Behandlungszimmer erforderlich macht, um verkeimte Geräte und Instrumente zu desinfizieren und steril zu halten. Ob da gelegentlich die Qualität der Behandlung oder hygienisch notwendige Maßnahmen zum Schutz der Gesundheit hinten anstehen müssen, entscheidet dort der Zahnarzt selbst. Kontrolliert wird er von behördlicher Seite kaum, denn die Dentisten überwachen sich faktisch selbst.

Die Qualität der Behandlungsergebnisse in Zahnarztpraxen mit derart hohen Behandlungsaufkommen darf im Durchschnitt allein wegen der knapp bemessenen Zeit, in der Patienten zur Nummer mit allein betriebswirtschaftlicher Bedeutung verkommen, eher niedrig vermutet werden. Schon das Einbringen einer kleineren Füllung aus Kunststoff nimmt ja bei sachgerechter Ausführung mit dem auf Qualität gerichteten Blick wesentlich mehr Zeit in Anspruch als die knapp bemessene Viertelstunde. Andere, begleitende zahnärztliche Leistungen wie das eventuelle Entfernen von Zahnstein und die eingehende Untersuchung aller Zähne und angrenzenden Weichgewebe erfordern ebenfalls längere Behandlungsphasen. Wie dies, wenn auch noch die verabreichte Betäubung wirken soll, zu schaffen ist, bleibt mir jedenfalls ein Rätsel. Um trotzdem alle knapp hintereinander einbestellten Patienten abfertigen zu können, malochen deshalb viele Zahnärzte im Zeitraffer durch ihre Behandlungsräume und bedienen »anbehandelte« Patienten: Bei dem einen hat jetzt die Spritze ihre Wirkung entfaltet, bei dem anderen ist der Abdruck hart, und der dritte weiß mit dem Blick an die Decke gar nicht, wann es endlich weitergeht.

Jeder zahnärztliche Eingriff erfordert bei ständigen Bemühen um das optimale Ergebnis ausreichende Behandlungszeiten. An Qualität des dentalen Handwerks interessierte Zahnärzte sind sich einig darüber, daß qualitativ gute Behandlungsergebnisse vom Behandler oft mehr Zeit erfordern, als einige Zahnärzte in die Eingriffe am Patienten investieren. Einige Angaben zu der notwendigen Behandlungszeit einiger zahnärztlichen Verrichtungen sind, soweit ich dies beurteilen kann, am Ende dieses Buches wiedergegeben. Der interessierte Leser und Patient mag sich gelegentlich damit befassen und sehen, ob die erforderliche Zeit für »seine Behandlung« vom Zahnarzt wesentlich unterschritten wurde oder nicht. Er kann sich so schnell einen Eindruck über die Qualität der zahnärztlichen Bemühungen verschaffen.

☞ Besonders, wenn Sie dem Drängen des Zahnarztes zur Selbstbeteiligung bei einem Eingriff nachgegeben haben, die durch einen angeblich »erhöhten Zeitaufwand« gerechtfertigt werden soll, »notieren« Sie mit einem Blick auf die Armbanduhr den Beginn und das Ende der Behandlung. Vergleichen Sie die verstrichene Zeit mit der Tabelle im Anhang, und ziehen Sie zum Beispiel bei der neuen »Plombe«, der Krone oder dem Inlay selbst einen Rückschluß auf die etwaige Güte der Ausführung.

Viele Zahnärzte denken streng gewinnorientiert. Für sie ist besonders die Menge der den Kassen in Rechnung gestellten und privat getroffenen Zusatzvereinbarungen mit zahlungswilligen Patienten zur Extrazahlung das Maß ihres beruflichen Erfolgs. Schnell bohren heißt die Devise. Und den Umsatz steigern, denn mit jeder zusätzlich honorierten Tätigkeit sinken die Betriebskosten dieser Praxen, und der zahnärztliche Gewinn steigt. Wie allerdings die angeblich gute Qualität des Leistungsspektrums und die Kurzzeitbehandlung zusammenpassen, erscheint nicht nur dem Laien rätselhaft. Indes werden dem Zahnarzt, dessen Augenmerk sich ganz auf das zu optimierende Einkommen richtet, auf teuren Seminaren von Fachleuten des Marketings etliche Strategien empfohlen, die seine Praxis zur sprudelnden und nie versiegenden Geldquelle machen soll. Davon angelockt, sein Honorar noch mehr aufzustocken, kann er den Taschenspielertricks von Fachleuten des dentalen Marketings lauschen, um seine Tätigkeiten optimaler zu »verzahnen«. *Die Zahnarztwoche* ermuntert in ihrer Ausgabe 4/97 dazu und empfiehlt den »Kollegen«: *»Wie auch immer der Zahnarzt sich entscheidet, ob er mehr Behandlungen bei gleichbleibender Arbeitszeit vornehmen oder eine geringere Anzahl von Stunden in seiner Praxis bei gleichbleibender Behandlungsmenge verbringen will: Effizienz im be-*

*schriebenen Sinn stellt immer einen Gewinn für die Praxis dar.«* Ob dies allerdings einen Gewinn für die Patienten solcherart denkender Zahnärzte ist, darf mit Recht bezweifelt werden. Wer von ihnen hätte denn gedacht, daß sich das Honorar des Doktors durch zeitsenkende Maßnahmen bei der Behandlung auf ihrem Rücken offenbar beliebig steuern läßt? Zeit schinden läßt sich für den Zahnarzt zum Beispiel durch die Verwendung extrem hochtouriger »Bohrer«, den vielen Patienten bestens bekannten pfeifenden Turbinen. Ein Greuel für deren Ohr, sind diese Instrumente doch in der Lage, Zahnsubstanz extrem schnell abzutragen. Besonders, wenn sie mit sehr grobkörnigen Diamantschleifern versehen werden und vom Zahnarzt über jedes Dentaldepot zu bestellen sind. Harmlos und nützlich ist der Gebrauch dieser Instrumente meist nur für den Zahnarzt. Für die damit behandelten Zähne von Patienten kann dies mitunter sehr gefährlich werden: Lange nach der Behandlung anhaltende Schmerzen und sogar das Absterben des Zahnnervs, das nicht selten eine lästige Wurzelbehandlung nach sich zieht, sind die verantwortungsbewußten Zahnärzten bekannten Folgen. Die Schelte kommt sogar aus eigenen Reihen. Der in Fachkreisen bekannte zahnärztliche Autor Dr. K. Kimmel beklagt in der Zeitschrift *Dental Echo* 5/96 die Verwendung von Grobkorn-Diamanten durch Kollegen, mit dem viele ihr Sortiment deshalb anreichern, um die Zähne ihrer Patienten noch schneller bearbeiten zu können. Er selbst schätzt dies ebenfalls als *»zumindest riskant, wenn nicht gar als äußerst gefährlich«* für die Zähne so behandelter Patienten ein und kritisiert scharf diejenigen Zahnärzte, *»die sich einbilden, mit diesen (Zahn-)Mordwerkzeugen sehr rationell präparieren zu können«.*

Dies geschieht allerdings öfter, als viele ahnen, denn die Empfehlung des Marketings an die Zahnärzte lautet permanent, ihre Tätigkeiten an Patienten zu beschleunigen. Von ihnen aus, bis die Zähne fast verglühen, denn das merkt ja zunächst niemand, solange die Betäubung wirkt. Um kostbare Zeit zu sparen, werden Zahnärzten mit chronischem Geldhunger aber auch viele andere Tips und Tricks vermittelt, mit denen sich noch schneller Honig saugen läßt. Um private Zuzahlungsvereinbarungen den Patienten noch schneller aufzuschwatzen, wird aus dem Blickwinkel des »Verkäufers« empfohlen, in jedem Behandlungszimmer bereits Listen mit den voraussichtlichen Kosten und von den »Kunden« zu signierende Mehrkostenvereinbarungen in Reichweite zu halten, damit ihnen diese liegend unter die Nase gerieben werden können. Das spart dem Zahnarzt ein lästiges Suchen der für ihn so wichtigen Formulare und gewährleistet bereits in den kleinen Dingen der Praxiswelt die nötige »Effizienz«. Auch die Helferinnen können ihrem Chef wertvolle Dienste leisten, wenn sie und nicht etwa er *»mit dem Patienten die einzelnen Optionen besprechen und vor allem die Kosten für die gewünschte Behandlung mit ihm zusammen kalkulieren«.* Während dann Hilfspersonal, »verkaufend« und zum Draufzahlen motivierend, am Patienten tätig ist, kann der Zahnarzt schon in anderen Behandlungszimmern weiterbohren. Weil Patienten die für sie oft unverständlich vorgebrachten Begriffe mancher Behandler nicht verstehen können und Zahnarzthelferinnen meist nicht so arrogant agieren wie ihr Arbeitgeber, gibt der selbstkritisch zu: *»Vor allem kann die Zahnarzthelferin viel glaubwürdiger über Geld reden als der Zahnarzt. . .«* (*Die Zahnarztwoche* 4/97). Wer fleißig war, soll aber auch Krümel vom dicken Kuchen abbekommen. Deshalb erhält zahnärztliches Personal bei erfolgreichem und selbst erzieltem Geschäftsabschluß mit dem Patienten mitunter zusätzlich finanzielle Anerkennung: etwa in Form einer umsatzabhängigen »Leistungsgratifikation«. Das ist nicht dumm und geschickt eingefädelt vom bohrenden Brötchengeber, denn pikante Aufgaben, die seine goldenen Hände nicht erfordern, können ja auch andere machen. Zumal dann, wenn deren Gehalt noch aufgebessert wird: In solchen Praxen verdienen alle gerne mit. Die Assistenz der Zahnärzte steht oft nicht gerade hoch im Lohn, und da wird schnell verdientes Zubrot von einigen gerne entgegengenommen. Was hinter den Kulissen allzu gewinnorientierter Zahnarztpraxen vor sich geht, bleibt Patienten gegenüber natürlich im verborgenen. Wer von ihnen glaubte denn, daß hinter den freundlichen Worten der netten Helferin teils finanzielle Absicht steckt, und man von geschulter Assistenz für das »schöne Inlay« angegangen wird?

Anstatt den Geldbeutel der Patienten hart zu attackieren, sollten manche Zahnärzte ihr Augenmerk verstärkt darauf richten, ihre Tätigkeiten zu entschleunigen, denn gute Behandlung erfordert auch immer einen ausreichenden Zeitaufwand. Mehr Langsamkeit als

Therapeutikum gegen die Beschleunigung ließe ihnen dann auch mehr Raum für Zuwendung an den Patienten, von der er meistens träumt und träumt ... Sich genügend Zeit für die Behandelten zu nehmen, ist dagegen nicht die Sache vieler Zahnärzte und eher selten anzutreffen. In ihrem sich schnell drehenden Praxisrad ohne Bremsbacken lautet das anvisierte Ziel des Pedalierens leider, daß vorrangig der Gewinn zu optimieren sei. Die Zeche in diesen Zahnpraxen zahlen stets die Versicherten, denn entweder dürfen sie sich öfter als normal erforderlich der Ausbesserung ihrer neuen Restaurationen unterziehen oder bei auftretenden Schmerzen nach der abgeschlossenen Behandlung vom Zahnarzt auch schon mal vertrösten lassen, daß »alles in bester Ordnung« sei. Manche klopfen ihren »Kunden« ermunternd auf die Schulter und behaupten gar, daß sich mit der Zeit schon alles »einbeißen« würde. Ausgerechnet mit dem Argument der Zeit!

☞ Wird Ihnen in der aufgesuchten Zahnarztpraxis eher wenig Zeit, Aufmerksamkeit und Freundlichkeit entgegengebracht, sollten Sie dies einmal deutlich ansprechen oder einen anderen Zahnarzt aufsuchen. Mit Zahnärzten ist heute bereits jede Kleinstadt mehr als gesegnet, und eine andere Praxis ist bestimmt schon an der nächsten Ecke. In Großstädten gibt es für neu beginnende Dentisten oft sogar kaum noch Möglichkeiten, ihrem vielversprechendem Handwerk nachzugehen, so hoch ist bereits die Dichte. Begeben Sie sich, wenn Sie unzufrieden sind, also auf die Suche nach einem Zahnarzt, der bei der Behandlung übertriebenen Zeitdruck vermissen läßt und statt dessen Service und Qualität des Handwerks bietet.

Kommen Sie indes auf Ihrer Suche gar nicht weiter, versuchen Sie es einmal mit den zahnmedizinischen Abteilungen der Uni-Kliniken. Alle dort beschäftigten Zahnärzte stehen nicht unter dem Druck, nur gewinnträchtige Behandlungen zu forcieren, um das Honorar zu steigern. Sie sind angestellt – und Gehaltsempfänger. Um den Studierenden Vorbild sein zu können, werden Sie in der Regel dort vorbildlich und mit besten Ergebnissen behandelt. Allerdings werden Sie etwas Zeit mitbringen müssen ...

Während in selbständigen Praxen oft schon mit der Zeit zur verständlichen Aufklärung der Eingriffe gegeizt wird, kriecht die Zeit in den Wartezimmern für Patienten oft unerträglich langsam dahin. Viele können Lieder vom stundenlangen und langweiligen Warten auf die eigentliche Behandlung singen. Zwar kann es wegen plötzlicher Zwischenfälle bei der Behandlung vor ihnen Aufgerufener schon vorkommen, daß Termine vom Zahnarzt nicht immer minutiös einzuhalten sind. Überschreitungen der abgemachten Uhrzeit um bis zu einer halben Stunde oder mehr sollten aber eher die Ausnahme von der Regel bleiben. Für kleine Verspätungen haben alle Wartenden sicherlich Verständnis. Nicht zuletzt deshalb, weil ein plötzlicher Abbruch der Behandlung mit der schnöden Bemerkung »Ihre Zeit ist um« von ihnen selbst nur ungern hingenommen würde. Das chronisch Herumsitzen im überfüllten Wartezimmer aber, das Patienten zu Recht bemängeln, ist ärgerlich und macht auf die Dauer wütend. Abgegriffene Zeitschriften durchzublättern, ist schließlich mehr als öde, und die meisten gingen, wenn sie dort nicht warten müßten, in dieser Zeit selbst einer beruflichen Tätigkeit nach. Wie sollten sie die von den Zahnärzten immer häufiger geforderten Sonderzahlungen auch sonst an ihn entrichten? Ihren Arbeitgebern gegenüber müssen sie die mangelnde Organisation der Praxis später noch erklären und sich möglicherweise nahelegen lassen, Zahnarztbesuche demnächst in die Freizeit zu verlegen. Liegt es gar nicht in der Vorstellungskraft der Zahnärzte, für die langes Warten vor der eigentlichen Behandlung ihrer Patienten ein notwendig hinzunehmendes Übel ist, daß der normale Bürger neben dem Gang zur Zahnsanierung auch noch andere Dinge zu erledigen hat? Ist so schwer zu verstehen, daß, wer einen Termin mit der Sekretärin vereinbarte, gern auch zu dieser abgemachten Uhrzeit behandelt werden würde? Traurig ist zudem vor allem, daß das Warten auf den Zahnarzt bei Patienten die Zeit seiner Behandlung gelegentlich bei weitem übersteigt. Es muß schlicht als unverschämt bezeichnet werden, wenn sich die Betroffenen nach langem Warten und der folgenden zehnminütigen Behandlung an der frischen Luft wiederfinden.

Auch die kurz- und mittellfristige Terminvergabe läßt in nicht wenigen Zahnarztpraxen Patientenwünsche offen. Mit dem bedauerndem Hinweis der Arbeitskraft am zahnärztlichen »Tresen«, daß man für längere Zeit im voraus ausgebucht sei, müssen Patienten oft lange Wartezeiten bis zur nächsten Untersuchung kalkulieren. Dies ist dann nicht tragisch, wenn es um Kontrollen geht. Wer aber kann den Bruch seiner Zahnfüllung oder die »scharfe Kante« termingerecht steuern? Das passiert eben, und es sollte möglich sein, so der Wunsch von vielen, ihnen bereits bei leichten Beschwerden an den Zähnen die Behandlung zügig einzuräumen.

☞ Für den Fall eines fest vereinbarten Termins sollten Sie nicht einfach akzeptieren, daß die festgesetzte Uhrzeit wiederholt um mehr als eine halbe Stunde überschritten wird. Dies würde bei einer derartigen Verspätung durch Sie selbst vom Zahnarzt auch nicht ohne weiteres hingenommen. Fragen Sie die Sekretärin nach dem Grund der erheblichen Verzögerung, und stellen Sie ruhig und bestimmt fest, daß Sie auch stets pünktlich sind. Häufen sich lange Wartezeiten trotzdem immer wieder, dürfen Sie davon ausgehen, daß Ihnen in dieser Praxis entweder nicht der nötige Respekt entgegengebracht wird oder der Behandler hoffnungslos überlastet ist. Es gibt allerdings Zahnärzte, die ihren Patienten von vornherein längere Behandlungszeiten einräumen und Termine weitestgehend einhalten. Den Versuch, die Praxis aus berechtigtem Grund zu wechseln, dürfen Sie zu jeder Zeit unternehmen. Ohne besondere Rechtfertigung und auch innerhalb desselben Quartals.

# Gute Ärzte, schlechte Ärzte: Helfer oder Pfuscher

Wo ist die Meßlatte, mit der man als Patient den »guten« Zahnarzt objektiv und zuverlässig beurteilen könnte? Für die Behandelten ist schwer klassifizierbar, ob in der von ihnen aufgesuchten Praxis hochwertige Zahnheilkunde ausgeübt wird oder nicht. Selbst Experten der Universitäten, sowie Qualitätshüter der Krankenkassen streiten darüber, was den »hervorragenden« Zahnarzt ausmacht. Patienten machen ihn an einfachen Attributen fest: Nach Umfragen unter ihnen sollte er »genügend Zeit haben«, »den Eingriff erklären« und »verständliche Antworten geben« können. Wichtig ist für viele auch, daß »man nicht ewig warten muß«. An der Spitze der Wunschskala stehen dabei besonders die hinreichende Aufklärung über sämtliche Behandlungsalternativen, die Anfertigung möglichst langlebiger Zahnrestaurationen, »wenn schon gebohrt werden muß«, und praktikable Hinweise darüber, wie der Ersatz zu pflegen ist. Auch den mitunter angebotenen Service mancher Zahnärzte im Hinblick auf die Finanzierung ihrer Leistung, indem sie Ratenzahlung akzeptieren, wissen viele Patienten sehr zu schätzen.

Zahnärzte, die ihren Beruf in jeder Hinsicht ernst nehmen und sich bemühen, stets nach bestem Wissen und Gewissen vorzugehen, sind sicher in der Überzahl. Ihnen gebührt Anerkennung für den wohlgemeinten und unermüdlichen Einsatz im mitunter harten Praxisalltag, der ausschließlich den Patienten meint. Diese Zahnärzte ziehen, im Gegensatz zu den Profitjägern unter ihnen, sogar eine Befriedigung aus ihrem Tun, und ihr menschlicher Einsatz wird von Patienten mit teils rührender Anerkennung quittiert. Patienten spüren ganz genau, ob sie in den Händen eines Behandlers sind, der die für sie stets unangenehm bleibenden zahnärztlichen Eingriffe einfühlend, engagiert und verantwortungsvoll verrichtet. Sie sind mit Sicherheit dankbar, wenn ihnen erstrangig aus ethischen Motiven heraus geholfen wird und sie nicht nur als »Kunden« herangenommen werden, aus denen es möglichst viel Bares herauszupressen gilt. Nichts anderes sollte eigentlich erwartet werden dürfen. Wo aber findet man den guten Zahnarzt, der seinen Beruf zuallererst als kompetent Hilfeleistender begreift? Eine beliebige Telefonnummer aus den Gelben Seiten anzuwählen und zu fragen, ob da der gute Zahnarzt sei, bringt einen kaum weiter. Behörden und Krankenkassen sind mit der Anfrage nach dem besonderen Dentisten überfordert. Eher hilft da schon, was man Mundpropaganda nennt. Freunde, Nachbarn, Bekannte oder der Kollege am Arbeitsplatz können da oft weiterhelfen und vielleicht einen Zahnarzt nennen, der nicht nur gerne Geld zusammenrafft.

Zahnarzt zu sein heißt auch, ein hochpräzises Handwerk auszuüben. Ähnlich wie ein Feinmechaniker, der ständig Diffiziles tut, ist bei ihm Fingerfertigkeit gefragt, und diesbezüglich muß er sich beweisen. Da der Zahnarzt aber im Unterschied zum Uhrmacher nicht allerlei Zahnräder und Schräubchen, sondern hochempfindliche Zähne meist ängstlicher Patienten vor sich sieht, darf einfühlsames Vorgehen von ihm gefordert werden. So steht bei ihm, wie jedem Mediziner, auch die Qualität des zwischenmenschlichen Verhaltens zu seinen Patienten auf dem Prüfstand.

☞ Den guten Zahnarzt erkennen Sie vor allem daran, ob er sich genug Zeit für ihre Behandlung nimmt. Er wird sich Ihrer Ängste, Sorgen und Bedenken nicht kurzerhand entledigen und den Eingriff vorbereiten. Verständliche Aufklärung und Hinwendung sind für ihn selbstverständlich, denn herausragende Ergebnisse können immer nur von dem Zahnarzt erbracht werden, der seine Bemühungen durch den dafür notwendigen Aufwand realisiert. Seine nicht aufgesetzte Freundlichkeit kommt deshalb von Herzen, weil sein Hauptaugenmerk nicht auf Ihr Portemonnaie gerichtet ist, sondern Helfen meint. Deshalb verlangt er nicht und sofort die übereilte Entscheidung einer möglichst teuren Behandlung von Ihnen, sondern erarbeitet auch gern und freundlich die Alternative zum Zahnersatz, die auch Ihr Budget verkraften kann.

Leider geben Zahnärzte vielen Patienten oft nur flüchtig Gelegenheit, die angefertigte Füllung aus Kunststoff, das Inlay oder anderen Zahndefektersatz hinreichend zu überprüfen. Der Zahnarzt inspiziert seine Arbeit nach der Fertigstellung meist nur selbst und dahingehend, ob in der Höhe oder der Breite beim Zusammenbeißen etwas stört. Die neuen Besitzer zahnärztlicher Restaurationen können wegen der meist noch anhaltenden Betäubungen aber oft schwer kontrollieren, inwieweit wirklich »alles paßt«. Die noch vorhandene »Taubheit« der Spritze verzerrt die Dimension der fertigen Arbeit aus diesem Grund nicht unbeträchtlich. Kontrollieren können Sie auch kaum, ob die aufgesetzte Krone wirklich exakt randdicht ist und sich darunter vielleicht noch Amalgam aufhält. Abgesehen davon, ob die Behandlung überhaupt nötig war, um das Kauvermögen deutlich zu verbessern, erwies sich schon manch eilig vom Zahnarzt angedrehte Brücke als ein Flop. Für einige Patienten wurde normales Beißen später damit nicht mehr möglich, die heiße Tasse Kaffee geriet zum Alptraum, und gekaut wurde dann mehr auf der anderen Seite. Pfuscher und Beutelschneider unter den Zahnärzten nehmen später unausweichliche Beschwerden durch die stümperhaft ausgeführte Arbeit an ihren Patienten allerdings oft nicht besonders ernst. Eines können diese aber virtuos: andere für dumm verkaufen. Anders läßt sich die an die Opfer mangelhafter zahnärztlicher »Bemühungen« teils abgegebene Belehrung, daß dies am Anfang ganz normal sei und sich schon einbeißen werde, jedenfalls nicht deuten. Für diese zahnärztlichen Blindgänger ist vor allem eines wichtig: daß die Rechnungssumme für den Pfusch möglichst zügig auf dem Konto ist.

☞ Nehmen Sie sich noch in der Behandlungsliege die Zeit herauszufinden, ob eine neue Füllung oder Krone wirklich nicht mehr stört. Dies sollten Sie unbedingt im Sitzen tun, weil sich das sonst nur ungenau bestimmen läßt: Niemand kaut schließlich vorwiegend in der Horizontalen. Ist die eigene Prüfung in der Praxis aber wegen der noch wirkenden Spritze unmöglich, versuchen Sie es gleich nach dem Abklingen der Betäubung zu Hause oder am Arbeitsplatz noch einmal und gründlich. Wenn sich etwas »zu hoch« anfühlen sollte, bitten Sie den Zahnarzt noch am gleichen oder darauf folgenden Tag um sofortige Abhilfe Ihrer Beschwerden, die sich sonst fast zwangsläufig fortsetzen und vielleicht sogar verstärken werden. In Zähne eingebrachte Werkstoffe sind in der Regel viel zu hart, um »weich gekaut« zu werden, auch wenn dies schlechte Zahnärzte aus Bequemlichkeit behaupten.

Zahnärztlichen Pfusch entdecken gewissenhaft arbeitende Zahnärzte des öfteren, wenn sie die mangelhafte Arbeit anderer Kollegen bei neuen Patienten kopfschüttelnd zur Kenntnis nehmen. Schlampig neu abgefüllte Zähne, unter denen sich nicht selten noch erweichte Zahnsubstanz (Karies) befindet, sind keine Seltenheit und führen bei den Betroffenen oft zu heftigen Schmerzen, die sie sich selbst kaum erklären können. Wie denn auch, der Pfusch wird, wenn nicht auf dem Röntgenbild, erst beim Entfernen derartiger »Zahnkaputtkunde« sichtbar. Man darf für die Patienten hoffen, daß das Flickwerk nicht sehr teuer war. Eindeutige Versäumnisse der Vorbehandler bleiben dem Patienten aber meist verborgen, weil darüber selten nur ein anderer Zahnarzt spricht. Was in diesen Fällen aber jeder weiß, ist, daß auf ungenügend vorbereiteten Zahnfundamenten Reparaturen jeder Art niemals lange halten können. Das gehört zum Basiswissen zahnärztlichen Studiums der ersten Semester und leuchtet selbst dem Laien ein.

☞ Zweifel am Bemühen um das optimale Ergebnis des zahnärztlichen Eingriffs sind dann angebracht, wenn er von so kurzer Dauer war, daß dies zurecht verwundern muß. Es ist für die meisten zwar irgendwie erleichternd, den Zahnarztstuhl so schnell wie möglich wieder zu verlassen, aber alles braucht wie hier auch seine Zeit. Gute Zahnfüllungen sind nicht in zehn Minuten machbar und erfordern Ruhe und Konzentration. Hektik bei der Behandlung zeichnet dagegen den Zahnarzt aus, der Flickwerk und Pfusch erwarten läßt, für den die Leute auch noch zahlen sollen. Bitten Sie nach der Behandlung im Stuhl um einen Spiegel, und betrachten Sie das Resultat des Eingriffs kritisch. Ist die Ästhetik auch gelungen, und stimmt die Zahnfarbe? Sie müssen sich damit gefallen, und wenn nicht, beim Zahnarzt reklamieren.

Murks bei zahnärztlicher Tätigkeit wird vom Patienten oft erst dann bemerkt, wenn der Pfusch unausweichlich Schmerzen produziert. Der Schwindel offenbart sich schnell dem Nachbehandler, wenn ein neuer Zahnarzt aufgesucht wird. Füllungen, Inlays oder Kronen liegen entweder gar nicht dicht am Zahn, sind falsch dimensioniert oder weisen andere Mängel auf: Fehlende Unterfüllungen zum Schutz des Zahnnervs, ungenügend entfernte Karies unter dem frisch verdeckelten Zahn, Risse im Zahnersatz und die unterlassene Politur des fertigen Werkstücks sind nur Beispiele von Patzern, die Zahnärzte zu Klempnern machen. Spätestens dann, wenn dem leidgeprüften Patienten bereits nach kurzer Zeit wieder die Erneuerung der Zahnrestauration bevorsteht, wird klar: Nur die Gewissenhaftigkeit in der Ausführung zahnärztlichen Handelns garantiert langlebige Ergebnisse ohne Beschwerden.

☞ Übervolle Wartezimmer resultieren oft aus mangelhafter Organisation, mit der Zahnärzte in Zeitdruck kommen. Sie sind eher ein Hinweis auf die zu erwartende Hektik bevorstehender Behandlungen. Machen Sie um solche Praxen lieber einen Bogen, und suchen Sie statt dessen lieber einen Zahnarzt auf, der ruhig und entspannt agieren kann, weil er weniger Patienten am Tag behandelt. Weniger heißt manchmal mehr und bei diesen Zahnärzten wahrscheinlich auch in punkto Qualität.

Während gute Zahnärzte stets mehr die gesundheitlichen Belange ihrer Patienten meinen, sind andere teils nur teure Leistungsanbieter zahnärztlichen Handwerks ohne Herz. Die Hektik bei der Jagd auf Kassen- und Patientengelder macht manche sogar selber krank. Wenn man dem Artikel »Der heimliche Tropfen« in der *Zahnärztliche Mitteilungen* Nr. 3/97 Glauben schenken darf, haben Zahnärzte nicht selten auch ein Alkoholproblem. *»So auch Dr. Schneider. Er weiß, daß der Erfolg seiner zahnärztlichen Tätigkeit allein von der Qualität seiner Arbeit abhängt. Aber ... ständige Sanktionen hinsichtlich der Abrechenbarkeit seiner Leistungen lassen das Kartenhaus, das er sich vor sechs Jahren bei der Errichtung seiner Praxis aufgebaut hat, mächtig ins Schwanken geraten ... das erfordert von ihm eine derart hohe und andauernde Konzentration und An-*

*spannung, die sein Organismus jedoch alleine nicht in der kontinuierlich guten Tagesform halten kann. So ist das bei Dr. M. Schneider und nicht wenigen seiner bundesdeutschen Kollegen.«*

Herr Zahnarzt Dr. Schneider, wird selbst zugegeben, scheint kein Einzelfall zu sein. Die Fachzeitung eigener Reihen schätzt, daß die Dunkelziffer alkoholischen Mißbrauchs unter seinen bundesdeutschen Kollegen sehr hoch sei. Experten glauben sogar, daß es diesen Zahnärzten dann kaum noch gelingt, ihre fatale Sucht wieder in den Griff zu kriegen. Der Mißbrauch sei deshalb schwer zu beenden, weil von Zahnärzten *»eine ruhige Hand geradezu erwartet«* würde: *»Bei Absetzen des Alkohols ist der auftretende Tremor* (Händezittern) *von Patienten natürlich leicht zu bemerken, und so trinkt man eben weiter.«*

Leider werden Gremien, die zumindest weiteres Handeln »unter Strom« stehender Zahnärzte verbieten könnten, meist erst dann auf sie aufmerksam, wenn durch Alkoholeinfluß bedingte Behandlungsfehler von Patienten zur Anzeige kommen. Aber auch die angerufenen zuständigen Zahnärztekammern können ihren trinkenden Kollegen mitunter nur schwer das Handwerk legen, denn: *»Der von der Kammer beauftragte Amtsarzt ist zwar in solchen Fällen berechtigt, eine Bestimmung der Leberwerte des ›Verdächtigen‹ vorzunehmen ... Üblicherweise verhält sich aber der Betroffene für einige Tage abstinent, und schon ist seine Abhängigkeit nicht mehr eindeutig nachweisbar.«* Kopfschüttelnd muß man wohl zur Kenntnis nehmen, daß nach Meinung der Fachzeitschrift in Deutschland etwa 10000 alkoholabhängige Mediziner unbehelligt tätig sind. Über Zahnärzte sollen noch gar keine gesicherten Daten vorliegen.

Man darf sich sicher sein, daß die meisten Zahnärzte nicht an der Flasche hängen. Daß aber, wie es scheint, trotzdem einige am Menschen tätig sind, muß der verdutzte Leser wohl oder übel zur Kenntnis nehmen. Die Polizei entzieht angetrunkenen Fahrern zu Recht den Führerschein, weil sie eine Gefahr für die Allgemeinheit sind. Die Zähne der Patienten dagegen, die von alkoholkranken Zahnärzten, denen konzentriertes Handeln abgesprochen werden darf, behandelt werden, stecken wie in einem Pulverfaß: Sie können jederzeit hochgehen. Und so wie Tabakkonzerne auf ihren süchtig machenden Schachteln vor den Gefahren des Rauchens warnen müssen, sollten trinkende Zahnärzte von sich selbst abraten. Der Zahngesundheit anderer zuliebe. Den verantwortungsvoll tätigen Zahnärzten aber, die sich mit dem gewissenhaften Hang zur Perfektion stets um Qualität bemühen, sollte erlaubt werden, dies bereits auf ihrem Praxisschild vermerken zu dürfen. Wer aber verleiht das Gütesiegel? Getreu dem Motto, daß eine Krähe der anderen doch kein Auge aushackt, bleibt es sicher unvergeben.

Ganz von selber ändern sich schlechte Zahnärzte nicht, das wäre doch zu naiv gehofft. Hier muß der Patient selbst seinem verständlichen Wunsch nach besserer Behandlung die nötige Schubkraft verleihen. Damit auch bei dem Zahnarzt, der ständig nur auf der Jagd nach schnell verdienten Geldern ist, alles seinen geordneten Gang für die Behandelten geht. Auch für die, die wenig oder nichts dazuzahlen können.

# Teuer, »natürlich«: Die Behandlung beim Bio-Zahnarzt

Die von den Zahnärzten anvisierte Privatisierung ihrer Tätigkeiten auf möglichst vielen Gebieten und ganz ohne Kassenzwänge wurde von ihnen beständig vorangetrieben. Besonders der im Marketing und »Verkauf« bewanderte Dentist forciert seinen Patienten gegenüber deshalb immer öfter lieber das, was von den Kassen nicht erstattet wird und mehr Honorar einbringt. In diversen Überredungskünsten geschult, die dem Unwissenden vorgaukeln, daß »auf Kasse« nicht mehr viel zu machen sei, werden auch Maßnahmen beworben, mit denen der Patient durch angeblich »biologisch-ganzheitliches« Gesundwerden am Zahn gemolken werden kann. Immerhin tummeln sich viele Zahnärzte auf dem Gesundheitsmarkt, und man darf vielerorts bereits von einer »Schwemme« reden. Die Gewinne geraten unter Druck, denn der Wettbewerb besonders um die Selbstzahler ist knallhart. Angesichts solcher Erkenntnisse stellt manch Zahnarzt sich immer öfter die Frage, warum er billige Füllungen der Krankenkassen ins Programm nehmen soll, wenn doch weit mehr zu holen ist. Ein Umdenken der besonderen Art, wenn man dem Trend folgt und Patienten zudem die »biologische«, »natürliche« und »alternative« Behandlung ans Herz legt, die von den meisten Versicherungen nicht oder nur in geringem Maße bezuschußt wird. Deren nebulöse Bedeutung ist zwar den meisten Patienten nicht ganz klar, aber vielleicht besonders deshalb gut geeignet, Unwissende nachhaltig zu beeindrucken und sie zur Inanspruchnahme privat zu honorierender alternativer Behandlungen zu bewegen.

Garantien für die Wirkungen ihrer »biologischen« Maßnahmen am Gebiß können von den naturheilkundlichen Zahnärzten allerdings kaum übernommen werden. Wie denn auch, wenn deren Ergebnisse nicht selten Zweifel an deren besonderer Bedeutung aufkommen lassen. Wie jeder Mediziner, schuldet auch der Zahnarzt schließlich dem Patienten nicht den zwingenden Erfolg seiner Tätigkeiten, die Heilung hofft, sondern lediglich das intensive Bemühen darum. »Ganzheitlich« und »biologisch« darf jeder approbierte Zahnarzt tätig sein, ohne dafür eine besondere Qualifikation nachweisen zu müssen oder eine Prüfung abzulegen. Trotzdem kann er seinen Praxisumsatz auf ganz »natürliche« Art in die Höhe treiben, wenn er mit zum Teil begleitendem und unwirksamem Hokuspokus anderer Leute Zähne füllt. Dazu reichen schon ein paar Kurse hier, ein wenig Üben dort, und fertig ist der »Bio-Zahnarzt«, der die Geldbeutel ganzheitlich attackieren darf. Auch durch das Feilbieten von Präparaten mit angeblich besonderer Wirkung, die, in hübschen Vitrinen drapiert, für den Patienten sind und sich auf seine körperlichen Vorgänge und Zähne angeblich günstig auswirken sollen, läßt sich nach Art des Apothekers auch für den Zahnarzt so manche Mark dazuverdienen. Dabei handelt es sich allerdings oft nur um überteuerte Vitamine und naturbelassene Pflanzenkonzentrate, mit denen Gutgläubige von der sanften Apotheke Gottes naschen sollen. Die sind zwar auch im Reformhaus an der Ecke erhältlich, aber mit dem Vertrauensbonus des Mediziners empfohlen, natürlich von ihm viel leichter loszuschlagen. Mit dem Namen »orthomolekulare Produkte« belegt und für Laien unverständlich getarnt, werden Patienten Tabletten mit dem Öl der schwarzen Johannisbeere, Blütenpollen, Ginseng und anderen Kräutern zu horrenden Preisen nahegelegt, die unter anderem nur eine angebliche Immunstärkung des Mundraums und eine Kräftigung der Zähne während des Alterns bewirken sollen.

Positives soll der Begriff »naturheilkundlich« suggerieren, doch die Verwendung dieses Wortes darf nicht überstrapaziert werden. Er dient oft genug nur der Durchsetzung finanzieller Interessen anderer. In Wirklichkeit handelt es sich um einen relativ inhaltsleeren und künstlichen Begriff. Es wird nämlich dabei übersehen, daß gerade viele »ganzheitliche« Verfahren in der Zahnmedizin mit ihren komplizierten Apparaten selbst in hohem Maße künstlich sind und sich somit weit weg von der Natur entfernt haben.

Das Spektrum angebotener Leistungen des der Natur »kundigen« Zahnarztes ist groß und geeignet, Unwissende rasch zum Staunen zu bringen. Nach Angaben der »Akademie für Naturheilkunde in der Zahnmedizin« kann der daran interessierte Zahnarzt seinen Patienten nicht nur mit dem Bohrer, sondern auch mit der »Regulationsmedizin, Bioelektronik, Applied Kinesiologie, Mikroelektronik« und anderen Verfahren überraschen, die unter Umständen auch seine Gesamtverfassung in gesunde Bahnen lenken will. Natürlich soll sich das nebenbei in Kursen erworbene »biologische« und ganzheitlich anzuwendende Wissen mit den komplizierten Namen nebst den Pillen für den Zahnarzt lohnen. Einmal angewendet, hat der Patient privat dafür zu zahlen, was auch unverhohlen das Ziel zu sein scheint, wie ein sich »alternativ« bemühender Zahnarzt unlängst in der *Zahnarztwoche* äußerte: *»Das gemeinsame Ziel schafft Freiräume, die verloren schienen, aber auch Verantwortlichkeiten, dem gestellten Ziel so nahe wie möglich zu kommen. Ganz nebenbei bemerkt man dann, daß der ganzheitliche Blick auch die persönliche Sicht erweitert.«* Nun, die persönliche Sicht kann vieles meinen, allzu oft und vordergründig schielt sie bei vielen Zahnärzten aber gern aufs Patientenportemonnaie. Jetzt mitunter besonders auf das von Patienten gesetzlicher Krankenversicherungen, seit man nämlich entdeckt hat, daß sich auch dort das Schröpfen lohnt. Warum sollte sich schließlich, neben der ihrer Krankenkassen in Rechnung gestellte Leistungen, durch geschicktes Zureden bei den Versicherten selbst nicht noch privat hinzuverdienen lassen? *Die Zahnarztwoche* sieht dies ebenso und meint: *»In einer ganzheitlichen Praxis kann die Arbeit mit dem Patienten befriedigend für Zahnarzt und Patient sein, solange das Ziel Heilung heißt . . . dementsprechend muß der erhöhte Aufwand in der Praxis entlohnt werden. Als Kalkulationskosten bieten sich die Praxiskosten pro Stunde an . . .«*

Zahnärztliche Praxiskosten werden allerdings selten unter einem Wert von 300 Mark in der Stunde kalkuliert und naturheilkundlich angewendetes Spezialwissen der Zahndoktoren dürfte daher nicht ganz billig sein. Wenn es denn auch immer nützen würde, wäre dagegen gar nichts einzuwenden. Allein, manch Naturheilkundliches entpuppte sich auch schon als Firlefanz, an den man allenfalls noch glauben kann. Wenn man will, denn vieles scheint nach genauerem Hinsehen für die Gesundheit der Zähne entbehrlich zu sein. Wirklich überzeugende Ergebnisse, die sich eindeutig auf naturheilkundliche Methoden bei der Zahnbehandlung zurückführen lassen, sind eher dünn gesät. Die meisten Erfolgsberichte halten objektiver Nachprüfung gar nicht stand. Im Gegenteil, die subjektive Besserung zahnmedizinisch geäußerter Beschwerden wird von solcherart »biologisch« behandelten Patienten meist durch ein schon hinreichend bekanntes Phänomen herbeigeführt: Sie beruht auf der Selbstheilung mittels Placebo-Effekt. Homöopathisch verabreichte Tabletten, die nur aus Zucker bestehen, bringen manchen Patienten Besserung, das belegen viele Studien. Mediziner, die ihre nahezu unendlich verdünnten oder in Milchzucker verriebenen Stoffe den Patienten verabreichen, bestehen auf eine mehr als placebohafte Wirkung. Worauf sie allerdings beruht, wenn sie eintritt, kann aber auch durch sie nur vermutet werden.

Der »normale« Zahnarzt ohne »Bio-Touch« bedient sich allerdings ständig auch natürlicher Methoden, selbst wenn er sich dessen nicht bewußt ist oder dies nicht besonders betont. Eine in Zusammenhang mit der von den Krankenkassen bezahlte Vorbehandlung des entzündeten Zahnfleischs etwa, die auch Hinweise zur gesunden Ernährung mit einschließt, ließe sich schließlich als »biologische« Maßnahme darstellen. Daß der Zahnarzt es nicht tut, liegt wohl daran, daß diese an den Patienten gerichtete Aufklärung Teil ebendieser vorbehandelnden Maßnahmen ist, ohne die die Krankenkassen Zahnfleischbehandlungen gar nicht genehmigen und bezahlen würden. Es ließen sich noch eine ganze Reihe anderer Beispiele aufzählen, in denen es zur ganz normalen Pflicht von Zahnärzten zählt, auch beratend und aufklärend tätig zu sein. Informationen zur hygienischen Sauberhaltung neu angefertigten Zahnersatzes etwa oder Hinweise zur effektiven Zahnpflege. Sie werden leider häufig unterlassen und bleiben in der Hektik des Praxisalltags von vielen Zahnärzten ungenannt.

Mehr als die Hälfte aller Bürger sollen alternativen Methoden in der Medizin interessiert gegenüberstehen, und viele naturheilkundliche Verfahren stellen unbestritten sinnvolle und geradezu notwendige Ergänzungen zur gängigen Schulmedizin dar. Neben dem ernsthaften Bemühen vieler Ärzte, andere Wege zur Heilung und Gesunderhaltung der Menschen zu gehen, versuchen aber auch nicht wenige Scharlatane, diesen Trend für sich auszunutzen. Sie verunsichern Patienten mit teils unseriösem Halbwissen, um ihre Ängste rasch in klingende Münze umzuwandeln. Aus diesem Blickwinkel heraus erfolgt nicht selten auch der dringende Rat vieler Zahnärzte an ihre Patienten, Amalgam aus den Zähnen entfernen zu lassen, obwohl diese Füllungen intakt sind und vorerst gar keine Therapie erfordern würden. Zwar waren sie es schließlich, die den vieldiskutierten Quecksilberbrei, der im Zahn erhärtet, seit über hundert Jahren die Münder stopften, aber für sie um so besser, wenn nun zum umgekehrten Weg geraten wird: Unter angeblich »ganzheitlichen« Aspekten wird zur Entfernung aufgerufen, Gold und Keramik favorisiert. Das Wunderding, um das erneute Loch im Zahn zu füllen, ist dann allerdings ein um mindestens zehnmal so teures Inlay, das der Patient privat an den Zahnarzt zahlen muß. Manch Dentist hat sehr schnell begriffen, daß der Weg zu steigenden Honorartöpfen vor allem über die Motivation des Bürgers zum Selbst- und Draufzahlen und der daraus resultierenden Privatbehandlung führt.

Da wird Patienten Angst mit drohenden Vergiftungen durch Amalgam gemacht, wenn sie den Stoff nicht bald entfernen ließen, oder die billigere Füllung aus Kunststoff verteufelt. Leider fällt die Verunsicherung oft auf fruchtbaren Boden, weil sie Gutgläubigen unter »ganzheitlichen« Aspekten empfohlen wird und ihnen eine simple Erklärung für Allergien, Haarausfall und Kopfschmerz bietet. Geschäftstüchtige Zahnärzte, die in den Zähnen befindliches Amalgam zum Alptraum stilisieren, versprechen sogar, daß Mundzucken und Kinderlosigkeit verschwinden, wenn im Mund jetzt »biologisch« vorgegangen wird. Mit an Bord von Leuten, die Geschäfte machen: der Arbeitskreis für Umweltanalytik und das Institut für Organische Chemie der Universität Tübingen, die gegen Einsendung von 50 Mark »hochmotivierten« Probanden Speicheltests zuschickten, die eine Quecksilberbelastung durch Amalgam feststellen sollen. Mit fragwürdiger Aussagekraft, wie sich später herausstellte.

Knallharte Vertreter »ganzheitlicher« Zahnheilkunde legen sogar den Verdacht nahe, daß manche ihrer Methoden, zumal wenn übertrieben, nicht nur nutzlos, sondern auch gefährlich sind. Die Mutter des Fernsehstars Markus Hoffmann richtete nach dem Tod ihres Sohnes schwere Vorwürfe gegen den naturheilkundlichen Arzt Dr. Daunderer aus München, der nur Privatpatienten seine Praxispforte öffnet. *»Mein Sohn könnte heute noch leben – wenn ihm Dr. Daun-*

*derer nicht diese panische Angst vor Amalgam eingeredet hätte!«* ist Jutta Hoffmann überzeugt. Obwohl bei ihrem Sohn Markus, bekannt aus der Vorabendserie »Verbotene Liebe«, schon Mitte der 80er Jahre bis auf vier alle Amalgamplomben ersetzt worden waren, wurden ihm von Dr. Daunderer »Typische Zeichen einer Metallvergiftung« attestiert. *»Wenn Sie nicht zu uns gekommen wären, wären Sie bald an Krebs gestorben«*, so die lapidare Erklärung des Mediziners an Hoffmann, der *»nach der etwa einstündigen Sitzung für 522 Mark total verunsichert«* war, wie die Mutter später berichtete. Markus Hoffmann nahm sich mit einem Sprung vom Hochhaus das Leben, wie in der »Berliner Zeitung« vom 24. 1. 1997 zu lesen war. Für den Freitod macht Frau Hoffmann zweifellos Daunderer verantwortlich, der ihrem Sohn qualvolles Siechtum wegen der angeblichen Quecksilbervergiftung durch Amalgam prophezeite, wenn nicht von ihm eingegriffen würde. Sein Eingreifen bestand auch in der weiträumigen Ausfräsung »verseuchten« Kieferknochens und dem massenweisen Entfernen an sich gesunder Zähne, was von ihm als notwendige Therapie erachtet wurde. Ernst zu nehmende Toxikologen verurteilen die absurden Methoden des umstrittenen Dr. Daunderer, und den in zahnärztlichen Fachkreisen bekannten Prof. Drasch. Um nämlich jene Zahnärzte, die sich besonders mit biologischen Behandlungsmethoden befassen, zum Beispiel gänzlich auf Amalgam verzichten und ganzheitlichen, natürlichen Behandlungsmethoden den Vorzug geben. Er brachte auf den Punkt, was auch für andere Quacksalber der naturheilkundlichen, zahnärztlichen Branche gilt: *»Seine* (Daunderers) *Methoden ... halten keiner wissenschaftlichen Prüfung stand. Die gesamte Fachwelt hat sich von Daunderer komplett losgesagt. Seine Behandlungen sind obskur, können verheerende Folgen haben ... Und wenn jemand hört, daß er von oben bis unten total vergiftet sei, kann das psychische Probleme noch verstärken ... Wir haben gerade ein Gutachten über Quecksilberkonzentrationen durch Amalgamfüllungen im Kiefer gemacht. Ergebnis: Die Mengen sind so gering, daß man sie vergessen kann. Radikalkuren wie Kieferausfräsungen sind deshalb absoluter Quatsch.«*

Aber auch mit relativ harmlosen »biologischen« Behandlungen machen einige Zahnärzte zuweilen eine schnelle Mark. Zum Beispiel mit Ernährungstips vom ganzheitlich denkenden Zahnarzt, der angelesenes und in Kursen erworbenes, vor allem aber schon hinreichend bekanntes Wissen an Patienten gegen Bares weiterleiert. Oft ein alter Hut, wenn man die kostenpflichtigen Ratschläge, die sich mittlerweile bis in jedes Dorf herumgesprochen haben dürften, auf ihren Inhalt genauer untersucht: *»Weniger Fett und fettreiche Nahrung: Denn zuviel Fett macht fett... Weniger Süßes: Es drohen Karies und Fettpolster. Und wer viel nascht, hat weniger Platz für gesundes Essen... Trinken mit Verstand. Der Körper braucht Wasser, keinen Alkohol... Öfter kleine Mahlzeiten. Ergebnis: mehr Schwung, weniger Leistungstiefs«*, heißt es da zum Beispiel bei den in der *Zahnarztwoche* 11/97 erteilten »Hinweise zur erfolgreichen Ernährungsberatung... in der Zahnarztpraxis«. Dem Patienten vermittelt, läßt sich dadurch vom Zahnarzt zwar nichts falsch machen, aber ob diese Tips es wert sind, derart hoch honoriert zu werden, darf doch stark bezweifelt werden. So etwas pflegt man nebenbei zu sagen.

Aber auch allgemeine Abgeschlagenheit, Schwäche und sogar Müdigkeit sollen mit naturheilkundlichen Methoden zu überwinden sein. Mit der »Phönix-Entgiftungstherapie« zum Beispiel, die Patienten mit Sicherheit teurer kommt, als sich selbst gesunder Lebensführung zuzuwenden. Gegen normale Müdigkeit soll gelegentlich sogar schon etwas Schlaf helfen. Die Diagnostik von Erschöpfungszuständen aber, die mit ernsthaften Krankheiten einhergehen können, sollten vom Zahnarzt eher nicht behandelt werden. Die Grenzen zwischen »normaler« und alternativer Zahnheilkunde sind für den Laien schwer durchschaubar. Chirologie, Nageldiagnostik, Pathophysiognomie, Nasensomatotopie oder Energetische Terminalpunkt-Diagnostik sind wohlklingende Therapien, die manchem Zahnarzt viele Taler bringen. Ob aber dem Patienten versprochen werden darf, ihn damit von Migräne zu befreien oder seinen Haarausfall zu stoppen, muß in Zweifel gezogen werden. »Alternativ-ganzheitliche« Zahnärzte sind bislang schließlich jeden wissenschaftlichen Beweis schuldig geblieben, daß ihre Konzepte nachprüfbar die Zahngesundheit und das allgemeine Wohlbefinden der Patienten steigern könnten, trotz aller Versuche, dies anders darzustellen. »Ganzheitliche« Zahnheilkunde wird von den Dentisten gern auch dafür hergenommen, Patienten Inlays, Kronen oder Brücken zu verkaufen. Die »Elektro-Akupunktur nach Voll« (EAV), deren Aussagekraft von ernst zu nehmenden Wissenschaftlern in Frage gestellt wird, soll die schädliche Quecksilberbelastung im menschlichen Organismus dokumentieren. Selbstverständlich kostenpflichtig für Patienten, ganz zu schweigen von den nachfolgenden Zahnsanierungen (Amalgam raus), die so manchem »Bio-Zahnarzt« viel Geld in seinen Kittel spülen. Keine Sanierung soll aber ohne spätere »Entgiftung« sein, so lautet die Devise von Abzockern, die durch das Verabreichen von Präparaten, die *»im menschlichen Organismus selbst gebildete oder eingelagerte Gift- und Schlackenstoffe lösen und ausleiten können«.* (Zahnarzt J. Bandura in: *Die Zahnarztwoche 25/95).* Für diese Ausleitungen müssen Patienten oft monatelang teure Medikamente einnehmen, die sie nicht selten Hunderte Mark kosten. Diese »Entgiftungsmittel« aber haben selbst Nebenwirkungen, und zwar rasch, und entleeren nur die Quecksilberdepots im Körper, die sich auch ohne sie allein entleert hätten. Darüber werden sie allerdings kaum informiert: Weil dem verabreichenden Zahnarzt dieses Hintergrundwissen vielleicht selber fehlt oder informierte Patienten entsprechend nutzlose Präparate gar nicht nehmen würden, wie zu vermuten ist.

Zahnarzt Dietrich faßt zusammen, worum es vielen alternativen Zahnärzten zu gehen scheint, und gibt unverhohlen zu: *»Diese Aufgaben verhindern sowohl den altersbedingten Leistungsknick als auch die ebensolche Einkommensminderung ... Eine derart organisierte Praxis kann sicher mühelos mit einer Praxis im herkömmlichen Sinne konkurrieren.« (in: Die Zahnarztwoche 52/94).* Ein Zahnärzte beratender Anwalt wird in seinem Artikel »Die Zielgruppe der Praxis bestimmt das Leistungspaket« noch deutlicher: *»... folgendes: Der Zahnarzt muß Leistung ›verkaufen‹; wohlverstanden durch Information und Beratung wie Service, nicht mit Druck ... Für den Zahnarzt, zum Beispiel bei der hohen Selbstbeteiligung des Patienten ..., besteht weniger die Frage: ›Kann sich der Patient das leisten?‹, sondern: ›Wie kann ich den Patienten dazu bringen, es mit Freude ... auszugeben?‹ ...«* denn: *»Wer behauptet, der Patient könne ein ... Amalgamsanierungsprogramm nicht bezahlen, blendet aus. 90 Prozent der Patienten geben im Monat mehr als 150 DM für Alkohol, Zigaretten, Schokoriegel und Urlaubsanteile aus ...«* (Rechtsanwalt Schade in: *Die Zahnarztwoche* 18 und 19/96).

»Ganzheitlich«, »natürlich« und »alternativ« haben sich nicht nur in der Medizin und Zahnmedizin zu Wörtern mit außerordentlich positiver Bedeutung entwickelt, sondern sich auch in vielen anderen Bereichen des Lebens etabliert. Entsprechende Begriffe kommen wegen der Umweltbelastung und den damit zusammenhängenden Gesundheitsproblemen, wenn man an die explosionsartige Zunahme der Allergien denkt, insgesamt gut an. Deshalb leistet allerdings nicht der angeblich »ganzheitlich« tätige »Bio-Zahnarzt« allein einen positiven, sondern höchstens dann einen ergänzenden Beitrag im Kampf gegen Zahnkrankheiten, wenn seine Methoden nicht nur Besserung versprechen. Es soll und darf nicht schulmeisterlich behauptet werden, daß sämtliche Versuche der Mediziner, alternative Behandlungsmethoden voranzubringen, Hokuspokus wären und wegen ihrer Unwirksamkeit insgesamt belächelt werden müßten. Das komplexe Gebilde Mensch läßt sich schließlich nicht auf eine physikalisch-chemische Maschine reduzieren, der grundsätzlich nur mit der heutigen Wissenschaft beizukommen ist. Und auch Zahnärzte, die in der Behandlung andere Wege gehen, mögen bei dem ernsthaften Bemühen um die Zahngesundheit tätig sein. Dies wäre besonders dann zu loben, wenn nicht das Motiv der Privatbehandlung allein dahinterstehen würde. Man sollte jedoch darauf achten nicht jedem Quacksalber und allem Unsinn, der auf dem alternativen Markt auch von Zahnärzten feilgeboten wird, wirklich ernsthaft Glauben zu schenken. Manche selbsternannten zahnärztlichen »Bio-Therapeuten« ersetzen nämlich dabei echtes heilkundliches Wissen durch wohlklingendes Gaukelwerk, mit dem es nicht die Patienten selbst, sondern ihren Geldbeutel zu therapieren gilt. Würde von den normal tätigen Zahnärzten öfter eine ebenso effektive wie menschliche Zahnheilkunde betrieben, dann könnten auch die sogenannten ganzheitlichen Dentisten den Patienten nicht besonders tief in deren Taschen greifen und mit Humbug Kasse machen. Gerade bei dem Gang zum Zahnarzt, der den meisten Angst einflößt, sehnen Patienten sich neben der Kompetenz des Behandlers nach dessen menschlicher Zuwendung und verständlicher Aufklärung. Zu ihrem Schutz vor umstrittenen alternativen Verfahren muß erlaubt sein, unkonventionelle Heilmethoden dahingehend zu überprüfen, ob sie nicht auch entbehrlich sind und oft nur das darin investierte Geld vergeuden. Denn das passiert in Deutschlands Zahnarztpraxen öfter, als man denkt, wie Tausende »amalgamsanierter« Patienten bestätigen, und im *Reader's Digest* 9/97 nachzulesen war: *»Daß ich mir die Plomben hab' rausreißen lassen, hat mir nix gebracht!«*, so ein Betroffener aus Stephanskirchen, der sich auf den Rat seines behandelnden Zahnarztes seiner Amalgamfüllungen entledigte. Schließlich sollten die quecksilberhaltigen Füllungen der Grund für seine Schulter- und Nackenschmerzen sein. Ein fataler Irrtum, wie viele in den Raum hinein behauptete »ganzheitliche« Tips anderer Zahnärzte, denn auch in diesem Fall war die aufwendige und teure Therapie nur ein Spiel mit der Hoffnung auf Genesung anderer: *»Obwohl das Zeug raus war und ich zwei Jahre entgiftet wurde, sind die Beschwerden nicht besser geworden. Seit zwei Jahren bin ich berufsunfähig.«*

Wir stehen nicht am Ende unseres Wissens. Auch Aristoteles' Behauptung, die Frau habe weniger Zähne als der Mann, war fast zweitausend Jahre deshalb gültig, weil man der berühmten Autorität Glauben schenkte und nicht nachprüfte. Dabei hätte sich durch Nachzählen leicht herausgestellt, daß diesbezüglich zwischen den Geschlechtern kein Unterschied besteht. Mediziner, die ihren Patienten gegenüber behaupten, sie hätten mehrfach erlebt, daß ihre alternativen Anwendungen helfen, sind dagegen auch heute nicht so schnell zu widerlegen. Solche Aussagen sind aber ohne wissenschaftliche Tiefe. Eine daraus abgeleitete Verallgemeinerung, sie würde auch anderen Besserung verschaffen, ist unwissenschaftlich, wenn nicht unverantwortlich. Neben der überprüfbaren Zahnheilkunde, wie sie an den Hochschulen gelehrt wird und die den Zahnarzt erst zum Mediziner macht, sind einige Dentisten aber später auch im Sog echter naturheilkundlicher und alternativer Bemühungen anerkannter Ärzte tätig. Sie täuschen Patienten mit fragwürdigen Versprechen manchmal lediglich nur zu einem Zweck: die Bereitwilligkeit zur privaten Zahlung ihrer »biologischen« Methoden anzuheben.

☞ Sogenannte ganzheitliche und alternative Bemühungen der Zahnärzte sind oft teuer und führen nicht selten zu kaum nachprüfbaren Ergebnissen. Das kann nicht verwundern, denn obwohl sie manchmal Wein versprechen, kochen sie auch nur mit Wasser. Wenn zum Beispiel dazu geraten wird, einen Speicheltest zur Dokumentation der Quecksilberbelastung aus Ihren Zähnen durchzuführen, muß sich der betreffende Zahnarzt den Vorwurf gefallen lassen, Sie lediglich zum Zweck der Geschäftemacherei verunsichern zu wollen. Diese Speicheltests sind sowohl teuer als auch unwissenschaftlich. Oft genug sind sie lediglich Einleitung und Rechtfertigung der Zahnärzte für spätere Privatbehandlungen mit Inlays oder Kronen zum Ersatz amalgamgefüllter Zähne. Für andere alternative Verfahren, die der Zahnarzt Ihnen außerhalb der Kostenerstattung durch die Krankenkassen vorschlägt, gilt: Lassen Sie sich nicht beunruhigen oder ängstigen, und recherchieren Sie im Zweifel selbst, ob die Behandlung wirklich nötig ist. Bitten Sie einen zweiten Zahnarzt um seine Meinung, oder begeben Sie sich in eine den Universitäten angeschlossene kompetente Fachklinik.

# DIE FÜLLUNGEN

Aus den Gebetsmühlen der Zahnärzte dröhnt seit Jahren dieselbe Predigt: Ihre Eingriffe an den Zähnen der Patienten werden von den Krankenkassen nur ungenügend honoriert. Es werden Grafiken bemüht, die den durch die Gesundheitsreform verursachten Einkommensknick aufmüpfig zeigt: Man habe, so die Recherchen, mittlerweile eine der letzten Plätze bei den Einkünften unter allen Fachrichtungen der Mediziner erreicht. Das, obwohl die Qualität ihrer Tätigkeiten durchaus mitunter Weltniveau erreicht, sie sehr hart arbeiten müßten und das ganz nah am Mundgeruch. Das ständige Gejammere um zu wenig Honorar hat indes Methode. Unnötig eigentlich zu sagen, daß fast jeder Zahnarzt im Gegensatz zu vielen seiner Patienten mit eher durchschnittlichen Einkommen sogar sehr gut verdient und mit Sicherheit den Eintopf links liegen lassen darf, wenn im Restaurant auch Langustenschwänze auf der Karte stehen. Und das wird er, da muß man kein Prophet sein, gerade auch in Zukunft können. Die erst jüngst per Gesetz beschlossene Mehrkostenregelung in der Füllungstherapie bescherte den Zahnärzten zum Beispiel dicke Gewinnsteigerungen. Wer von den Patienten kein Amalgam in die Zähne gestopft haben möchte, muß schon bei Kunststoff selber in die Tasche greifen und dazuzahlen, denn weiße Füllungen gibt es für Patienten nicht umsonst. Inlays, die teuren Einlagefüllungen aus Gold oder Keramik, werden von den Kassen noch nicht einmal bezuschußt und sind reine Privatleistungen. Doch auch durch andere Maßnahmen hat der Gesetzgeber die Zahnarzthonorare ganz gehörig aufgebessert. Ab dem 1. Juli 1997 hat sich, nur als vorläufige Regelung, die Zuzahlung zum Zahnersatz für alle Mitglieder gesetzlicher Krankenkassen um glatte 5 Prozent erhöht. Auch die Einführung des Festzuschuß-Systems in der zahnärztlichen Prothetik, das den Versicherten nur noch einen standardisierten, »festen« Geldbetrag zum Zahnersatz garantiert, wird für einige Patienten sicher mehr als hart: Wer von ihnen dringend neue Zähne braucht, merkt schnell, daß dies mitunter mehr kosten kann, als das Familienbudget zur Zeit verkraftet.

Lohnende Gewinne sind aber den Zahnärzten möglich, die sich darauf »spezialisiert« haben, Patienten mit teuren Einlagefüllungen zu beglücken. Diese Inlays aus Gold oder Keramik sind mindestens viermal so teuer wie gleiche Zahnfüllungen aus Kunststoff. Weil Inlays privat mit dem Zahnarzt zu vereinbaren sind, lassen diese individuellen Verträge mitunter aber für ihn auch noch höhere Honorare zu. Bei manchen Patienten wurde auch schon richtig hingelangt und für ein einziges Inlay weit über 1000 Mark gefordert. Die Spielregeln vieler Zahnärzte, den Leuten statt der oft ausreichenden preiswerteren Füllung lieber gleich eine Einlagefüllung (Inlay) zu »empfehlen«, sind immer die gleichen, plump und pauschal oft auch die Rechtfertigungen: Amalgam sei schließlich bedenklich, Kunststoff viel zu weich, und andere Plomben könne man nicht machen. Dieses Kalkül geht für den Zahnarzt meistens auf, denn viele glauben ihm bei seiner von ihm favorisierten, teuren Therapie und zahlen. Daß dies oft gar nicht notwendig war und hinter dem ausgeführten Füllungsvorschlag nicht selten nur finanzielles Interesse der Zahndoktoren steht, ahnen viele nicht. Rosige Aussichten und ein riesiges Betätigungsfeld winken zukünftig den Medizinern mit dem Bohrer, denn der Versuch, andere zu Inlays zu überreden, läßt sich noch lange üben. Von den Zahnärzten präsentierte Hochrechnungen prognostizierten für die Entfernung des Amalgams aus deutschen Gebissen den schwindelerregenden Betrag von mehreren hundert Milliarden Mark. Da wird prophezeit, daß sich »Gesundheit« zur entscheidenden Wachstumsbranche entwickelt, und im eigenen Kreis frohlockt: *»Lassen Sie uns aufhören zu jammern! ... Auf die Zahnarztpraxis übertragen heißt das, daß die Mitarbeiter des Zahnarztes und die ihm vertrauenden Patienten zu seinem wichtigsten Kapital werden, er selbst wird zum Manager von Schicksalen ... denn die sich vollziehende Privatisierung der Medizin wird mehr Farbe und mehr Kreativität in einen Bereich hineintragen, der bisher von der*

*Öde . . . gekennzeichnet war.« (Dr. Dykhoff in: Die Zahnarztwoche* 20/97).

Viele Patienten dachten vielleicht, daß der Zahnarzt einfach nur, wenn auch vielfach ungeliebter, Helfer in Sachen »Zähne reparieren« sei. Dies ist heute zu naiv gedacht, sehen sich doch viele Dentisten selbst zunehmend auch als Verkäufer, wie in selbigem Artikel dieses Arztes nachzulesen ist: *»Verkaufen aber will gelernt und geübt sein. Dazu gehört zum Beispiel eine Kundenbeziehung, die sich von der Patientenbeziehung erheblich unterscheidet. Nur der realitätsferne Romantiker wird damit einen Abstieg assoziieren, der vom Gott in Weiß zum Verkäufer hinabführt.«*

So scheint der Gang zum Zahnarzt wohl nicht mehr nur das zu sein, was er früher einmal war. Patienten sollten darauf gefaßt sein, als freiwillig zuzahlender »Kunde« angegangen zu werden, der sich immer öfter auch die teure Goldfüllung leisten soll. Daß viele Zahnärzte das Amalgam als Füllstoff in ihre unterste Schublade verbannt haben, mag in Ordnung sein. Schon in den Zähnen vorhandene »schwarze Plomben« aber sind für die Gesundheit eher unbedenklich. Sie herauszubohren, auch wenn sie noch in Ordnung sind, ist sicherlich ein Coup nach Geschmack von nicht wenigen Dentisten. Ob dies aber wirklich notwendig ist, um sie dann mit Gold zu füllen, scheint fraglich.

# Amalgam: Die »erste allgemeine Verunsicherung«

Für die einen gilt es als unbedenklich. Für andere ist es das wahrscheinlich giftigste Zahnfüllmittel der Welt, könnte man das Problem für viele, in Abwandlung eines Schokoriegel-Werbespots, auf einen Punkt bringen. Die Rede ist vom Amalgam, dem stopfbaren Brei aus Quecksilber und Silber, der sich haufenweise in den Zähnen findet. Früher dachten manche, das sei Blei, doch seit von allerlei schädlichen Wirkungen der schwarzen Plomben auf die Gesundheit berichtet wurde, sind viele aufgeklärter. Schon der Gedanke daran, daß in diesen Füllungen hochgiftiges Quecksilber, ein schon bei Raumtemperatur verdampfendes Metall, enthalten ist, läßt trotzdem noch viele schaudern.

Das »Thema Amalgam« erfährt seit Anfang der 90er Jahre ein immer breiteres öffentliches Interesse, seit aus den USA erste sensationelle Presseberichte über die angebliche Gefährlichkeit von Amalgamfüllungen einerseits und wundersamen Heilungen durch deren Entfernen andererseits gemeldet wurden. Ist der immer seltener vom Zahnarzt verwendete Werkstoff Amalgam mit dem umstrittenen Schwermetall Quecksilber denn nun wirklich eine schleichende Vergiftungsquelle für den Menschen oder nicht? Und wer sollte dies besser wissen als der Zahnarzt? Sind die darüber teils sehr aggressiv und kontrovers geführten Diskussionen in den Medien vielleicht berechtigt, und wie sollte man sich denn nun verhalten?

Flüssiges Quecksilber, vielen noch als Inhalt alter Fieberthermometer in Erinnerung, ist unbestritten giftig. In dieser Form zu sich genommen, kann es selbst in geringen Konzentrationen Mißbildungen beim Menschen hervorrufen, wie kürzlich in der *Westdeutsche Zeitung* zu lesen war: *»Chinesische Wissenschaftler haben das Rätsel* *des ›Zwergen-Dorfes‹ in der Provinz Sichuan gelöst: Mit Quecksilber verseuchtes Trinkwasser habe zu dem ungewöhnlich hohen Anteil kleinwüchsiger Einwohner geführt. 30 bis 60 Bewohner eines Dorfes sind von außergewöhnlich kleiner Statur, zehn Menschen sind kleiner als ein Meter. Das Trinkwasser wird nun entgiftet.«* Um es gleich vorweg zu nehmen, dies muß beim Amalgam ganz sicher nicht befürchtet werden.

Amalgame sind Metallegierungen mit Quecksilber, die daneben auch noch Kupfer, Zink und Zinn enthalten können. Es läßt sich heute nicht mehr bestreiten, daß besonders wegen des (differierenden) Quecksilberanteils, individuell verschieden, gesundheitliche Belastungen durch Amalgame möglich sind. Auch nicht, daß sie bei wenigen zu Krankheiten führten und Komplettsanierungen der so gefüllten Zähne Heilung brachten. Indes scheint Hysterie mehr als unangebracht: Selbst in der wissenschaftlichen Fachliteratur sind bisher, weltweit, nur etwa 100 Fälle von Allergien durch Amalgame dokumentiert worden. Komplikationen und Nebenwirkungen kommen extrem selten vor.

Es scheint Menschen zu geben, die auf Amalgam weit häufiger empfindlich reagieren als andere. Die meisten wissen nicht, daß der größte Teil des Quecksilbers von einer gerade gelegten oder entfernten Füllung aus dem Amalgam freigesetzt wird: am ersten Tag nach dem Einbringen in den Zahn bereits die Hälfte und nach einer Woche bis zu 95 Prozent. Dies macht deutlich, warum auch das Herausbohren von Amalgam ohne erkennbaren Grund, besonders ohne die eigentlich erforderlichen Schutzmaßnahmen, mehr als kritisch zu betrachten ist. Ebenso muß die Einschränkung neu verwendeten Quecksilbers, auch wenn nur in geringen Konzentrationen, gefordert werden, zumal alternative Werkstoffe, wie zahnfarbene Kunststoffe, schon lange zur Verfügung stehen. Verwerflich ist deshalb, daß es noch Zahnärzte geben soll, die Patienten über mögliche Gefahren der von ihnen in die Zähne eingefüllten Werkstoffe nicht aufklären. Dies betrifft vor allem auch die Verwendung »frischen« Amalgams.

☞ Verlangen Sie vom Zahnarzt immer Auskunft darüber, mit welchem Werkstoff Ihr defekter Zahn von ihm aufgefüllt werden soll. Daß er dies immer von sich aus tut, sollten Sie nicht in jedem Fall erwarten, denn schon mancher Patient stellte nach der Behandlung mit Blick in den Spiegel fest, vom Zahnarzt stillschweigend um noch mehr Quecksilber bereichert worden zu sein. Fragen Sie Ihren Zahnarzt, was er vom Amalgam hält. Legt er Vor- und Nachteile dar, sind Sie wahrscheinlich in guten Händen. Befürwortet er allerdings einseitig diesen problematischen Werkstoff ohne einen vorher durchzuführenden Allergietest, ist Vorsicht angebracht. Dies gilt vor allem auch dann, wenn Amalgam ohne die erforderlichen Schutzmaßnahmen (Kofferdam) ausgebohrt oder neu in die Zähne eingestopft werden soll.

Besonders der Quecksilberanteil des Amalgams, aber auch andere darin enthaltene Metalle, wird von alternativen Medizinern als auslösend für unterschiedlichste Leiden angesehen. Allergien, Depressionen, ja selbst Menschenscheu sollen nach ihrer Meinung die Folgen einer langsamen Vergiftung durch die silbriggrauen Plomben sein. Obwohl es durchaus Patienten gibt, die ohne Zweifel überempfindlich auf diesen Füllstoff reagieren, sind Verallgemeinerungen, dies würde für alle gelten, nach derzeitigem Wissen nicht nur unangebracht, sondern schlicht falsch. Unverträglichkeiten gegen Amalgam sind extrem selten und äußern sich fast immer als allergische Reaktionen. Viele Menschen haben zum Teil sehr stark mit Amalgam gefüllte Zähne, ohne daß es deswegen zum Ausbruch von erkennbaren Krankheitsbildern gekommen ist. Dies wird auch durch eine neue Studie der Internationalen Gesellschaft für ganzheitliche Zahnmedizin und des Hochschulprojekts »Münchener Modell« bestätigt, bei der weit über 6000 Patienten nach der Zahl und dem Material ihrer Füllungen sowie eventuell damit in Zusammenhang stehenden Beschwerden befragt wurden. Das verblüffende Ergebnis dieser repräsentativen Untersuchung ergab, daß die Häufigkeit und Intensität der geäußerten Beschwerden mit und ohne Amalgamfüllungen gleich ist. Auch ein Zusammenhang zwischen der Zahl der Amalgamfüllungen und den Beschwerden besteht offenbar nicht, denn sie nahmen nicht mit der Zahl der Füllungen zu. Der Nutzen des Herausbohrens intakter Amalgamfüllungen, um später teure Inlays in die Zähne einzubauen, dürfte, dies darf vermutet werden, denn auch eher bei den Ärzten liegen: Patienten, die sich einer kompletten Amalgamsanierung unterzogen hatten, waren hinterher nur geringfügig beschwerdefreier als vor Entfernung der quecksilberhaltigen Plomben.

Das seltene Auftreten von Allergien oder anderen Krankheitsbildern, die durch Amalgam hervorgerufen werden könnten, ist wahrscheinlich auch von bereits bestehenden Erkrankungen und der schon vorhandenen Schädigung menschlicher Organe durch andere Umweltgifte abhängig. Durch zahlreiche wissenschaftliche Untersuchungen gilt jedoch als gesichert, daß bei allen Amalgam-Plombenträgern die Quecksilberkonzentration im Blut und Urin bis zu dreimal und in der Niere sogar bis zu zehnmal höher ist als bei Patienten ohne diese Füllungen. Allerdings resultiert daraus nicht unbedingt Krankheit für jedermann. Der Toxikologe Professor T. Zilker vom Universitätsklinikum der TU München hat sogar bestätigt, daß es Fälle gab, *»bei denen Menschen mehrere Kilogramm metallisches Quecksilber geschluckt haben – ohne ernstliche Folgen«.* Gefährlich allein sei eigentlich nur eingeatmetes, dampfförmiges Quecksilber. Dies wird auch durch zahlreiche Untersuchungen bestätigt. Sie belegen, daß die Luft im Behandlungszimmer besonders beim Herausbohren von Amalgam aus den Zähnen mit Quecksilberdampf angereichert wird und durch die Lungen aufgenommen werden kann. Zahnärzte sollten deshalb immer darauf hinweisen und geeignete Schutzmaßnahmen ergreifen.

Untersuchungen zur Geamtdarstellung des Giftes Quecksilber haben auch gezeigt, daß von uns allen täglich auch über die Nahrung und das Trinkwasser geringe Mengen Quecksilber aufgenommen werden: eine Folge des industriellen Mülls »moderner Zivilisation«. Diese Aufnahme soll allerdings einhundertmal höher sein als die minimale, durch Abrieb beim Kauen aus vorhandenen Amalgamfüllungen freigesetzte Quecksilberkonzentration. Eine chronisch, schleichende Vergiftung des menschlichen Organismus, die sich in zunehmender Reizbarkeit und Aggressivität bis hin zu schweren Nierenstörungen äußert, dürfte allein schon aus diesem Grund extrem selten sein. Allergien gegen Bestandteile der Quecksilberfüllungen treten dagegen schon häufiger auf. Diese Tatsache verpflichtet die Krankenkassen, bei durch Hautärzte nachgewiesenen Amalgamallergien beziehungsweise -unverträglichkeiten und eingeschränkter Nierenfunktion die Kosten einer entsprechenden Sanierung der Zähne mit Kunststoff zu übernehmen.

Es macht sicherlich Sinn, selbst auf die geringe, aus Amalgamen resultierende Quecksilberbelastung völlig zu verzichten. Daß dies viele Patienten auch so sehen, haben die Zahnärzte zu spüren bekommen, denn der frische Quecksilberbrei zum Füllen der Zähne wird immer seltener verlangt. Diese Verweigerung ist im Hinblick auf die in Großstädten teils bedrohliche Umweltbelastung auch zu verstehen. Wer atmet schließlich dort noch saubere, gesunde Luft? Wo ist die Grenze des Erträglichen, und wer kennt den individuellen Punkt genau, an dem das Immunsystem wegen der Umweltgifte »umfällt« und Krankheiten unumkehrbar nicht mehr reparieren kann?

Das Bundesinstitut für Arzneimittel und Medizinprodukte hat auf diese dringenden Fragen reagiert und in seiner »Gebrauchs- und Fachinformation für Amalgam« vom Juli 1995 Einschränkungen des umstrittenen Füllstoffs bestimmt und dokumentiert. Danach darf der Zahnarzt bei neuen Kronen und Brücken eventuell noch vorhandenes Amalgam aus früheren Füllungen nicht einfach unter dem Zahnersatz belassen. Er muß außerdem dafür Sorge tragen, daß Amalgam nicht in unmittelbaren Kontakt mit Inlays oder Kronen aus hochedelmetallhaltigen Legierungen gerät. Der Grund: Bei der Berührung von Edelmetallen mit unedlen fließt unter Vermittlung des Speichels immer auch ein meßbarer Strom. Inwieweit diese, wenn auch geringen elektrischen Ströme der Gesundheit schaden, ist noch nicht hinreichend untersucht. Förderlich, dies sagt schon der sicherlich gesunde Menschenverstand, sind sie dem Wohlbefinden ganz bestimmt nicht. Trotzdem sieht man als Zahnarzt leider viele dieser »kleinen Elektrizitätswerke« in den Mündern von Patienten, die von anderen Kollegen kommen. Im Hinblick auf mögliche Gefahren wird auch den werdenden Müttern hinreichende Einschränkung des Amalgams gewährt. Aus Gründen des vorbeugenden Gesundheitsschutzes ihren Kindern gegenüber ist das Einbringen von Quecksilberfüllungen während ihrer Schwangerschaft untersagt. Dieses Bundesinstitut empfiehlt allgemein, das Amalgam bei allen Patienten so weit wie möglich einzuschränken. Dies deshalb, weil auch die Behörde jetzt offenbar zu dem Schluß gelangte, daß *»jede Amalgamfüllung zur Quecksilberbelastung des Menschen beiträgt«.* Selbst der ordnungsgemäße Umgang mit Quecksilber wird dem Zahnarzt endlich angemahnt und gefordert, daß: *». . . durch entsprechende Vorsichtsmaßnahmen bei der Entfernung von Amalgamfüllungen, wie dem Einsatz eines Absauggerätes, eines Kofferdams, des Lüftens der Praxisräume, vorschriftsmäßiger Entsorgung von Amalgamresten und anderes . . . die Belastung für den Patienten und das Personal reduziert werden kann.«*

Die Belastung des menschlichen Organismus steigt durch das Einatmen von Quecksilberdämpfen steil an. Obwohl die genannten Schutzmaßnahmen bei der Entfernung und beim Legen von Amalgamfüllungen eigentlich dringend erforderlich wären und strikt vom Zahnarzt eingehalten werden sollten, wird eine diesbezügliche Gefahr für die Gesundheit den Patienten gegenüber oft verschwiegen, heruntergespielt oder verniedlicht. Besonders aus Zeitgründen und bei denen, die für den Zahnarzt nicht viel ausgeben können oder wollen.

☞ Bei dem Entfernen von Amalgam ist die Verwendung eines sogenannten Kofferdams sehr zu empfehlen. Das ist ein Latex- oder Gummituch, mit dem der Mundraum bis auf den gerade zu behandelnden Zahn völlig ausgekleidet wird. Dadurch läßt sich ein Verschlucken von größeren Amalgamstückchen und Amalgamstaub mit Sicherheit verhindern. Bitten Sie den Zahnarzt um sämtliche empfohlene Schutzmaßnahmen, wenn Amalgam aus Zähnen ausgebohrt werden soll: Spanngummi, sorgfältiges Absaugen und ausreichende Lüftung des Behandlungszimmers. Wenn der Zahnarzt abwiegelt und argumentiert, daß dies nicht wichtig und übertrieben sei, bestehen Sie trotzdem darauf, oder verzichten Sie auf diesen Eingriff. Mögliche Gefahren für die Gesundheit anderer werden in dieser Praxis nicht ernst genommen, heruntergespielt, oder die Gefährlichkeit von Quecksilberdämpfen und -partikeln sind vielleicht dort gänzlich unbekannt.

Besonders für »etwas ältere« Zahnärzte ist Amalgam auch heute noch der von ihnen favorisierte Füllstoff. Er ist schnell zu verarbeiten, und die notwendigen Handgriffe und Arbeitsgänge für die Plomben sind ihnen durch das über Jahrzehnte massenweise Einbringen in die Zähne bestens bekannt. Diese Zahnärzte sind oft auch durch ungenügende Fortbildungsbereitschaft nicht qualifiziert auf die Verwendung moderner Materialien, wie die zahnfarbenen Kunststoffe, mit denen Defekte unsichtbar verschlossen werden können, vorbereitet.

Die Zahnärzte insgesamt sind bezüglich der weiteren Verwendung von Amalgam in der Zahnheilkunde gespalten. Während die einen den grauen und möglicherweise bedenklichen Werkstoff unter Beachtung der empfohlenen Einschränkungen weiter verwenden, lehnen die anderen ihn kategorisch ab. Besonders die sogenannten ganzheitlichen Zahnärzte raten ihren Patienten zum rigorosen Entfernen aller im Mund befindlichen Amalgamfüllungen. Aber auch viele andere Dentisten haben den leichten Zugriff auf das Portemonnaie verunsicherter Patienten erkannt und versuchen nicht selten, auf die ganzheitliche Welle mit aufzuspringen. Da legt sich so mancher »tüchtig ins Zeug«, um den Leuten Inlays zu »verkaufen« und sich auf die Dauer eine goldene Nase zu verdienen. Die Aussagen, mit denen die Goldfüllungen feilgeboten werden, bleiben immer gleich: Verwiesen wird auf die angeblich schleichende Vergiftung mit dem Amalgam sowie die angebliche Eigenschaft der Inlays, dem weiteren Zahnverfall damit auf die Dauer zu trotzen. Dentales Marketing ermuntert dazu den noch im »Verkauf« unerfahrenen Zahnarzt und liefert frei Haus Denkanstöße: *»Der Patient ist bereit, selbst zu bezahlen: Neun von zehn Patienten lehnen Amalgam ab – zwei von drei Patienten übernehmen auch die Kosten ... Wenn die Patienten die freie Wahl hätten, würden sich 25 Prozent für Gold entscheiden. Je höher das Einkommen, desto ausgeprägter wird Gold favorisiert ... Übrigens, der Patient weiß, was ein Inlay – biokompatibel und aufwendig beim Zahnarzt verarbeitet – kosten muß ... Patienten erwarten für ein Inlay beim Zahnarzt 450 bis 600 DM zuzahlen zu müssen ...* (Hilfen zur Mehrkostenvereinbarung in: *Die Zahnarztwoche* 39/96).

Da macht das Bohren einigen Zahnärzten endlich wieder Spaß und läßt sie in Champagnerlaune versetzen, wenn ihre teuren Therapievorschläge möglichst oft angenommen werden. Inlays sind schließlich um mindestens viermal teurer als oft völlig ausreichende Füllungen aus Kunststoff, und dies schlägt sich nicht unerheblich im zahnärztlichen Einkommen nieder. Beim »Verkauf« an erster Stelle steht die Verunsicherung: Wollen die mit Halbwahrheiten attackierten Patienten den Grad ihrer angeblichen Vergiftung feststellen, müssen sie oft erst einen Speicheltest machen, mit dem die Amalgamhysterie zusätzlich angeheizt wird. Schon dieser Test ist natürlich nicht kostenlos und zeigt, was Wunder, immer einen Grad von »Vergiftung« und »Belastung« an. Auch der Bund für Umwelt und Naturschutz Deutschland griff in die emotionsgeladene Diskussion um Amalgam mit ein und trug zur Verunsicherung der Bürger bei. Die Umweltschützer veranlaßten den »weltweit größten Feldversuch zur Freisetzung von Quecksilber aus Amalgamfüllungen« und verschickten an 20000 interessierte Probanden gegen ein Aufgeld von 40 Mark einen Speicheltest, der dann von Chemikern des Arbeitskreises Umweltanalytik und dem Institut für organische Chemie der Universität Tübingen auf seinen Quecksilbergehalt analysiert worden war. Die brisante Amalgamstudie, die befand, daß: *»Bei etwa 43 Prozent der Probanden ... der von der Weltgesundheitsorganisation festgelegte Grenzwert für Quecksilber überschritten«* wurde, war nach Aussagen vieler Wissenschaftler allerdings von vornherein sinnlos. Kollegen des Chemieprofessors Peter Kraus, der mit den Analysen des Speichels befaßt war, stellen die Aussagekraft des Feldversuchs in Frage. Der Kanzler der Universität Tübingen, Professor Georg Sandberger, äußerte dazu: *»Weder Professor Krauß noch die Mitglieder des Arbeitskreises Umweltanalytik haben die Kompetenz, medizinische Bewertungen vorzunehmen«*, und sein Kollege von derselben Universität, Professor Fritz Schweinsberg, meint sogar, es ist geradezu *»wissenschaftlich und ethisch unverantwortlich, mit solchen Studien vor eine betroffene Öffentlichkeit zu gehen«*. Es bestehen sogar *»gravierende Zweifel«* an der Aussagekraft der Studie (Professor Dieter Schrenk, Toxikologe der Universität Kaiserslautern). Quecksilberbestimmungen im Speichel sagen nämlich absolut nichts über die tatsächliche Aufnahme im menschlichen Organismus aus. Wegen dieser allgemein bekannten Tatsache sah sich auch die Bundeszahnärztekammer 1997 veranlaßt, eine Richtigstellung in der Öffentlichkeit vorzunehmen. Wer derartige Speicheltests gegen teures Geld in Umlauf bringe, *»setzt sich dem Vorwurf der Geschäftemacherei auf dem Rücken verunsicherter Patienten aus!«*, so die Kammer.

Der Frankfurter Staatsanwalt Dr. Erich Schöndorf hat nun unter den Befürwortern und Gegnern von Amalgam vermittelt, bei denen Zahnärzte, Umweltmediziner, Pharmazeuten und Toxikologen beider Lager mit genauen Studien Licht in das Dunkel bringen wollen. Die endgültige Klärung der Fragen, wie schädlich Amalgam denn nun wirklich ist, wie sich diesbezügliche Unverträglichkeiten diagnostizieren lassen und was man dagegen tun kann, bleibt abzuwarten.

Die Zahnärzte sind ihren Patienten gegenüber an Aufklärung über alle zu erfolgenden Eingriffe gebunden. Deren Erfüllung müssen sie im Streitfall sogar durch Dokumentation in der Patientenkarte beweisen können. Das Einbringen von Amalgam in die Zähne ohne Kenntnis und Einwilligung der Patienten erfüllt danach unter Umständen sogar den Tatbestand der Körperverletzung. Dies mag in dieser Konsequenz den Leser vielleicht erstaunen. Zwischen Zahnarzt und Patient kommt durch schlüssiges Handeln allerdings immer auch ein Behandlungsvertrag zustande, bei dem der Zahnarzt verpflichtet ist, den zu Behandelnden über sämtliche Alternativen des durchzuführenden Eingriffs aufzuklären. Unterließ der Zahnarzt diese für ihn wichtige Pflicht, so war jede von ihm durchgeführte Behandlung nicht durch die Einwilligung des Patienten gedeckt.

↳ Einige Zahnärzte sind darauf »spezialisiert«, ihren Patienten stets das Teuerste von dem ans Herz zu legen, was medizinisch machbar ist. Sie raten beim »Thema Amalgam« Verunsicherten vorschnell zum Austausch ihrer Füllungen mit Inlays, damit ihre Kasse klingelt. Ihr Kalkül geht leider sehr oft auf, denn sie informieren zahnmedizinische Laien gern dahingehend, daß »ansonsten nichts mehr halten würde und dies das Beste« sei, obwohl sie eigentlich zur vollständigen Aufklärung über wirklich alle Behandlungsalternativen verpflichtet wären. Der vorläufige Verschluß der Zähne kann zum Beispiel sowohl mit Kompomeren oder Zementen erfolgen, deren Kosten von den Krankenkassen übernommen werden. Gute dauerhafte Alternativen der Zahnsanierung mit modernen Kunststoffen bleiben gegenüber den Patienten oft auch deshalb ungenannt, weil sie genauso arbeitsintensiv, aber wesentlich preiswerter als Inlays sind. Um deren qualitative Ausführung ist es mitunter aber schlecht bestellt. Die Kunst der Überredung zur Reparatur am Zahn mit kostspieligen Methoden beherrschen manche Vertreter der bohrenden Zunft nämlich mehr als ihr eigentliches Handwerk.

Es gibt natürlich auch viele Zahnärzte, die Patienten wirklich optimal beraten und ihr verantwortungsvolles Tun stets in den Dienst der Zahngesundheit stellen, dies sei an dieser Stelle nochmals ausdrücklich betont. Sie verurteilen geplantes Patientenschröpfen und stehen dem diesbezüglichen Treiben solcher Kollegen sehr kritisch gegenüber: *»Amalgam raus! Gold rein! Hei, wie da die Kasse klingelt, ethisch einwandfrei noch dazu! Wenn nach der Sanierung der Patient als einzige Erleichterung die Erleichterung im Portemonnaie spürt, geht es weiter. . .«* (Dr. Dr. H. Meist in *Zähne* von E. Wendler).

☞ Wenn eine defekte Amalgamfüllung ersetzt werden muß und Ihnen der Zahnarzt ohne Nennung anderer Alternativen aus dem Stand zum Inlay rät, scheint Vorsicht angebracht. Bitten Sie um Aufklärung dahingehend, warum nicht auch eine Füllung in Frage kommt, die erheblich preiswerter ist. Manche Zahnärzte teilen dann lapidar mit, daß Kunststoff »dafür zu weich« sei, allerdings sind andere ganz anderer Meinung. Sie wissen aus Erfahrung im ständigem Umgang mit modernen Füllungsstoffen, daß erstklassige Kunststoffe bei richtiger Verarbeitung auch in den Backenzähnen äußerst beständig, hart und abriebfest sind. Wenn Sie im Zweifel sind, bitten Sie den Zahnarzt vorerst um provisorischen Verschluß, und fragen Sie vielleicht in einer anderen Praxis nochmals nach, wie man den Zahn dauerhaft preiswerter verschließen kann.

## Kunststoff: Die »weiße Füllung mit Biß«

Silbrige Füllungen aus Amalgam, die sich in den Mündern von vielen befinden, haben mit dem natürlichen Aussehen eines Zahnes nicht gerade viel gemein: Gesunde Zähne sind nun einmal hell und nicht gräulich oder schwarz. Besonders früher wurde Patienten bei der notwendigen Sanierung ihrer Zähne die Quecksilbermasse Amalgam ganz einfach eingestopft, ohne daß sie glaubten, eine andere Wahl zu haben. Andere alternative Zahnfüllstoffe bis auf Gold waren tatsächlich auch nicht vorhanden. Während die Entwicklung von Kunststoffen zum »Zähnereparieren« damals noch in den Kinderschuhen steckte, stehen jetzt auch für den Backenzahnbereich ausreichend formstabile und harte Materialien zur Verfügung. Daß die dentale Industrie und die Zahnärzte das Amalgam immer mehr aus ihrem Sortiment verdrängt und zahnfarbene Kunststoffe ins Programm genommen haben, ist allerdings nicht nur ihnen zu verdanken. Der Ruck zum Umdenken bei der Füllungstherapie der Zähne kam letztlich auf den massiven Druck der Medien und der gesamten Öffentlichkeit zustande. Die Bürger waren nach Bekanntwerden möglicher gesundheitlicher Risiken nun nicht mehr länger bereit, sich weiterhin wie unmündige Kinder behandeln zu lassen, und verweigerten beim Zahnarzt vielfach neues Amalgam.

Hochwertige Kunststoffüllungen sind von langer Lebensdauer und halten den hohen Kaukräften im Seitenzahnbereich ohne weiteres stand. Um zu anspruchsvollen Ergebnissen zu kommen, ist allerdings die Einhaltung aller wichtigen Arbeitsschritte beim Legen einer »weißen Füllung« vom Zahnarzt strikt zu beachten. Sie erfordern von ihm Zeit und äußerste Sorgfalt in der Ausführung, auf die der Patient nicht zuletzt deshalb ein Recht hat, weil er dafür bezahlt. Um dem Laien einmal zu verdeutlichen, daß die ordentlich ausgeführte Zahnrestauration mit Kunststoff im Hinblick auf ein optimales Ergebnis tatsächlich Zeit in Anspruch nimmt, sind die dazu notwendigen handwerklichen Verrichtungen des Zahnarztes nachfolgend einmal aufgeführt:

- Entfernen der alten Füllung
- Anlegen von Kofferdam zur besseren Übersicht und Trockenlegung des Arbeitsfeldes
- Inspektion auf Karies, Kariesentfernung
- Unterfüllung zum Schutz des Zahnnervs
- Abschrägen der Zahndefektränder
- Anätzen der Zahnränder mit Phosphorsäure
- Anlegen von Matritzen und Keilen
- Auftragen von Haftvermittlern
- Schichtenweises Auftragen und Aushärten des Kunststoffs
- Kunststoff-Farbauswahl
- Anatomische Gestaltung der Kaufläche, Kontrolle der Kontaktpunkte
- Glätten der Füllungsränder
- Ausarbeitung der fertigen Füllung und Politur

Wie leicht nachvollziehbar ist, sind Zahnfüllungen aus Kunststoff mit einem Aufwand verbunden, der nicht in kurzer Zeit vollzogen werden kann. Selbst bei nur mittleren Defektgrößen dürfte deshalb auch von versierten Zahnärzten etwa eine halbe Stunde anzusetzen sein, denn mit ein paar Minuten ist es hier nicht getan. Leider werden die notwendigen Zeiten, die gründliches Arbeiten am Zahn erforderlich macht, von einigen Dentisten bei weitem unterschritten. Sie sind sowohl bezüglich ihrer Sorgfalt als auch der von ihnen erreichten Ergebnisse in der Kunststoff-Füllungstherapie nicht wirklich ernst zu nehmen. Ihre Füllungen verdienen nicht nur das Gütesiegel »Pfusch«, sondern stellen mitunter auch eine permanente Gefahr für den weiteren Erhalt derartig verschlossener Zähne dar. Später notwendig werdende Wurzelbehandlungen, über die sich die Patienten zu Recht wundern, sind leider keine Seltenheit und erfüllen spätestens dann den Tatbestand der Körperverletzung. Wo kein Kläger ist, ist auch kein Richter. Fest steht jedoch, daß sich die schlampig ausgeführte Arbeit an den Zähnen früher oder später sicher rächt. Zuzahlungen für Pfusch aus Kunststoff, die von Patienten im Rahmen der Mehrkostenvereinbarungen gefordert werden, sind an sich ein Witz. Wenn auch ein trauriger, über den die so Behandelten ganz sicher nicht lachen können und sich statt dessen zur Nachbesserung oder Neuanfertigung erneut auf der Zahnarztliege einfinden dürfen.

Manche Zahnärzte umgehen einfach Kunststofffüllungen. Wohl wissend, daß dies viel Arbeit heißt, die ihrer Meinung nach ungenügend honoriert wird, ist deren Blick bei Zahndefekten oft nur aufs teure Inlay ausgerichtet. Die Antwort auf Fragen der Patienten ist stereotyp und immer gleich: Kunststoff kann als Zahnfüllmaterial nur bedingt Verwendung finden, ist viel zu weich und würde unausweichlich schrumpfen. Oft ist dies nur Taktik und Geschwätz. In der Hoffnung, daß der so fehlinformierte Patient doch noch Gold anwählt, werden preiswerte Alternativen der Reparatur als »schwer machbar« eingestuft oder überhaupt gestrichen. Inlays seien hier das Beste, da ist man sich sicher! Schneller kann man die Kitteltaschen kaum noch füllen, wenn so »aufgeklärte« Patienten sich später dann privat behandeln lassen.

Dabei hat sich der weiße Zahnfüllstoff längst auch seinen Platz in den Kauflächen der Backenzähne erobert. Die weitere Verbesserung der Materialeigenschaften macht heute seine Verwendung für eine ästhetische Reparatur der meisten Löcher in den Zähnen möglich. Natürlich gibt es auch Defekte, die in ihrer Ausdehnung nur noch eine Überkronung der kläglichen Zahnreste zulassen. Die Zähne mit Kronen zu verdeckeln, ist für den versierten Zahnarzt allerdings immer das letzte Mittel der langfristigen Zahnerhaltung. Oft genug ist er durch das Eindrehen kleiner, sogenannter parapulpärer Stifte selbst im Bereich ausgedehnter Substanzverluste in der Lage, Kunststoff Halt zu bieten und den Zahn mit einer weißen Füllung zu versehen. Tatsächlich ist der Anwendungsbereich von Kunststoffen zur Reparatur der Zähne oft größer, als die »aufklärenden« Worte manch zahnärztlicher Überredungskünstler, die stets zu teuren Inlays raten, aufkommen lassen. Genau das ist von diesen Zahnärzten aber auch beabsichtigt. Unter dem Deckmäntelchen, für ihre Patienten stets »das Beste« zu wollen, verdienen sie mit Inlays nämlich mindestens viermal so viel.

Der Einsatz von Kunststoff als sinnvolle Alternative zu den Amalgamen bei der Zahnreparatur läßt sich indes nicht aufhalten. Von den Herstellern dentaler Füllungsmaterialien werden der dichte Abschluß zur Zahnsubstanz, die Festigkeit und das Abriebverhalten der »weißen« Füllungsmaterialien laufend weiter optimiert. Australische und skandinavische Studien haben sogar belegt, daß Zahnfüllungen aus hochwertigen Kunststoffen, sachgerechte Arbeit vom Zahnarzt vorausgesetzt, in der Lebensdauer durchaus mit Goldinlays konkurrieren können, wie in *Die Zahnarztwoche* 39/96 nachzulesen war. Dieser Anspruch erfordert vom Zahnarzt besondere Routine, sprich sorgfältiges Arbeiten, wenn er zu herausragenden Restaurationen bei der Zahnerhaltung kommen möchte. Darauf aber, dies wird kein Zahnarzt ernsthaft bestreiten wollen, haben Patienten einen grundsätzlichen Anspruch.

Kunststoffe für Zahnfüllungen werden vom Zahnarzt in pastöser, weicher Konsistenz verarbeitet, am Zahn adhäsiv befestigt und mit blauen Kaltlicht-Lampen ausgehärtet. Während der vom Hersteller vorgegebenen Bestrahlungsdauer mit dem speziellen Licht kommt es zur chemischen Verkettung (Polymerisation) der Kunststoffmoleküle, die enthaltene Füllkörper mit einschließen und das Material steinhart werden lassen. Unterschiedlich hohe Anteile von Füllstoffen bedingen dabei ganz unterschiedliche Härten verfestigter Kunststoffe.

Zahnärzte können aus einem riesigen Sortiment unterschiedlichster Zahnkunststoffe wählen, die sich nicht bezüglich der angebotenen Farben, sondern auch in deren Qualität erheblich unterscheiden. Dieser Punkt verdient deshalb besondere Erwähnung, weil Kunststoff eben nicht gleich Kunststoff ist und nicht in allen Zahnarztpraxen nur die besten Materialien zur Verwendung kommen. Niemand schreibt den Zahnärzten ein bestimmtes Produkt vor, und von manchen werden eben oft preiswerte Mittel bevorzugt. Billige Kunststoffe aus den Katalogen zu ordern, mag zwar einen Spareffekt für den Behandler haben. Für Patienten entpuppt sich eine Zahnarztrechnung, die aus der Zuzahlung zur Füllung mit minderwertigen Kunststoffen resultiert, aber schnell als Milchmädchenrechnung. Der Defekt ist zwar zunächst zahnfarben verschlossen worden, was beim Blick in den Spiegel als angenehm empfunden wird. Doch

Risse, Porösitäten, Abplatzungen und erhebliche Undichten zum Zahnrand hin, die aus der starken Schrumpfung billiger Kunststoffe resultieren, läßt Patienten schnell zur Reparatur antreten. Viele Zahnärzte haben schon etliche dieser »weißen Plomben« von vorbehandelnden Kollegen nacharbeiten oder erneuern müssen, wenn Patienten unzufrieden den Behandler wechseln. Zu einem anderen Zahnarzt hoffentlich, der den Grund für das traurige Ergebnis zahnärztlichen »Handwerks« ganz schnell erkennt: Billige Kunststoffe halten dem enormen Kaudruck auf die Dauer nicht stand. Manchmal kann aber auch der nächste Zahnarzt die gravierenden Fehler, unter denen der schlecht gefüllte Zahn und sein Besitzer leiden mußten, nicht mehr korrigieren. Wenn es nicht gelingt, die sich rapide entwickelnde Karies, die mitunter schon zur fauligen Zersetzung des Nerves führte, zu beseitigen und den Zahn zu reinigen, muß er nicht selten auch entfernt werden. So kann aus einer schlampigen Füllung schnell auch eine Brücke werden, die für den gepeinigten Patienten eigentlich vermeidbar war. Und erhebliche Kosten nach sich zieht: Brückenzahnersatz übersteigt die Aufwendungen einer Füllung schließlich ganz erheblich. Was also tun, wenn man zum Zahnarzt wegen einer simplen Füllung geht?

☞ Um den Zahnarzt quasi auf Verdacht zu veranlassen, gute Arbeit abzuliefern, sollten Patienten aktiv an der Behandlung teilhaben und Kontrolle ausüben. Für Kunststofffüllungen darf der Zahnarzt bei Mehrkostenvereinbarung eine Rechnung schicken. Dafür dürfen Sie zu Recht eine optimale Zahnrestauration erwarten, auf der Sie nicht nur lange beißen können, sondern die auch ästhetisch Ihren hochgesteckten Erwartungen entspricht. Sie kaufen doch auch sonst keine minderwertigen Waren zu überhöhten Preisen, oder? Verlangen Sie für Ihre Füllung möglichst hochwertigen Feinhybrid-Kunststoff mit Keramikpartikeln, denn billige Materialien schrumpfen stark. In die sich später bildenden Nischen und Spalten zum Zahn hin siedeln dann schnell Kariesbakterien, die dort nicht entfernbare Speisereste verstoffwechseln und den »reparierten« Zahn weiter zerstören können.

Durch qualifizierte Präparation der Zähne und fachgerechtes Einbringen moderner Feinhybrid-Kunststoffe können unter Anwendung der vom Hersteller empfohlenen Verarbeitungshinweise aber auch Füllungen mit schmelzähnlichen Eigenschaften im Seitenzahnbereich entstehen. Mit dem nötigen Zeitaufwand und ständigem Bemühen um beste Ergebnisse gelingen dem geübten Zahnarzt mit guten Kunststoffen hervorragende Zahnreparaturen. Die weißen Materialien haben aber auch noch einen entscheidenden Vorteil: Sie lassen sich in gewissen Grenzen leicht reparieren, falls dies wegen kleiner Abplatzungen notwendig wird. Weil lichthärtende Kunststoffe durch Anätzung und Haftvermittlung mit der Zahnsubstanz einen festen Verbund eingehen, genügt oft schon die Ausbesserung geringer Materialdefekte, ohne die gesamte Füllung zu entfernen. Das spart Patienten mitunter bares Geld, denn Zahnärzte werden bei kleinen Füllungen weit geringer honoriert. In diesem Konzept sieht auch Dan Fisher, ein in *Die Zahnarztwoche* 28/96 zitierter bekannter amerikanischer Zahnarzt und Erfinder, einen *»gewissen Nachholbedarf bei einigen deutschen Zahnärzten, die einfach weniger Erfahrung mit der adhäsiven Zahnheilkunde hätten«*. Der Mann hat recht, denn er setzt sich mit Nachdruck dafür ein, nicht grundsätzlich jede gebrochene Kunststoffüllung zu erneuern oder den Zahn zu überkronen. Sein Vorschlag als Nachhilfe nicht angedachter Möglichkeiten im Sinne der Patienten ist schlicht die Reparatur kariesfreier Kleinstdefekte: *»Was tun Sie, ... wenn der Patient sich keine Krone leisten kann? ... Was kostet bei Ihnen ein Rasenmäher – ungefähr soviel wie eine Krone? Und was tun Sie, wenn der Motor Ihres Rasenmähers nach zwei Jahren streikt? Werfen Sie ihn weg, oder bringen Sie ihn zur Reparatur? Was tun Sie, wenn der Kronenrand insuffizient wird? Bleibt Ihnen nur die Wahl zwischen Untätigkeit und Erneuerung der Krone? ... Reparieren ist kein Pfusch.«*

Gekonntes Wiedereinsetzen kleinerer Füllungsdefekte ist durch die außerordentlich guten Haftvermittler jedem Zahnarzt möglich. Dazu braucht oft nicht die gesamte Füllung herausgebohrt zu werden, denn dies geht zu Lasten der gesunden Zahnsubstanz. Besonders bei zahnfarbenen Kunststoffen fällt die Unterscheidung zur natürlichen Zahnumgebung schwer, und bei jedem Herausbohren alter Füllungen wird davon unvermeidlich wieder etwas mehr entfernt. Man kann es auch so sagen: Der Zahn wird dünner und bruchanfälliger.

☞ Wenn eine Füllung erneuert oder repariert werden muß, bitten Sie den Zahnarzt, so zahnschonend wie möglich vorzugehen. Dies ist zwar moderner Standard und wird unter dem Begriff »minimal-invasiver Eingriff« häufig praktiziert, aber nicht von allen Zahnärzten. Bitten Sie den Zahnarzt, mit der Fertigstellung seiner Füllungen eine zeitlich festgelegte Garantie für deren Haltbarkeit zu übernehmen. Notieren Sie den Tag der Füllung im Kalender und um welchen Zahn es sich handelt. Bewahren Sie Zahnarztrechnungen sorgfältig auf, denn nur so können Sie innerhalb dieser Zeit den Zahnarzt bei auftretenden Mängeln an der Füllung in die Pflicht nehmen. Mit dem Hinweis auf die Erfüllung seiner Garantie zahlen Sie für die Reparatur oder Neuanfertigung nämlich nichts. Erhalten Sie trotzdem eine neue Rechnung, reagieren Sie darauf einfach nicht. Es wird sich um ein »Versehen« handeln.

Den Zahnärzten stehen heute wirklich ausgezeichnete Kunststoffe zur Reparatur vieler Zahndefekte zur Verfügung. Sie haben das Amalgam weitestgehend verdrängt und dürften auch in vielen Fällen anzuwenden sein, in denen vorschnell zum Inlay geraten wird. Um dem interessierten Leser und Patienten Hilfe bei der Forderung nach guten Kunststoffen zu geben, seien als herausragende Produkte hier

- Tetric Ceram
- Solitaire
- Pertac II
- Hybrisun

genannt. Mit diesen Kunststoffen und hochwertigen Haftgründen kann die »Hohe Schule« ästhetischer Wiederherstellung von Zähnen mit weißen Füllungen verwirklicht werden und genügt wahrscheinlich allen funktionellen und ästhetischen Bedürfnissen. Sie sind, weil teils mit Glas oder Keramik kombiniert, sowohl außerordentlich widerstandsfähig und abriebfest als auch in hohem Maße formstabil. Für *Hybrisun* interessiert sich selbst der verwöhnte amerikanische Dentalmarkt: Das für diesen zahnärztlichen Kunststoff verwendete Weichglas als Füllkomponente verleiht ihm nahezu ähnliche Eigenschaften wie natürlicher Zahnschmelz, die äußerst geringe Wasseraufnahme soll Verfärbungen der Füllung sogar dauerhaft verhindern können.

☞ Die genannten Produkte sind wohl für längere Zeit wegweisend und optimale Materialien, um auch Backenzähne exzellent zu reparieren. Akzeptieren Sie deshalb für eine Kunststoffüllung, die Sie zum guten Teil selbst an den Zahnarzt zahlen müssen, nur erstklassige Produkte und keine Billigmaterialien. Sind solche Kunststoffe nicht im Zahnarztsortiment, sollte der Zahn lieber so lange provisorisch und zuzahlungsfrei verschlossen werden, bis Sie zur Verfügung stehen. Möglicherweise ist der Zahnarzt nicht bereit, Ihnen »seinen Kunststoff« vorzustellen. Gehen Sie bei soviel Geheimniskrämerei dann davon aus, daß es nicht der beste ist, und entscheiden Sie selbst, ob Sie dafür bezahlen wollen oder nicht.

Leider werden die Kosten für die weißen Kunststoffüllungen von den gesetzlichen Krankenkassen nur bei nachgewiesener Amalgamallergie oder -unverträglichkeiten und schweren Nierenleiden vollständig übernommen. Für ihre Mitglieder sind nur Zahnfüllungen mit Amalgam und provisorische Verschlüsse nicht kostenpflichtig. Die Mehrkosten einer Kunststoffüllung, die sich auch nach deren Größe richten, müssen gesetzlich versicherten Patienten über ein sogenanntes Mehrkostenformular, das von ihnen zu unterzeichnen ist, bekanntgegeben werden. Nur damit ist die Pflicht des Zahnarztes zur notwendigen Aufklärung und Einwilligung des Patienten zur kostenpflichtigen Zuzahlung zweifelsfrei dokumentiert. Begleitende Leistungen zu Füllungen, wie die eventuell notwendig werdende Betäubung, dürfen Zahnärzte ihren Patienten aber nicht privat in Rechnung stellen, wenn es sich um vertragliche Leistungen der gesetzlichen Krankenkassen handelt. Obwohl es immer wieder einmal versucht wird, ist die derzeitige gültige Rechtsauffassung auch vom Bundesgesundheitsminister bestätigt worden. Kosten für Röntgenaufnahmen, Spritzen und andere zusätzliche Verrichtungen zur vertraglichen Hauptleistung sind grundsätzlich von den Versicherungen zu übernehmen und dürfen den Patienten nicht privat aufgebürdet werden. Sie sollten ihre vom Zahnarzt erhaltenen Rechnungen deshalb auch daraufhin genauestens kontrollieren, nötigenfalls reklamieren oder überhaupt zurückweisen.

☞ Als Mitglied einer gesetzlichen Krankenkasse haben Sie immer das Recht auf die zuzahlungsfreie Reparatur von Zahndefekten der Backenzähne mit Amalgam, sofern dies medizinisch zu vertreten ist. Im Bereich der Frontzähne übernehmen die Kassen ebenfalls alle Kosten für Füllungen aus Kunststoff. Weil Ihnen Amalgam in den Seitenzähnen sozusagen »zusteht«, achten Sie bei einer späteren Rechnung des Zahnarztes darauf, daß sich der Endbetrag deutlich erkennbar um den Teil reduziert, der für eine Amalgamfüllung aufgewendet worden wäre. Begleitende Leistungen, die neben einer Kunststoffüllung fällig werden, muß der Zahnarzt mit Ihrer Krankenkasse abrechnen. Bezahlen Sie den Zahnarzt überhaupt nur dann, wenn Ihr ausdrücklicher Wunsch, mit Kunststoff behandelt zu werden, durch Ihre Unterschrift unter eine Mehrkostenvereinbarung dokumentiert ist. Diese Formulare haben etwa folgenden Wortlaut und sollten Ihnen bereits vor Beginn des eigentlichen Eingriffs vorgelegt .Patienten-Erklärung nach § 4 Abs. 5 BMV-Z bzw. § 8 Abs. 3 VDAK-/AEV Vertrag

## Vergütungsvereinbarung

zwischen ______________________

Frau/Herrn ______________ Unterschrift Patient

und ______________________

Dr. ______________ Untertschrift Zahnarzt

Der o. g. Patient / Zahlungspflichtige und der o. g. Zahnarzt / Zahnärtzin vereinbaren nach §2 Absatz 1 u. 2 GOZ die Höhe der Vergütung für die nachfolgend aufgeführten Leistungen aus dem Leistungsverzeichnis der Gebührenordnung für Zahnärzte (GOZ) und der Gebührenordnung für Ärzte (GOÄ) wie folgt:

| GOZ/GOÄ-Nr. | Anzahl | Leistungstext | Steigerungs-fsktor | DM–Betrag |
|---|---|---|---|---|
| 204 | 1 | Kofferdam je Kieferhälfte | 2,0 | 39,60 |
| 205 | 1 | Kuststoff-füllung 1flächig | 4,0 | 66,00 |
| und / oder | | | | |
| 207 | 1 | Kuststoff-füllung 2flächig | 3,9 | 90,09 |
| und / oder | | | | |
| 208 | 1 | Kuststoff-füllung 3flächig | 3,5 | 115,50 |

**Patienten-Erklärung nach $4 Abs. 5 BMV-Z bzw. §8 Abs. 3 VDAK-/AEV Vertrag**

Mir ist bekannt, daß ich als sozialversicherter Patient das Recht habe, unter Vorlage einer gültigen Krankenversicherungskarte nach den Bedingungen der gesetzlichen Krankenversicherungen behandelt zu werden, sowie Anspruch auf eine ausreichende, zweckmäßige und wirtschaftliche Behandlung habe. Darüber hinausgehende Leistungen gehören nicht zum Leistungskatalog der gesetzlichen Krankenversicherung.
Mein Zahnarzt hat mich über die ausreichenden, zweckmäßigen und wirtschaftlichen Formen der Füllungstherapie im Rahmen der vertragszahnärztlichen Versorgung informiert. Ich wünsche eine darüber hinausgehende Versorgung mit

( ) Kompositfüllungen nach der Adhäsiv- und Mehrschichttechnik
( ) Goldeinlagefüllungen (Goldinlays)
( ) Keramikfüllungen
( ) ____________________

entsprechend dem nachfolgenden Behandlungsplan als Privatpatient. Ich weiß, daß die Kosten dieser Behandlung unter Zugrundelegung der Gebührenordnung für Zahnärzte (GOZ) berechnet werden, und verpflichte mich, diese selbst zu tragen, wobei ich von meinem Zahnarzt darüber informiert worden bin, daß eine Erstattung oder Bezuschussung dieser Behandlungskosten durch meine Krankenkasse nicht gewährleistet ist. Wegen einer eventuellen Bezuschussung werde ich mich selbst mit meiner Krankenkasse in Verbindung setzen.

______________________ ______________________________

(Ort, Datum) Unterschrift des Versicherten

Von zahnärztlichen Interessengruppen wird zum Teil pauschal erklärt, daß Kunststoffe angeblich schädliche Nebenwirkungen hätten, ohne diese Behauptungen auch nur annähernd fundiert belegen zu können. Die Wissenschaft bestreitet nicht, daß bei Verwendung dentaler Kunststoffe geringe Mengen von Formaldehyd entstehen. Die nachgewiesenen Konzentrationen liegen jedoch weit unter den Mengen, die sowieso mit der Nahrung aufgenommen werden. Trotzdem machen besonders Vertreter der zahnärztlich-alternativen Paramedizin mobil und die Kunststoffe für verschiedene diffuse Krankheitsbilder wie Müdigkeit, Kopfschmerzen und Migräne verantwortlich. Der Subtext ihrer Panikmache soll den Patienten letztlich einflüstern, daß nur die teuren Inlays ungefährlich sind. Die Patienten können dies aber genauso wenig nachprüfen wie auch die Zahnärzte selbst. Fundiertes Wissen über die aktuellen Kenntnisse der zahnärztlichen Werkstoffkunde fehlen den meisten, weil sie sich mit der Materie nur unzureichend beschäftigen. Solange aber objektive Überprüfungen ausstehen, bleiben Behauptungen über angeblich auftretende Nebenwirkungen durch zahnärztliche Kunststoffe inhaltloses Geschwätz mit hohem Mißbrauchspotential. Diese »Risikoaufklärung« einiger Zahnärzte, mit denen Patienten gezielt verunsichert werden sollen, um besonders teure zahnärztliche Leistungen anzuwählen, ist gewollt. Die maßlose Übertreibung in der Betonung angeblicher Nebenwirkungen von Kunststoffen und Amalgamen, die »schleichende Vergiftung« mit sich bringen sollen, dient oft nur einem Zweck: die Angst der Patienten mit den angeblichen Gefahren preiswerter Zahnfüllstoffe zu kombinieren. Zur Beeinflussung der Patientenentscheidung wird von einigen Zahnärzten stets geraten, sich möglichst nur für deren teure Eingriffe zu entscheiden. Besonders favorisiert werden von ihnen laborgefertigte oder computergefräste Inlays aus Gold oder Keramik und zum Teil völlig unnötige Überkronungen, die hohe Gewinnspannen mit sich bringen. »Möglichst viel Teures verkaufen« heißt dieser Stil, mit dem die Unkenntnis der Patienten über zahnärztlich Machbares, das auch preiswerte Lösungen der Zahnversorgung mit einschließt, ausgenutzt wird.

Dabei wird geflissentlich verschwiegen, daß die dentalen Kunststoffe inzwischen weltweit und mit großem Erfolg bei vielen Zahnreparaturen angewendet werden. Auch neueste Untersuchungen konnten einen Verdacht auf damit verbundene gesundheitliche Gefahren nicht einmal annähernd belegen. Nebenwirkungen aus körperfremden Zahnfüllmaterialien lassen sich immer konstruieren, und Gold ist davon ebenfalls nicht ausgenommen. Auch Allergien gegen Bestandteile der hochedelmetallhaltigen Legierungen, die ihren Einsatz bei den Inlays und Kronen finden, sind dokumentiert. Und wer als Zahnarzt seinen Patienten verspricht, die von ihm verwendeten Materialien, gleich welcher Art, seien völlig unbedenklich, manipuliert entweder ganz bewußt oder agiert aufgrund mangelnder Kenntnis der Zusammenhänge. Biologische Füllungen aus Holz von glücklichen Bäumen gibt es eben nicht. In vielen Fällen wird die Warnung vor Füllungen mit den modernen Kunststoffen höchstens mit für Patienten nicht nachprüfbarem Halbwissen begründet. Zahnärzte, die angebliche Gefahren für die Gesundheit bei der Verwendung preiswerter Füllungsmaterialien propagieren, sollten sich mehr am aktuellen wissenschaftlichen Erkenntnisstand orientieren. Doch wenn der Kopf nur daran denkt, Gewinn zu machen, dann sind eben oft Inlays die den Patienten wärmstens empfohlenen Zahnfüllfavoriten.

# Inlays: Die teuren Lieblinge der Zahnärzte

Nach einer repräsentativen Umfrage des Meinungsforschungsinstituts Emnid vom Februar 1996 lehnte etwa die Hälfte aller Patienten das Amalgam als Füllstoff für die Zähne ab. Die Zahl derer, die das quecksilberhaltige Material verweigern, nimmt ständig zu. Als Alternativen zum Amalgam stehen bei der Reparatur der Zähne die durch die Kassen bezahlten Kompomere und Zemente, zuzahlungspflichtige Kunststoffe und selbst zu zahlende Inlays zur Verfügung. So sehen sich alle Mitglieder gesetzlicher Krankenkassen bei notwendigen Zahnfüllungen stets vor die Entscheidung gestellt, doch Amalgam zu nehmen oder bei der Behandlung draufzuzahlen. Können Sie ihrer Krankenversicherung nämlich nicht durch ärztliche Bescheinigung nachweisen, an einer Amalgamallergie oder schweren Nierenfunktionsstörungen zu leiden, bleibt ihnen wenig Wahl: Das Honorar der Zahnärzte für die quecksilberfreien, weißen Füllungen bemißt sich auf der Grundlage der privaten zahnärztlichen Gebührenordnung (GOZ). Ein Coup nach Geschmack vieler Dentisten, denn die Preise für Füllungen aus Kunststoffen liegen weit höher als die mit Amalgam gefertigten und steigen besonders bei den Inlays exorbitant an. Patienten, die sich Zähne mit weißen Füllungen oder Inlays verschließen lassen, können sich – wenn dies notwendig war – bei ihrer Krankenkasse den Amalgam-Anteil zurückerstatten lassen. Lassen sie sich Füllungen herausbohren, was medizinisch nicht notwendig ist, bekommen sie diesen Anteil nicht erstattet.

Amalgame und Kunststoffe werden vom Zahnarzt in weicher Konsistenz verarbeitet, direkt in den Zahn gefüllt und härten durch chemische Reaktionen dann dort später aus. Die Herstellung von Inlays setzt dagegen eine Abdrucknahme der vom Behandler präparierten

Zahnform voraus. Dieser Abdruck ist die Grundlage für ein Modell, auf dem Inlays im Labor gefertigt werden. Da Einlagefüllungen aus Gold, Keramik oder Kunststoff also meist nicht in einer Sitzung in den dafür vorbereiteten Zahn eingesetzt werden können, kann man sie auch als indirekte Füllungen klassifizieren. Eine Ausnahme stellen die computergefrästen Keramikinlays (CEREC) dar, mit denen Zahndefekte in nur einer Behandlung verschlossen werden können.

Die Diskussion um das Amalgam hat den Zahnärzten rapide gestiegene Honorare in der Füllungstherapie beschert. Um Zahlen offen zu legen, bei denen sich so mancher vielleicht verdutzt die Augen reibt: Während der Zahnarzt für Amalgamfüllungen mittlerer Größe von den Krankenkassen etwa 50 Mark erhält, verlangt er bei der Versorgung des gleichen Zahnes durch ein Inlay mindestens das Zehnfache. Diesmal aber vom Patienten, der den schwachen Trost hatte, privat behandelt worden zu sein.

Das hohe Preisniveau der Inlays wird mit dem aufwendigen Arbeitsaufwand im Labor und dem zeitintensiven Einbringen und Befestigen in den Zahn gerechtfertigt. Tatsächlich kann die Wiederherstellung von Zahndefekten mit den Inlays als optimal bezeichnet werden und wegen des präzisen Abschlusses zum Zahn hin als dauerhafter Verschluß gelten. Dies trifft allerdings nur dann zu, wenn vom Zahnarzt mit allerhöchster Präzision gearbeitet wird, die gewiß nicht immer anzutreffen ist. Mit der gesteigerten Auffassung von Qualität aber hätte es oft auch eine viel preiswertere Kunststofffüllung getan. Man darf deshalb getrost davon ausgehen, daß viele der mit Inlays verschlossenen Zähne eigentlich »überversorgt« sind. Dies ist vergleichbar damit, als Autoverkäufer den Leuten stets nur die Luxuslimousinen zu empfehlen und im übrigen so zu tun, als gäbe es überhaupt keine anderen Wagen, mit denen man auch noch fahren könne.

Manchmal bleibt auch das mit so viel Eifer vom Zahnarzt »verkaufte« Inlay nur ein Flickwerk. Die von ihm angedachte »optimale Versorgung« mißlingt mitunter dann, wenn die Beurteilung des Zahnes notwendiges statisches Wissen vermissen läßt. Der Verschluß mit einem Inlay setzt nämlich voraus, daß der Zahndefekt nicht größer ist als die später dem Druck beim Zusammenbeißen ausgesetzte, restaurierte Kaufläche. Anders gesagt: Inlays dürfen in ihrer Ausdehnung, auf die gesamte Fläche des Zahnes bezogen, nicht zu groß sein. Die Mißachtung dieser verständlichen Forderung kann mitunter Folgen haben, die erst später sichtbar werden. Im ungünstigsten Fall bricht der teuer versorgte Zahn unter dem unzumutbaren Druck der Gegenzähne auseinander. Wer »Glück« hatte, dem reißt allenfalls ein Höcker weg. Wenn der Zahn aber bis in die Wurzel splittert, bleibt dem Zahnarzt nur der Griff zur Zange, die Zahnentfernung meint. Das Inlay war dann für den Patienten genauso überflüssig wie die Tatsache, daß da, wo sonst der Zahn im Kiefer war, jetzt eine Lücke ist. Entschuldigt wird das von manchem Zahnarzt mit der »schlechten Zahnsubstanz« oder daß der Patient »verkehrt gebissen« hätte. In der Hoffnung, daß Patienten diesen Unsinn glauben, werden die wahren Gründe der eigenen Fehlleistung umschifft. Wenn die vorbereitenden Maßnahmen an den Zähnen, die mit Inlays verschlossen werden sollen, oberflächlich waren, ist die teure Einlage aus Gold ihr Geld nicht wert. Es hätte auch, mit mehr Spaß vermutlich, im Spielkasino verjubelt werden können.

Ein Patient suchte meine Praxis während des zahnärztlichen Notdienstes auf, um ein verlorenes Inlay wieder zu befestigen. Dabei holte er aus einer kleinen Tüte zehn goldene Einlagefüllungen für denselben Zahn hervor, die ihm im Laufe der Jahre von verschiedenen Zahnärzten angefertigt wurden. Nachdem ich dies ungläubig zur Kenntnis genommen hatte und den betreffenden Zahn untersuchte, war sofort klar, warum keines seiner vielen Inlays lange halten konnte: Die präparierte Form ließ dies überhaupt nicht zu. Daß sich nicht nur ein Dentist an diesem Zahn bereicherte, sondern gleich mehrere dort pfuschend Honig saugten, ist ein peinliches Beispiel verfehlter zahnärztlicher »Kunst«.

Das vom Zahnarzt in Zusammenarbeit mit dem Zahnlabor regelgerecht gefertigte Inlay hat den übrigen Füllmaterialien gegenüber tatsächlich einen entscheidenden Vorteil. Weil es wie ein Ring gegossen, aus keramischen Massen gebrannt oder hochwertigem Kunststoff nachvergütet wurde, bleibt es im Zahn später formstabil. Die nötige Sorgfalt und Präzision vorausgesetzt, kann eine dauerhafte Füllung entstehen, die im Zahn wie maßgeschneidert paßt. Zwischen dem erreichbaren Ideal und der Wirklichkeit klafft, wie so oft, jedoch die Lücke. Wegen sich addierender Fehler bei der statischen Einschätzung der Situation, falschen Präparationsformen und ungenauen Abdrucknahmen lassen Inlays die erforderliche Präzision nicht selten vermissen. Das traurige Ergebnis stellt sich dann als schlecht sitzender Füllkörper dar, der unzulässig große Spalten zum restlichen Zahn aufweist. Diese zu breiten Zwischenräume, ein idealer Nährboden für Bakterien, werden von manchen Zahnärzten einfach mit den Befestigungszementen oder -kunststoffen verklebt, die das Inlay im Zahn halten. Der großzügig »übersehene« Mangel in der handwerklichen Ausführung macht sich für Patienten meist erst später, aber irgendwann ganz sicher bemerkbar. Vor allem durch den Speichel werden Zemente aus den Nischen wieder ausgewaschen und füllen sich statt dessen häufig mit Speiseresten auf. Daß sich genau in diesen Bereichen neue Karies bildet, die den Zahn unter dem teuren Inlay weiter zerstört, ist sehr wahrscheinlich. Noch wahrscheinlicher ist, daß derselbe Zahnarzt oder andere Kollegen irgendwann ein neues Inlay anfertigen werden oder den Zahn überkronen wollen.

Besonders die im Notdienst tätigen Zahnärzte können von anderen Mängeln der Einlagefüllungen berichten. Nervend für betroffene Patienten ist der Umstand, daß sich ihre Goldinlays mit Regelmäßigkeit wieder aus den Zähnen lösen. Da reicht manchmal schon ein Kaugummi, um es auf der Hand zu haben und zum wiederholten (kostenpflichtigen) Einsetzen beim Zahnarzt anzutraben. Der Grund: gravierende Fehler schon bei der Zahnpräparation. Manchmal werden die kleinen Goldstücke von ihrem Besitzer aber auch verschluckt. Der Not gehorchend spart dann viel Geld derjenige, der es später wiederfindet ...

Daß den Zahnärzten jetzt auch besonders in der Füllungstherapie Milch und Honig zufließen, hat mehrere Gründe. Vor allem verweigern die Patienten zunehmend das von den Kassen bezahlte Amalgam, was wegen des darin enthaltenen Quecksilbers nachvollziehbar ist. Zum anderen werden den Leuten von vielen Zahnärzten bei fast allen Zahndefekten, die auch mit Kunststoffen verschlossen werden könnten, lieber die teuren Inlays empfohlen. Wesentlich preiswertere, weiße Füllungen sollen dagegen hinten anstehen. Manche

Zahnärzte benehmen sich in der Behandlung und dem von ihnen geführten »Verkaufsgesprächen« fast wie Dealer von Gefühlen: Wer nicht zuzahlen kann oder will, dem werden sie kurzerhand entzogen. Anders, wenn man als Patient noch zögert und etwas Schubkraft von ihm braucht: Als hätte man plötzlich drei Wünsche frei, wird einem ein Kaninchen nach dem anderen ins Ohr gezaubert, bis man sich, vor allem aus Unkenntnis, wie ein Idiot vorkommt, wenn man auf seine teure Therapie nicht eingeht. Einige Dentisten lassen sich gar in der Verführung zum »Verkauf« von Inlays schulen, um Patienten professionell zu ködern. Worüber viele von ihnen allerdings nicht gerne reden, ist, daß die goldenen Zahneinlagen auch Nachteile mit sich bringen. Von den hohen Honoraren einmal abgesehen, macht ihre Anfertigung fast immer erforderlich, eine parallelwandige Kastenform aus dem Zahn herauszubohren. Um dem notwendigen Übel zu gehorchen, muß dabei nicht selten auch viel gesunde Zahnsubstanz abgetragen werden. Dieses Problem ergibt sich bei Kunststoffüllungen oder anderen Zahnfüllstoffen deshalb nicht, weil eine definierte Form entbehrlich ist. Der Zahnarzt kann sich beim Bohren hier auf das Notwendige beschränken und braucht »nur« die Karies gründlich zu entfernen.

Nicht ungefährlich ist die Keilwirkung der Inlays auf die Zahnwände. Besonders beim Kauen, Knirschen oder festem Zusammenbeißen können unter den starren Einlagefüllungen Spannungen entstehen, die zu Rissen und Frakturen der übrigen Zahnsubstanz führen und erhebliche Beschwerden auslösen. Jeder Druck auf die teure Goldeinlage wird dann als stechender Schmerz empfunden. Diese Symptomatik scheint manchem Zahnarzt recht rätselhaft, wenn er auf sein künstlerisches Werk schaut. Obwohl rein äußerlich mit dem Inlay alles zum Besten scheint, hat die feine Fraktur doch vielleicht eine auch im Röntgenbild nicht sichtbare Entzündung des Zahnnervs verursacht. Nicht nur, daß das Inlay dann wieder entfernt werden muß, auch die weitere Prognose für den Erhalt des Zahnes wird mit einem Fragezeichen zu versehen sein.

Im Gegensatz zu den Einlagefüllungen aus hochedelmetallhaltigen Legierungen, die mit Zementen im Zahn befestigt werden, klebt der Zahnarzt keramische Inlays mit Kunststoffen ein. Durch den entstehenden chemisch-physikalischen Verbund zur Zahnsubstanz können sie deshalb auch noch gut auf relativ flachen Zahnstrukturen verankert werden. Dies kann bei vorsichtiger Präparation durchaus von Vorteil für den Zahn sein, wenn dadurch mehr natürliches Zahngewebe erhalten bleibt. Die Medaille hat, wie immer, jedoch zwei Seiten. Wegen ihrer Sprödigkeit können Keramikinlays unter der Kaubelastung brechen, wenn ihre Schichtstärke zu gering wird. Deshalb setzt die Beurteilung, ob eher ein Goldinlay in Frage kommt, bei dem die auslaufenden Ränder zum Zahn hin hauchdünn gestaltet werden können, Erfahrung und Routine im Umgang mit keramischen Füllungen voraus. Weiße Inlays aus Keramik haben zum Zahn auch einen wesentlich ungenaueren Abschluß, die Randspalten sind erheblich größer als bei den Einlagen aus Gold. Gerade Keramikinlays dürfen deshalb niemals die nötige Sorgfalt und Präzision bis zum fertigen Einsetzen in den Zahn vermissen lassen. Zwar kann mit ihnen die naturgetreue Wiederherstellung von Zahndefekten perfekt gelingen, aber nicht selten verkommen die teuren Restaurationen auch zu Makulatur und teurem Blendwerk. Die besonderen Anforderungen an den paßgenauen Sitz im Zahn werden nicht von jedem Zahnarzt erfüllt. Ungenau gearbeitete Keramikinlays mit undichtem Abschluß zum Zahn werden von zahnärztlichen Blindgängern trotzdem oft befestigt und die teils klaffenden Spalten von mehr als einem Millimeter von ihnen einfach mit zahnfarbenem Kunststoff verschlossen. Leider wird das von den Patienten, die dafür stolze Preise zahlen müssen, vorerst nicht bemerkt. Solche als keramische Einlagefüllungen in Rechnung gestellte Zahnrestaurationen kann man nur als Pfusch bezeichnen, die höchstens im Preisniveau der Kunststofffüllungen anzusiedeln sind.

Die Rationalisierung hat auch vor den Türen der Zahnarztpraxen nicht haltgemacht. Keramikinlays lassen sich heute bereits mit Computern am Bildschirm erstellen und aus standardisierten Keramikblöcken in verschiedenen Zahnfarben herausfräsen. Mit fragwürdigen Ergebnissen allerdings: Die weiße Zahnfüllung für löchrige Zähne auf Knopfdruck ist meist noch ungenauer als das im Labor aus keramischen Massen gebrannte Inlay, aber oft genauso teuer. Die notwendigen Informationen und Anweisungen zum Fräsen des Computerinlays per Chip erhält das entsprechende Gerät (CEREC) durch die Fortschritte moderner Optik. Der vom Zahnarzt präparierte Zahndefekt wird mit einer Kamera erfaßt und das so entstandene Bild per Computer in ein mehrdimensionales Fräsverfahren umgesetzt. Das fertige Inlay fällt bereits nach einer Viertelstunde aus der Klappe und kann dem verdutzten Patienten sofort während der gleichen Behandlung eingesetzt werden. Dieses als *Cerec* bezeichnete Verfahren, mit dem sich Einlagefüllungen aus Keramik rationell und gewinnbringend veräußern lassen, ist zum Teil allerdings noch mit so großen Ungenauigkeiten behaftet, daß Patienten vor der Bestellung derartiger Inlays gewarnt werden sollten. Die Anschaffung eines Cerec-Gerätes kann sich für den Zahnarzt indes lohnen, denn der pro Inlay vom Gerät benötigte Keramikblock verursacht ihm an Kosten für das Material nur zwanzig Mark. Der Patient zahlt an den Zahnarzt aber später mindestens 600 Mark. Ein hochlohnendes Geschäft für den Dentisten, der die Maschine stets zum Laufen bringt.

☞ Wenn Sie die Reparatur am Backenzahn mit einem keramischen Inlay wollen, fragen Sie den Zahnarzt vor der Behandlung, ob die teure Einlagefüllung später im Computerfräsverfahren oder in aufwendiger Handarbeit im Labor entsteht. Laborgefertigte Inlays werden von darin versierten Zahntechnikern in vielen Arbeitsschritten in einem Ofen gebrannt, was erst ihr perfektes Aussehen in Form und Farbe möglich macht. Wenn der Zahnarzt dagegen Besitzer eines Cerec-Gerätes ist, bei dem das fertige Inlay aus der Maschine kommt, wird er versuchen, dies besonders zu empfehlen. Computergefräste Inlays sind aber heute noch mit größeren Mängeln behaftet. Sie müssen nach dem Einsetzen sehr oft in der Höhe nachgeschliffen werden. Das Gerät ist nicht in der Lage, individuelle Bewegungen des Unterkiefers zu erfassen, und oft genug sitzt im Zahn am Ende nur ein nachgebesserter Keramikklotz. Auch die Ästhetik kann mit Inlays aus dem Labor längst nicht konkurrieren. Die verschlossenen Zahndefekte sind zwar »irgendwie hell«, lassen aber individuelle anatomische Zahnformen genauso vermissen wie natürlich wirkende Zahnfarben. Wegen zum Teil erheblicher Randspalten zum Zahn hin berichten viele Patienten später oft von Temperaturempfindlichkeiten. Keramikinlays sind sehr teuer. Verlangen Sie deshalb lieber nach dem besseren Ergebnis, und das kann nur von Hand durch einen Techniker erwartet werden.

Die Anfertigungen von Inlays sind privat zu vereinbarende Leistungen mit dem Zahnarzt, bei denen gesetzlich versicherten Patienten von ihren Krankenkassen höchstens ein »Amalgamanteil« rückvergütet wird.

Wegen der lukrativen Honorare setzen sich die mit hohen Gewinnen liebäugelnden Zahnärzte oft vehement für den »Verkauf« von Einlagefüllungen (Inlays) ein, obwohl viele Zahndefekte auch genauso gut mit Füllungen aus Kunststoffen verschlossen werden könnten. Doch wie kriegt man die Patienten an die Angel? Tips zum Ködern und Schröpfen können sich interessierte Zahnärzte in Seminaren zum Verkauf am »Kunden« holen oder gelegentlich einfach nachlesen. *Die Zahnarztwoche* mahnt in ihrer Ausgabe 50/96 zur Verwirklichung der »Erfolgspraxis 97« und rät unter der Überschrift »Es muß für den Patienten mehr getan werden, als für ein Inlay mehr Geld zu verlangen«: *Nur ... wer seine Kompetenz als Arzt unterstreicht, wird »glückliche Patienten« haben, die für ein Inlay gerne bezahlen, weil sie den Vorteil für ... ihr Selbstbewußtsein erkennen werden ... In der Praxis einfach passiv darauf zu warten, daß ... jeder von sich aus eine Inlayversorgung verlangen wird, das ist zu wenig; um dies zu erreichen, muß aktives Marketing betrieben werden. Auch Zahnärzte mischen sich mit ein und vermitteln den Kollegen ständig neue Denkanstöße, wie man besonders teure und private Eingriffe ankurbelt, mit denen sich die Kitteltaschen per Patienten-Portemonnaie noch besser füllen lassen. »Dieser Teil einer ... Therapie ... schafft die Voraussetzung für eine vertrauensvolle Zusammenarbeit zwischen Zahnarzt und Patient, die der kleinlichen Preisfeilscherei um das Inlay ein Ende setzt.«* (Zahnarzt A. Dietrich in: *Die Zahnarztwoche* 50/96)

*»Ist ein Inlay etwa weniger wert, als ein schickes Sakko? ... In einem Markt, in dem mehr Mitbewerber aufziehen ... muß der einzelne Zahnarzt den weniger gewordenen Patienten ... zahnmedizinische Dienstleistungen anbieten und verkaufen, ... um das gewohnte Umsatzniveau seiner Praxis halten zu können ... Das notwendige Volumen kann zukünftig nur aus dem reichlich gefüllten Topf der ersparten Mittel kommen ... Ganz offensichtlich werden Patienten aber ihre ersparten Mittel nur dann bereitwillig für zahnmedizinische Dienstleistungen ausgeben, wenn ihnen diese Lei-*

*stungen adäquat verkauft werden.«* (Zahnarzt Dr. Dr. Bouveret in: *Die Zahnarztwoche*, Nr. 50/96)

Es darf vermutet werden, daß vielen Patienten derlei Hirninhalte ihrer Zahnärzte bisher unbekannt waren. Nicht alle Zahnärzte handeln ausschließlich aus dem Blickwinkel des Verkäufers. Daß es aber nicht wenige gibt, die zuallererst auf den Geldbeutel ihrer Patienten schielen, ist sicher.

Die Zahnärzte sind vom Gesetzgeber her verpflichtet, Patienten vor eventuell notwendigen Restaurationen an ihren Zähnen umfassend und verständlich darüber aufzuklären, welche Möglichkeiten der Wiederherstellung bestehen. Schließlich haben die meisten bei den Füllungen einen Anspruch auf Behandlungen, die durch ihre Krankenkassen mindestens bezuschußt werden. Wer statt der vollen Übernahme aller Kosten (Amalgam, Kompomere) entweder zum Teil oder ganz als Privatpatient behandelt werden möchte (Kunststoffe, Inlays), dem muß vom Zahnarzt eine schriftliche Vereinbarung zur Unterzeichnung vorgelegt werden. Um an die begehrte Unterschrift zu kommen, werden von einigen Zahnärzten die auch in der Werbung und Wirtschaft gängigen Verkaufstaktiken benutzt.

☞ Einige Zahnärzte beglücken die Zähne ihrer Patienten gern und häufig mit teuren Inlays. Dieses Ansinnen sollten Sie wegen der hohen Kosten sehr kritisch hinterfragen, wenn der Zahnarzt dazu rät. Mit der nötigen Sorgfalt und entsprechendem Geschick eines erfahrenen Zahnarztes können Zahndefekte durch Inlays zwar optimal restauriert werden. In vielen Fällen wäre dieser Anspruch aber auch durch wesentlich preiswertere Kunststoffüllungen realisierbar, die spürbar das Portemonnaie entlasten.

Auch dem Zahnarzt wachsen Bäume nicht so einfach in den Himmel. Nur das Wort Inlay bei den Patienten zu erwähnen, haut niemanden vom Hocker. Um die freiwilligen Zuzahler in Stimmung zu bringen, gebaren die Werber für den »Verkauf« der teuren zahnärztlichen Leistungen deshalb jüngst eine neue Idee: Sie empfehlen den Zahnärzten »Die zehn Gebote zum Beziehungsmanagement«, in *Die Zahnarztwoche* 7/97, mit denen Patienten weich geredet werden sollen. Die Strategen zahnärztlichen Marketings glauben zu wissen, daß der Griff nach dem Patientenportemonnaie besser gelingt, wenn nicht nur Quark verbreitet, sondern vom Zahnarzt auch psychologisch beim »Kunden« vorgegangen wird: *»Auf jeden Fall spielen die psychologischen Aspekte einer der Untersuchung vorausgehenden Unterhaltung eine entscheidende Rolle für die Bereitwilligkeit des Patienten, mit der er sich der ›erforderlichen‹ Behandlung unterzieht. So läßt sich der Beruf des Zahnarztes eher umschreiben mit einem die Zähne erhaltenden Psychologen.«* Die den Zahnärzten empfohlenen zehn Gebote für das Gelingen der Verkaufsaktion am ahnungslosen Patienten sind ein augenfälliges Beispiel für ihr Streben nach mehr Umsatz und Gewinn. Daß es sich dabei zum Teil um puren Unsinn handelt, den der Zahnarzt im »Verkaufsgespräch« dann von sich gibt, stört ihn offensichtlich kaum. Hauptsache, der Patient »beißt an« und unterschreibt die Offerte zur Privatbehandlung. Das immerhin sollte man manchen Zahnärzten gutschreiben: Die aufgewendeten Bemühungen, um Teures an den Mann zu bringen und zu Geld zu machen, sind beachtlich. Sie erinnern an gute Staubsaugervertreter und haben so gesehen vielleicht ja den Beruf verfehlt. Lächelnd, vielleicht aber auch erstaunt, nimmt man die zehn Gebote zur Kenntnis:

1. **Gebot:** »Sagen Sie Ihrem Patienten sein Lieblingswort: seinen Namen! *Haben Sie keine Scheu: Er hört es wirklich gerne.«*
2. **Gebot:** »Nutzen Sie die einmalige Chance des ersten Eindrucks! *Sehen, hören und fühlen Sie aufmerksam, wie Ihr Partner/Patient reagiert. Ändern Sie Ihr Verhalten gegebenenfalls, und probieren Sie es immer wieder neu, bis Sie mit sich und der Reaktion der anderen zufrieden sind . . .«*
3. **Gebot:** »Schaffen Sie mit Ihrem Patienten Gemeinsamkeiten! *Kann es sein, daß das Gefühl entstand, sich besonders gut zu verstehen, gleich zu ›schwingen‹, gleich zu denken? . . . Als guter ›Verkäufer‹ . . . oder Zahnarzt sollten Sie in der Lage sein, diese starke gegenseitige Verbindung herzustellen.«*
4. **Gebot:** »Zeigen Sie Ihr ehrliches Interesse! *. . . mein Patient . . . wird spüren, daß ich mich ehrlich für ihn interessiere, und ihm nicht nach drei oder vier Fragen schon eine Therapie ›verkaufen‹ will.«*
5. **Gebot:** »Haben Sie den Mut, Ihre eigene Individualität zu ent-

wickeln! *Es gilt, den Mut aufzubringen, als Zahnarzt dazu zu stehen . . . und sein Verkaufsgespräch auf seine Art zu führen.«*

**6. Gebot:** »Fragen Sie gut, aber hören Sie noch besser zu! *. . . das bedeutet für uns beim Verkauf: Fragen Sie Ihren Patienten, was er will – und: Lauschen Sie aktiv und interessiert den Antworten. Hören Sie zu. Oder besser: Hören Sie hinein! . . . Menschen wollen verstanden werden. Dann fühlen Sie sich wohl.«*

**7. Gebot:** »Sagen Sie Ihrem Patienten, welchen Nutzen er beim Kauf einer spezifischen Therapie hat! *Selbst wenn er es schon weiß, schadet es ihm nicht, ihm immer wieder den Nutzen bewußtzumachen.«*

**8. Gebot:** »Geben Sie aufrichtiges Lob und Anerkennung! *Ihren Patienten geht es ähnlich, wie vielen Menschen auch. Also geben Sie Ihnen doch einmal Lob und Anerkennung. Vielleicht erscheint es Ihnen gar nicht so leicht, dieses zu tun, aber es ist auch nicht schwer. Überlegen Sie, was es Lobenswertes bei Ihrem Patienten gibt . . . Sprechen Sie es aus, und freuen Sie sich mit ihm darüber.«*

**9. Gebot:** »Achten Sie auf den Standpunkt des anderen. *Nicht immer sind wir mit unserem Patienten gleicher Meinung. Oft gibt es unterschiedliche Interessen. Das muß nicht schlimm sein, solange es in der Sache begründet liegt. Wichtig ist, daß wir den Standpunkt des Patienten achten . . . So vermeiden Sie den ›Crash‹ während Ihres ›Verkaufsgespräches‹ . . . Dann gilt es, daraus gemeinsam Lösungen zu erarbeiten.«*

**10. Gebot:** »Mögen Sie Ihre Patienten! *Wer erfolgreich im Hinblick auf den ›Verkauf‹ sein will, muß Menschen auch mögen. Allerdings sind Menschen nicht immer bequem. Sie haben alle ihre Ecken und Kanten – jeder ist anders. Das sollte Sie aber nicht beunruhigen . . . Doch bedenken Sie immer: Nicht die Krankenversicherung . . . bezahlt Ihre Leistung, sondern einzig und allein Ihr Patient als Kunde. Ein altes Sprichwort sagt: ›Gewinnen fängt an mit Beginnen.‹«*

Zu diesen zehn Taschenspielertricks, mit denen manche Zahnärzte Patienten zum Verkauf anregen wollen, braucht man wohl nichts weiter sagen. Sie sind teils naiv, aber auch unverfroren dreist und sprechen für sich. Das scheint ihnen egal zu sein, denn für sie zählt offenbar nur, was nach dem anpreisenden Gelaber hinten rauskommt. Das Mißtrauen von Patienten, die so angegangen werden, haben sich diese Zahnärzte jedenfalls redlich verdient.

☞ Ein defekter Zahn muß nicht immer mit einem Inlay verschlossen werden, auch wenn das die persönliche Meinung mancher zahnärztlichen »Verkäufer« ist. Deren Honorare für Einlagefüllungen (Inlays) sind immerhin um ein Vielfaches höher als bei den zahnfarbenen Kunststoffüllungen. Rechnen Sie beim Zahnarzt mit »Verkauf«. Der Begriff, so paradox wie er vom Mediziner klingt, ist Realität in der Zahnarztwelt geworden. Wenn Sie sich doch zum Inlay entschieden haben, lesen Sie die Ihnen vorgehaltene Vereinbarung zur Privatbehandlung gründlich durch, bevor Sie Ihre Unterschrift unter dieses Schriftstück setzen. Bedenken Sie, daß Sie zu dem Inlay höchstens einen kleinen Teil von Ihrer Krankenkasse rückerstattet bekommen, und das sind im Verhältnis zum Gesamtpreis eher Krümel. Fragen Sie den Zahnarzt vor dem Beginn des Eingriffs ausdrücklich nach der genauen Summe, die Sie am Ende zahlen sollen. Nicht selten ist es nämlich später mehr, als eigentlich mitgeteilt worden war. Dann kommt darüber vielleicht Ärger auf, so nett Herr oder Frau Doktor auch sonst war ... Vielleicht sind Sie ja auch im Zweifel, ob Ihre Zähne wirklich Inlays brauchen. Lehnen Sie das Ansinnen des Zahnarztes dann doch lieber höflich mit dem Hinweis ab, die Sache nochmals überdenken zu wollen. Die Meinung eines zweiten Zahnarztes zu hören, kostet schließlich zunächst nichts. Private Vereinbarungen über die Zahnreparatur mit Inlays sind etwa folgenden Inhalts und müssen Ihnen vor dem Eingriff zur Kenntnisnahme und Unterschrift vorgelegt werden:

## Vereinbarung einer Inlay-Versorgung

Der Patient wünscht ausdrücklich eine Zahnbehandlung mit Inlay-Versorgung und deshalb zunächst eine Untersuchung und die Aufstellung eines Heil- und Kostenplanes für die aufgrund von Untersuchung und Besprechung vorgesehenen zahnärztlichen Leistungen. Für die Untersuchung und Aufstellung eines Heil- und Kostenplanes wird eine Vergütung in Höhe von . . . . . . . . . DM nach der Gebührenordnung für Zahnärzte (GOZ) vereinbart.

Der Patient ist darüber aufgeklärt, daß die Versorgung mit Inlays nicht im Leistungsumfang der kassenzahnärztlichen Behandlung enthalten, sondern eine nach der Gebührenordnung für Zahnärzte abzurechnende Privatbehandlung ist. Zu den Kosten der Inlay-Versorgung übernimmt die gesetzliche Krankenversicherung nur den Anteil der plastischen Füllung nach den BEMA-Positionen 13a bis 13d. Dieser Betrag wird auf der Rechnung für den Patienten direkt in Abzug gebracht, da er vom Zahnarzt direkt mit der Kasse abgerechnet wird.

Der Patient ist ausdrücklich mit der privaten Abrechnung der vereinbarten Leistungen zu den vereinbarten Sätzen einverstanden und bestätigt hiermit, eine Kopie dieser Vereinbarung erhalten zu haben.

Der Vertrag über die zahnärztliche Behandlung betr. Inlayversorgung kommt erst nach Vorlage des Heil- und Kostenplanes und dessen Durchsprache mit beiderseitiger Unterzeichnung zustande.

Die Abrechnung der Behandlung (Inlay-Versorgung) erfolgt nach der Gebührenordnung für Zahnärzte (GOZ).

Der Patient wurde über alternative Behandlungsmöglichkeiten zur Inlay- Versorgung aufgeklärt. Er wurde darauf hingewiesen, daß bestimmte Alternativ-Versorgungen (Amalgam- oder Kompomer-, Glasionomer beziehungsweise Steinzementfüllungen) Bestandteil der kassenzahnärztlichen Versorgung sind.

Datum

Unterschrift Zahnarzt Unterschrift Patient

## Heil- und Kostenplan einer Inlay-Versorgung

Zahnärztliche Behandlungsmaßnahme und Aufstellung der voraussichtlichen Behandlungskosten der Inlay-Versorgung:

**1. Planung der Versorgung:**

**2. Kostenaufstellung:**

Der Patient ist darüber aufgeklärt, daß eine Erstattung oder Übernahme der Kosten für die Leistungen im Rahmen der Inlay-Versorgung durch Krankenkassen nur im Rahmen der BEMA-Positionen 13a bis 13d für plastische Füllungen erfolgt. Dieser Betrag wird bei der Berechnung direkt abgezogen. Er ist auch ausdrücklich darüber aufgeklärt, daß diese Leistungen nicht Bestandteil der kassenzahnärztlichen Versorgung sind. Er wünscht dennoch ausdrücklich die Erbringung der oben beschriebenen Leistungen durch den Zahnarzt und verpflichtet sich, die dafür anfallenden Kosten zu bezahlen.
Der Patient ist darüber aufgeklärt, daß Grundlage dieser Kostenaufstellung die Untersuchung vom ...................... ist. Der Patient ist darauf hingewiesen worden, daß im Rahmen der Behandlung weitere Maßnahmen notwendig werden können, die nicht in der Kostenaufstellung enthalten und die zusätzlich zu vergüten sind.
Die oben aufgeführten Kosten für die dort erwähnten Leistungen gelten zwischen Zahnarzt und Patient als vereinbart. Wenn und soweit sich im Verlaufe der Behandlung die Notwendigkeit von Änderungen und/oder Erweiterungen dieser zahnmedizinischen Leistungen ergibt und/oder zusätzliche konservierend und/oder chirurgische Maßnahmen erforderlich werden, so erfolgt deren Berechnung gesondert nach den einschlägigen Gebührenordnungen.

Datum

Unterschrift Zahnarzt Unterschrift Patient

# DER ZAHNERSATZ

Alle Versicherten gesetzlicher Krankenkassen müssen durch das 2. Neuordnungsgesetz (NOG) auch beim Zahnersatz mit deutlich höheren Kosten rechnen.

Besonders für hochwertige zahnärztliche Prothetik, ob Kronen, Brücken oder Prothesen, werden Patienten finanziell mehr als früher in die Pflicht genommen. Sie erhalten von den Krankenkassen nur noch sogenannte Festzuschüsse zum Zahnersatz und den Zahnkronen. Vorher geltende prozentuale Beihilfen von 50 Prozent plus Bonus, wenn das Heftchen vollgestempelt war, sind durch diese Fixbeträge ersetzt worden. Mit den standardisierten Festzuschüssen in der Prothetik hat die Gesundheitspolitik einen wichtigen Schritt zu mehr Privatisierung der zahnärztlichen Leistungen vollzogen. Auch andere, mitunter optimalen Zahnersatz begrenzende Maßnahmen sind durch den Gesundheitsminister, die gesetzlichen Krankenkassen und die Standesvertreter der Zahnärzte abgesegnet worden. Die wohl grundlegendste Änderung: Künftig können alle in der gesetzlichen Krankenversicherung Versicherten die Kostenerstattung anstelle der Sachleistungsregelung wählen. Die Abrechnung im Rahmen der Kostenerstattung erfolgt unmittelbar zwischen Zahnarzt und Patient auf der Basis der privaten Gebührenordnung für Zahnärzte (GOZ). Der Sachleistungsanteil wird Patienten von den Kassen erstattet, wenn die Leistung notwendig war. Wer also besonders komfortabel kauen möchte, muß eben kräftig drauflegen und wird Privatpatient. In § 30 des 2. GKV-Neuordnungsgesetzes heißt es zur Kostenerstattung durch Festzuschüsse bei festsitzendem Zahnersatz: *»Bei großen Brücken zum Ersatz von mehr als vier fehlenden Zähnen je Kiefer ist der Anspruch auf den Festzuschuß für vier zu ersetzende Zähne, bei Brücken mit mehr als drei fehlenden Zähnen je*

*Seitenzahngebiet auf den Festzuschuß für drei zu ersetzende Zähne begrenzt.«* Außerdem wurde der Festzuschuß bei herausnehmbaren Prothesen, den sogenannten Kombinationsversorgungen, auf höchstens 2 Verankerungszähne je Kiefer limitiert. Von dieser Regelung wird nur eine Ausnahme bei dem gemacht, der höchstens noch 3 Zähne im Kiefer hat: Seine Prothese wird auch dafür von der Kasse mit dem Zuschuß gesponsert. Implantologische Leistungen und die darauf befestigten Zahnersatz- Konstruktionen sind dagegen fast völlig von der Erstattung durch Krankenkassen ausgeschlossen (evtl. Tumorpatienten und Unfallverletzte). Alle nach 1978 Geborenen erhalten für notwendig werdenden Zahnersatz künftig keinen Pfennig mehr.

Der durch die gesetzlichen Krankenkassen gezahlte Festzuschuß wird direkt an den Versicherten gezahlt und stellt ausschließlich auf standardisierte Versorgungsformen beim Zahnersatz und nicht etwa auf den konkreten Leistungsumfang ab. Die Festzuschüsse sollen im übrigen höchstens eine wirtschaftlich notwendige Versorgung ihrer Versicherten mit Zahnkronen, Brücken und Prothesen gewährleisten. Die Zuzahlung zum teuren Zahnersatz und einer preiswerteren Lösung kann deshalb beträchtlich sein, weil sie vom Zahnarzt auf der Grundlage der privaten Gebührenordnung berechnet wird. Fehlende Zähne im Kiefer kann man durch eine herausnehmbare Prothese mit Klammern, aber auch mit wesentlich teureren Brücken ersetzen. Die Preisdifferenz beider Varianten klafft nach Ende 1999 noch weiter auseinander. Das Zahnarzthonorar, das bis zu diesem Zeitraum auf das 1,7fache in den alten und 1,86fache in den neuen Ländern eingefroren wurde, kann später bei derselben zahnärztlichen Leistung auf das 3,5fache des Zahnarzthonorars ansteigen, ohne daß darüber eine besondere Vereinbarung mit dem Patienten abgeschlossen werden müßte. Zahnärzte dürfen aber auch losgelöst von dieser Gebührenordnung behandeln und liquidieren. *»Dann brauchen wir aber eine Abdingungsvereinbarung mit den Patienten, und die kostet gewaltige Überzeugungsarbeit.«* (Dr. Schibort, Vorsitzender der Kassenzahnärztlichen Bundesvereinigung).

Diese »Überzeugungsarbeit« gehört denn auch zur täglichen Übung einiger Zahnärzte, um ihre Honorartöpfe prall zu füllen. Patienten sollen dabei helfen, indem sie möglichst viele Sondervereinbarungen unterzeichnen, aus denen zum Teil horrende Zuzahlungen resultieren können. Zahlreiche Methoden, wie man den Leuten das Geld für aufwendigen Zahnersatz aus der Tasche zieht, werden dem interessierten Zahnarzt empfohlen und praktiziert.

Damit die Patienten nicht etwa über hohe Honorare stolpern und am Ende gar nichts nehmen, soll im Preisgespräch angemessen und vorbereitet reagiert werden. *»Schallt Ihnen nun der erste Einwand ›Das ist aber teuer‹ entgegen, begehen Sie bitte hier nicht den Fehler zu widersprechen. Das würde automatisch weitere Proteste nach sich ziehen. Machen Sie es sich einfach, bestätigen Sie die Ansicht Ihres Patienten! ... Mehr ist in vielen Fällen zum Durchstehen dieser Attacke auf den Preis gar nicht erforderlich. Sie können also das ›Ja, das ist teuer‹ im Raum stehenlassen und getrost abwarten, welche Themen jetzt folgen ... Wendet Ihr Patient ein: ›Geht das nicht auch billiger?‹ sollten Sie nicht resignierend in sich zusammensacken, sondern statt dessen – auch körpersprachlich – aufblühen!«* (Dr. Bonatz in: *Die Zahnarztwoche* 24/97). Auch die von demselben Zahnarzt, der sich angeblich beim »Kostenmanagement in der zahnärztlichen Praxis« einen Namen gemacht hat sowie neben der Behandlung von Patienten »Arbeitskurse zur professionellen Überzeugungstechnik« gibt, empfohlene »Minimierungstechnik« dient dem Ziel, die hohen Preise rechtfertigen zu können. Der Zahnarzt empfiehlt den Kollegen: *»Rechnen Sie den Gesamtpreis der Versorgung auf die fiktive minimale Verweildauer um. Dann ›zerlegen‹ Sie den Preis auf kleinere, zum Beispiel Tageseinheiten.«* Um den zweifelnden und vom Preis verdutzten Patienten weich zu kochen, soll der die Therapie empfehlende Zahnarzt dann so tun, als ob die neuen Zähne fast nichts kosten, und zum »Kunden« sagen: *»Unterstellen wir einmal, Ihre Keramikkrone hielte nur fünf Jahre. Bei 580 DM wären das 116 DM pro Jahr, also 9,66 pro Monat. Anders ausgedrückt: Sie investieren Woche für Woche 2,41 DM, das heißt pro Tag ganze 32 Pfennig.«* Der Zahnarzt kennt aber noch andere, rüde Methoden, mit denen er auch härtere Gangarten gehen will, wenn der Patient weiteren Widerstand beim »Kauf« signalisiert. Zur von ihm vorgeschlagenen »Konzessionstechnik« denkt er nach: *»Es gibt ja Patienten, die versuchen, den Zahnarzt immer noch ein Stückchen weiter ›umzubiegen‹, um ... eben auch in bezug auf den Preis das Äußerste aus ihm herauszupressen. In diesem Zusammenhang* *sind rechtzeitig Gegenmaßnahmen zu ergreifen ... Weisen Sie auf die zeitliche Begrenzung Ihrer Preisschätzung hin. Dann wird man sich ... schon einigen können.«* (Zahnarzt Dr. Bonatz: »Preisbegründung ...« in: *Die Zahnarztwoche* 26/97)

Wer als Patient gar nichts oder nicht viel dazuzahlen kann oder will, soll nach Vorstellung ganz pfiffiger Vordenker der Zahnärzte, ausgemustert werden. Der Tip dazu kommt dieses Mal vom Advokaten H.-J. Schade in *Die Zahnarztwoche* 38/95, der sich knallhart gibt und meint: *»Jeder Praxisinhaber ... braucht nur seine Termine mit einer Notiz zum Zeitaufwand pro Patient und einem DM-Betrag für den abgearbeiteten und künftig bei dem einzelnen Patienten zu erwartenden Ertrag zu versehen ... Auch daraus erkennt der Praxisinhaber, ob er sich ... nicht zu Selbstzahlungen bereiten Patienten gewidmet hat oder nicht. Diesen Typ des interessierten, nicht zuzahlungswilligen Patienten herausfiltern zu können, hilft ein solcher Prioritätsfragebogen.«*

Den Zahnärzten geht es finanziell um so besser, je mehr teure Therapien sie ihren Patienten, die es einzuseifen und zu barbieren gilt, »verkaufen« können. Die Honorarregelung, nach der jede medizinische Einzelleistung und jeder Handgriff an den Zähnen nach Zahl und Ziffer abrechenbar ist, stellt für viele Dentisten eine Einladung dar, am Patienten alles mögliche tun zu wollen, anstatt sich auf das Notwendige zu beschränken. Wer demnächst als Patient zum Zahnarzt geht, um nach Kauersatz zu fragen, tut deshalb gut daran, sich zunächst ein Angebot mit allen preislichen Alternativen erstellen zu lassen. Wem der Zahnersatz zu teuer scheint, der sollte ganz in Ruhe vielleicht noch einen anderen Zahnarzt fragen. Vielleicht macht der die Zähne mindestens genauso schön. Nur günstiger, denn vermutlich geht es einigen Zahnärzten ja auch darum, wie man die Konkurrenz der anderen Kollegen abwehrt und sich gegen die Wettbewerber im eigenen Lager durchsetzt. Da sollen Rabatte beim »Verkauf« mitunter doch sehr wirksam sein. Gleichlautend klingt auch ein Beitrag der ZDF-Sendung »heute« vom 2. 1. 1998, 19 Uhr, in der Patienten zum Einholen von »Vergleichsangeboten« bei verschiedenen Zahnärzten ermuntert wurden, wenn Zahnbehandlungen ins Haus stehen. Selbst »ein Blick ins Ausland kann sich lohnen«, lautete die Empfehlung des Moderators. Konkurrenz belebt schließlich das Geschäft.

# In aller Munde: Kronen, Brücken und Prothesen

Häufiger als noch alle natürlichen Zähne zu besitzen, sind bei vielen Menschen die eigenen Zahnreihen durch Lücken unterbrochen. Um die Zwischenräume wieder aufzufüllen, werden von den Zahnärzten jedes Jahr fast 9 Millionen Kronen auf vorher beschliffene Zähne gestülpt und über 1 Million Brücken angefertigt. Und nicht wenige Patienten können ihre Zähne auch herausnehmen, wenn sie vom Zahnarzt kommen. Mehr als 1 Million Teilprothesen und ebensoviel totale Zahnprothesen, die »Adoptivzähne« für das nächtliche Wasserglas, entstehen jährlich neu und beißen in die Lebensmittel. Teilprothesen ruhen auf noch vorhandenen, gesunden Zähnen ihrer Besitzer, die zum Zwecke der Befestigung des Zahnersatzes zum Teil auch Kronen erhalten.

Viele Patienten, die eine Zahnbehandlung hinter sich gebracht haben, bei der nicht nur Spritzen und Abdrücke fällig werden, sondern Zähne auch beschliffen werden mußten, können sich nur mit Grausen daran rückerinnern. Sofern der Kauersatz dann endlich fertig war und vielleicht paßte, setzte später die Gewöhnung an die künstliche Kauhilfe ein. Mit der Perfektion von Zahnersatz, der Millionen Bürgern Jahr für Jahr in den Mund gesetzt wird, ist es allerdings zum Teil nicht gut bestellt. Studien der Universität Aachen brachten bei der lukrativen Beschäftigung der Zahnärzte, der Versorgung lückiger Gebisse mit festem oder herausnehmbaren Zahnersatz, skandalöse Qualitätsmängel ans Licht: 75 Prozent der Kronen und Brücken hatten unpräzise Abschlüsse zu den Zähnen, was in der Folge zu erneuter Karies führen kann oder krankhafte Veränderungen am Zahnfleisch bedingt. Unter jeder zweiten untersuchten Krone wurde Karies überhaupt nicht vollständig entfernt. Weit über die Hälfte der

Brücken und Kronen waren sehr schlecht angepaßt worden, so daß durch Fehlbelastungen später Zahn und Zahnfleisch erkrankten. Trotz der eigens verursachten Fehlerhaftigkeiten wissen die betreffenden Zahnärzte bei auftretenden Beschwerden der Patienten immer einen Rat. Da folgt die Ermahnung zum besseren Putzen, und wenn auch das nicht hilft, das intensive Einschleifen und Ausbessern ihrer »Präzisionsarbeiten.« Erst wenn nach endlosen Versuchen, den Zahnersatz zu korrigieren, der Zahnarzt entweder nicht mehr weiter weiß oder die Patienten vom teuren Zahnersatz die Nase voll haben, wurde ein Gutachter eingeschaltet. Nicht gerade selten bedeutete seine Entscheidung für die Patienten, sich erneut bei einem anderen Zahnarzt der ihnen schon hinreichend bekannten Tortur des Zähneabschleifens unterziehen zu müssen.

Erstaunlicherweise genießen die Zahnärzte insgesamt nach Umfragen bei den Bürgern ein hohes Ansehen und belegen in der Rangordnung von geschätzten Berufen vordere Plätze. Das mag auch durch den überhohen Respekt bedingt sein, der ihnen allein schon bei dem Gedanken an die irgendwie immer unangenehm bleibende Behandlung entgegenbracht wird. Die Zahnärzte sind jedenfalls von sich und ihrer Arbeit vollends überzeugt und stellen ihre hohe handwerkliche Kunst und das Sachverständnis gern heraus: *»Für uns sind diese Ergebnisse erfreulich, aber keine Ruhepolster. Wir haben sicherlich richtig daran getan . . . vor allem den Beruf des Zahnarztes und seine Kompetenz für alles rund um den Zahn herausgestellt zu haben.«*, sagt Zahnarzt Dr. Willmes in *Die Zahnarztwoche* 14/95. Mit der Kompetenz »rund um den Zahn« scheint es aber manchmal nicht weit her zu sein. Mindestens 17 Prozent der insgesamt 54000 Zahnärzte sollen nach Vermutungen des Münchner Gutachters P. Riedel als »schwarze Schafe« angesehen werden können, die Patienten mit dem Pfusch ihrer handwerklichen Tätigkeit beglücken. Das heißt, viele wurden optisch entstellt oder sogar ihrer gesunden Zähne beraubt. Seine These wird durch eine Untersuchung der Universität Münster gestützt. 52 Prozent der dort untersuchten Zahnersatzarbeiten waren äußerst mangelhaft, und Neuanfertigung wurden angemahnt.

Vorbeugende Maßnahmen zur Zahnerhaltung wurden nach Meinung der Dentisten in der Vergangenheit von den Krankenkassen nicht genügend honoriert und eben häufig unterlassen. Erst mit dem 2. GKV-Neuordnungsgesetz, das im Juli 1997 in Kraft trat, kam die Wende: Während in der Vergangenheit die zahnmedizinische Versorgung der Bevölkerung vorrangig durch die Spätversorgung bestimmt war, soll Prävention und Zahnerhaltung jetzt einen neuen Stellenwert bekommen. Immerhin wurde der Anspruch auf Prophylaxeleistungen beim Zahnarzt vom Gesetzgeber jetzt auf alle Altersgruppen ausgedehnt, während noch bis zum Juli 1997 Schwangere, Kleinkinder und Erwachsene von diesen Leistungen ausgenommen waren. In den Genuß der Prophylaxe kamen nur Kinder vom 6. bis zum vollendeten 18. Lebensjahr. Versicherte Erwachsene mit hohem Kariesrisiko haben jetzt sogar Anspruch auf Leistungen zur Schmelzhärtung und Keimzahlsenkung. Trotz der gesteigerten Bemühungen bei der zahnärztlichen Prophylaxe werden den Patienten die schon vorhandenen Defekte in den Zähnen nicht wieder zuwachsen. Diese Löcher werden die Zahnärzte noch lange beschäftigen, und die Zuckerindustrie wird über intensive Werbung ihrer klebrigen Riegel auch weiterhin helfen, Zahndefekte bei Kleinkindern mit auszulösen.

Stark zerstörte Zähne werden von manchen Zahnärzten vorschnell einfach überkront oder lieber gleich entfernt. Statt dessen wäre in vielen Fällen möglicherweise noch deren Reparatur durch Füllungen gelungen, nur ist das später eben nicht mehr nachzuweisen. Diese Zahnärzte bringen dann täglich Stunden in den Behandlungszimmern damit zu, die Zähne anderer für Kronen und Brücken zuzuschleifen. Füllungen und andere preiswerte Handgriffe an Patienten werden von ihren Assistenten mit »erledigt«.

Veröffentlichte Zahlen zum Ist-Zustand deutscher Gebisse sprechen zur Zahnersatz-Wut der Zahnärzte eine deutliche Sprache. Eine vor Jahren von der Deutschen Gesellschaft für Zahn-, Mund- und Kieferheilkunde vorgelegte Untersuchung stellte fest, daß bereits jeder zehnte junge Deutsche über eine herausnehmbare Zahnprothese verfügte. Weniger als die Hälfte der Jugendlichen hatte noch alle Zähne, und neun von zehn Patienten dieser Altersgruppe brauchten dringend eine Zahnbehandlung. Bei der untersuchten Gruppe von Patienten jenseits von fünfzig Jahren mußte schon weit über die Hälfte ihr Leben mit herausnehmbarem Zahnersatz fristen. Auch diese Ergebnisse stehen in einem krassen Gegensatz zu den immer wieder betonten Aussagen der Spitzenverbände und Standesvertreter deutscher Zahnärzte, sie seien durchweg kompetente Spezialisten. Zum Teil wird von ihnen gar erklärt, daß ihr handwerkliches Tun am Zahn durchaus angeblich Weltniveau erreicht.

Ob alles das, was mit dieser selbstgelobten Kunst zahnärztlicher Eliten in den Mund der Bürger eingebaut wird, berechtigt und notwendig ist, muß allerdings gelegentlich bezweifelt werden dürfen. Die AOK Dortmund ließ als erste Krankenkasse vor längerer Zeit einmal von einem Zahnarzt das Begehren anderer Kollegen überprüfen, ob der Zahnersatz, den sie über die vorgelegten Heil- und Kostenpläne anfertigen wollten, für den entsprechenden Patienten auch wirklich notwendig war. Die entsprechende Begutachtung über die angebliche Notwendigkeit teurer Prothetik zeigte sowohl für die Krankenkasse als auch ihre betroffenen Mitglieder zum Teil einen höchst geldwerten Erfolg: Zahnersatzmaßnahmen wurden von den Zahnärzten zuhauf zurückgenommen und bewirkten prompt eine Einsparung um drei Millionen Mark. Offensichtlich verursachte hier bereits die Bitte des Gutachters an seine Kollegen, die vorgeschlagene Planung beim Zahnersatz doch noch einmal zu überdenken, extrem kostenreduzierend. Die Patienten wurden dann im Ergebnis von den gleichen Zahnärzten nicht so behandelt, daß sie später etwa schlechter kauen konnten. Beutelschneiderei gelingt einigen Zahnärzten ohne Kontrolle eben stets mit der Rechtfertigung, daß ihnen für ihre Patienten eben einfach nichts zu teuer ist.

☞ Wenn Sie vom Zahnarzt mit dem Vorschlag konfrontiert werden, einen oder gleich mehrere Zähne »am besten zu überkronen«, stellen Sie ausführliche Fragen zur wirklichen Notwendigkeit dieser teuren Maßnahme. Natürlich sind Kronen für den langfristigen Zahnerhalt oft unumgänglich. Lassen Sie sich aber nicht von der Größe eines Lochs im Zahn beeindrucken, den ihre Zunge stark vergrößernd »meldet«. Mit den vielfältigen Methoden der Zahnerhaltung können die meisten Zahndefekte funktionell und ästhetisch ausreichend verschlossen werden, durch zahnfarbene und hoch belastungsfähige Kunststoffe sogar meist unsichtbar. Ausreichenden Halt können sie durch kleine, im Bereich fehlender Zahnsubstanz eingebrachte (»parapulpäre«) Stifte erhalten. Überdenken Sie den Rat zur Krone lieber zweimal, und wenn Sie unsicher sind, suchen Sie noch einen zweiten Zahnarzt auf. Glauben Sie nicht, daß sich Zahnprobleme mit der neuen Krone einfach erledigen. Oft genug fangen sie dann erst richtig an.

Selbst wenn Zahnersatz wirklich unumgänglich ist, bestehen fast immer mehrere, besonders vom Preisniveau her unterschiedliche Alternativen. Weil ihnen, aus für »Verkäufer« nachvollziehbaren Gründen, oft nur das Teuerste gut genug erscheint, überreden nicht wenige Zahnärzte ihre Patienten stets zum »Besten«. Manche Patienten merken erst hinterher, wie kostspielig die Inanspruchnahme privater Leistungen bei unverschämten Beutelschneidern unter den Zahnärzten sein können. Ihnen gefällt besonders bei der Lückenversorgung der Gebisse, dem Zahnersatz, stets die aufwendigste Lösung, die aber zum guten Teil privat bezahlt werden muß. Ausschließlich und ausdrücklich zum Wohle der Patientengesundheit natürlich, nicht zu ihrem eigenen. Ein Schelm, wer Hinterhältiges da denkt. Ob der teure Zahnersatz auch wirklich in dieser edlen Ausführung notwendig war, steht in den Sternen. Kontrollieren wollen sich die Zahnärzte nämlich auch in Zukunft am allerliebsten selbst und mit der zunehmenden Privatisierung beim Zahnersatz erst recht. Zahnlücken, die dann entstehen, wenn ein Zahn gezogen wurde, müssen geschlossen werden, soviel steht fest. Allerdings nicht immer sofort, wie den Patienten von allzu übereifrigen Zahnärzten manchmal weisgemacht wird. Weil die Versorgung dieser Lücke für sie ein nicht unerhebliches Honorar nach sich zieht, folgt auf den Eingriff mit der Zange meist sofort ein Heil- und Kostenplan: Die Brücke zum Ersatz des Zahnes soll zügig her. Verunsichert und in Angst versetzt, daß sonst auch die anderen Zähne anfangen sich zu lösen und bald die Prothese winkt, folgen viele Patienten den Anweisungen und reichen den Kostenvoranschlag bei ihrer Kasse ein. Richtig dagegen wäre, wenn erst einmal die endgültige Wundheilung abgewartet werden würde. Dies kann Monate dauern, und nicht selten stellt sich dann heraus, daß der eilig angedachte Zahnersatz entbehrlich ist. Die Zähne sind zusammengerückt und mit dem Gegenkiefer beim Zusammenbiß korrekt verzahnt. Eine Brücke, die das Abschleifen von mindestens noch einem Zahn (oft zwei und mehr) und somit weiteren Zahnsubstanzverlust nach sich zieht, konnte vermieden werden. Anders dagegen, wenn die Lücke größer und durch mehrere fehlende Zähne entstanden ist. Hier ist Zahnersatz deshalb dringend angeraten, weil sonst die Belastung für die restlichen Zähne zu stark und deren Lockerung befürchtet werden kann. Es dürfte aber zu den eher seltenen Ausnahmen gehören, daß Zahnärzte gleich zwei nebeneinander stehende Zähne entfernen müssen.

☞ Manche Zahnärzte neigen dazu, Zähne übereilt als »nicht erhaltungswürdig« einzustufen. Statt sie mit der Zange zu entfernen, wäre es einem anderen Zahnarzt vielleicht gelungen, sie noch zu erhalten. Wenn Sie von Ihrem Zahnarzt selbst einmal vor die Entscheidung einer Zahnentfernung gestellt werden, bedenken Sie, daß als Konsequenz der Zahnentfernung immer eine Lücke bleibt. Vielleicht kann der Zahn durch einen anderen Mediziner noch erhalten werden. Oft gelingt dies besonders kieferchirugischen Fachärzten, die mit verschiedenen zahnerhaltenden Eingriffen Erfolge haben. Die dafür notwendige Routine darf vielen Zahnärzten abgesprochen werden, weil sie chirurgisch nicht fundiert genug ausgebildet wurden. Ein verantwortungsvoller Zahnarzt wird Sie deshalb im Zweifel eventuell noch an einen Kieferchirurgen überweisen. Wenn nicht, suchen Sie ihn doch einfach selber auf. Die Adressen vermitteln die gelben Seiten der Fernsprechbücher.
Wenn der Zahn zweifelsfrei doch entfernt werden muß, lassen Sie sich nicht sofort zu einer Brücke überreden. Die Notwendigkeit steht jetzt vielleicht noch gar nicht fest, und bis zur endgültigen Wundheilung vergehen oft Monate.

Das als Konsequenz der Gesundheitsreformen in der Zahnheilkunde jetzt geltende Festzuschußsystem beim Zahnersatz gewährt jedem Versicherten gesetzlicher Krankenkassen eine notwendige, ausreichende und »wirtschaftliche« Grundversorgung. Wer mehr will, muß deutlich mehr zu seinen neuen Zähnen zahlen. Zwar bleibt der Rechtsanspruch auf vollwertigen Zahnersatz jedem dieser Mitglieder erhalten. Trotzdem werden viele Zahnärzte besonders wegen der höheren Honorare, die bei der Privatbehandlung fällig werden, ihre Patienten massiv zum »besseren Fremdersatz« überreden wollen. Wer angeblich sehr gut kauen und noch schöner aussehen möchte, soll dann zum Festzuschuß nicht unerhebliche Beträge zusätzlich an den Zahnarzt überweisen – auf der Basis der privaten Gebührenordnung für Zahnärzte (GOZ) und zwischen Zahnarzt und Patient frei aushandelbar. Zahnersatz kann so leicht zum Luxusartikel für die werden, bei denen diese Extrasummen das Budget bei weitem überschreitet. Willkürlichen, vor allem teuren Therapievorschlägen und märchenhaften Zusatzrechnungen beim Zahnersatz, die der Patient zum Teil nicht nachvollziehen kann, sind Tür und Tor geöffnet. Auch in der Öffentlichkeit wird dies befürchtet. Selbst die nicht unbetuchte Margarethe Schreinemakers meinte im Schulterschluß mit den Zuschauern 1997 zum Thema: *»Wenn das alles so teuer wird, wenn der Festzuschuß da ist, wenn mein Eigenanteil so hoch wird, wenn dieser Festzuschuß nach zwei Jahren dann auch vielleicht nicht erhöht wird, aber der Zahnarzt verlangen kann, was er will, dann stehe ich natürlich nicht nur arm da, sondern vor allem irgendwann zahnlos . . .«*

Der Gang zum Zahnarzt ist Vertrauenssache. Manche Patienten haben meist aus Angst, aber auch übertriebener Ehrfurcht mehr blindes Vertrauen in die Fähigkeiten arroganter, selbsternannter »Götter in Weiß«, als ihnen aus fachlicher Sicht wirklich zugebilligt werden kann. Die überwiegende Mehrzahl, nach Einschätzung des Münchner Zahnarztes P. Riedel aber immerhin nur gut 63 Prozent seiner Kollegen, beweist in dem täglichen Bemühen um die Zahngesundheit des einzelnen Bürgers natürlich Kompetenz und ausreichende Qualifikation. Andererseits heißt das aber, daß viele Patienten dennoch von 17 Prozent, also fast einem Fünftel aller Zahnärzte, nicht nur unsachgemäß behandelt, sondern dabei auch kräftig übers Ohr gehauen werden. Anders läßt sich das schließlich nicht nennen, wenn man für den Pfusch an seinen Zähnen später auch noch zahlen soll.

Den Vertrauensbonus, mit dem viele Zahnärzte quasi gratis von ihren Patienten bedacht werden, nutzen manche leider schamlos aus. In teils unverständlichem Medizinerjargon und nicht nachprüfbaren Argumenten ihrer empfohlenen teuren Therapie gefallen sie sich nicht selten in der Rolle derer, die das Sagen haben. Mit wechselnder Taktik, denn bei wem es sich nicht »lohnt« ist Kurzzeitbehandlung, das Drei-Minuten-Gespräch und vielleicht noch Händeschütteln angesagt. Besonders die mit privaten Behandlungen liebäugelnden Zahnärzte haben eben nicht Lieschen Müller als Zielgruppe, sondern eher Hobbysegler mit genügend Kleingeld und der S-Klasse vor der Tür. Wer als »normaler« Patient aber den Kassenzahnärzten signalisiert, vielleicht das Sparbuch anzuzapfen und doch in die teure Therapie, die der Doktor vorgeschlagen hatte, einzuwilligen, erlebt mitunter die chamäleonhafte Wandlung des Mediziners: Manch einer kann auf einmal freundlicher werden, als man vorher dachte, und bei mehr Freundlichkeit macht die Angst Vertrauen zum Dentisten Platz. Das weiß auch der Zahnarzt mit Gewinn im Sinn: Je mehr er den lieben »sugardaddy« spielt, *»kann das Vertrauen des Patienten zu seinem Zahnarzt durchaus so groß sein, daß er einfach davon ausgeht, daß ein Behandler ihm seine Zähne funktionell und ästhetisch wiederherstellt«.* (Zahnarzt Dr.Rath in: *Die Zahnarztwoche* 23/95). Hat man sich das Vertrauen des Patienten erst erschlichen, wird der die bittere Pille Honorar schon schlucken (müssen), meint der gleiche Mediziner und ist sich darin sicherlich nicht uneins mit seinen Kollegen: *»Nach unserer GOZ-Gebührensystematik könnten und dürften Sie theoretisch alle Einzelleistungen, die Sie erbracht haben, auch abrechnen – ohne den Patienten zu fragen ... Noch einmal: Sobald der Patient in eine Behandlung eingewilligt hat, dürfen Sie alle Einzelleistungen berechnen und nach ›billigem Ermessen‹ den Faktor innerhalb des Gebührenrahmens bestimmen, gegebenenfalls unter Angabe der Begründung ... Schätzen Sie die Laborkosten hoch genug. Setzen Sie im Heil- und Kostenplan bereits einen höheren Multiplikator an, in der Rechnung können Sie ihn ja absenken, wenn die entsprechenden Leistungen nicht so aufwendig beziehungsweise schwierig waren.«* Was allerdings als »aufwendig« oder »schwierig« zu gelten hat, darüber entscheidet zum Schluß immer noch der Zahnarzt. Die Rechnung »absenken« wird er eher selten, und begründen läßt sich, weil nicht nachvollziehbar, vieles. Manche Dentisten ermitteln die voraussichtlichen Kosten für private Leistungen, beim Zahnersatz und anderswo, bewußt erst einmal freihändig: ihre Gebührennummern mal Pi geteilt durch Daumen sind gleich zu erwartender Rechnungsbetrag. Nach oben offen, denn vielleicht wird die vorgesehene Behandlung ja noch schwieriger als schwierig. Die auf der Rechnung nachgelieferten Begründungen liefert heute jeder zahnärztliche Praxiscomputer: Leistung anklicken und die vorformulierten Argumente ausdrucken lassen, mit denen sich das Honorar nach oben ziehen läßt. Und wenn es nur darum geht, einem ganz normalen zahnärztlichen Eingriff den Anschein des Bedeutsamen zu geben, um den angegangenen Patienten zur sprudelnden Melkkuh machen zu können.

↳ Es soll Zahnärzte geben, bei denen schon das einfache Entfernen von Zahnstein, privat mit dem Patienten vereinbart, nicht unter 500 Mark zu haben ist. Mit der Begründung, diese schon in den unteren klinischen Semestern eines angehenden Zahnarztes geübte Tätigkeit sei bei dem betreffenden Patienten besonders schwierig gewesen, verdienen solche Dentisten bei der privaten Behandlung zum Teil weit über das Zehnfache dessen, was sie für das Zahnsteinentfernen beim Kassenpatient von der gesetzlichen Krankenkasse erhalten hätten. Man kann sich leicht ausmalen, wie überhöht dann erst privat ausgehandelter Zahnersatz von ihnen in Rechnung gestellt werden wird. Mir ist der Fall eines jungen Mannes bekannt, der leider auf den Vorschlag eines Zahnarztes einging, sich alle Zähne überkronen zu lassen, weil er »dann keinen Ärger mehr damit hätte«, wie ihm glaubhaft versichert wurde. Abgesehen davon, daß danach genau das Gegenteil eintrat, verlangte der Doktor für die privat ausgehandelte Be-(Miß-)handlung, bei der der Patient eines großen Teils gesunder Zahnsubstanz beraubt wurde, unter Angabe diverser Begründungen fast 50000 Mark. Vor den Raubzügen solcher Nepper der Branche ist als Patient nur sicher, wer bei der Privatbehandlung Vorsicht walten läßt.

# Zahngold auf Abwegen: Kriminelle Energien

1997 machten Berichte von Firmen Schlagzeilen, die Altgold von Bestattungsunternehmen in Zahlung genommen hatten. Es wurde im Zusammenhang mit der massiven Veräußerung des Edelmetalls der Verdacht laut, daß dieses Gold nur aus den Gebissen und dem Schmuck derer stammen konnten, die von diesen Unternehmen beerdigt worden waren. Die Staatsanwaltschaft ging der Sache nach und fand ihre Vermutung pietätloser Bereicherung an Verstorbenen durch Beerdigungsinstituten zum Teil bestätigt. In jeder Berufssparte gibt es »schwarze Schafe«, die sich mit erheblicher krimineller Energie an anderen bereichern.

Auch Zahnärzte konnten in der Vergangenheit im Zusammenhang mit dem gelblich glänzenden Metall, das sie jährlich gleich tonnenweise in die Gebisse der Bürger installierten, schon von sich reden machen. In den 80er Jahren hatte die Kripo Hamburg zum Beispiel gleich gegen 120 Zahnärzte ermittelt. Neben vielen anderen Straftaten wurden als Ergebnis der umfangreichen Untersuchungen 8 Zahnärzte und 6 Laborbetriebe überführt, Gold auf wundersame Weise »gewaschen«, und Buntmetall in zahnärztliches Edelmetall »verwandelt« zu haben. Billiglegierungen wurden in den Patientenmund eingebaut und den Kassen hochkarätiges Gold verrechnet. Der schlaue Trick blieb deshalb lange unentdeckt, weil die betroffenen Patienten nicht nachprüfen konnten, welche Legierungbestandteile in den fertigen Kronen enthalten waren. Silbrig Schimmerndes kann eine Platinlegierung, aber auch für das laienhafte Auge nicht erkennbares billiges Palladium sein. Außerdem galt als nachgewiesen, daß die später verurteilten zahnärztlichen Betrüger dem Gewicht des verarbeiteten Goldes jeweils zwischen 10 und 30 Prozent zugeschlagen hatten. Im Klartext: Wem eine Brücke mit 12 Gramm Edellegierung in Rechnung gestellt wurde, konnte froh sein, wenn es überhaupt 9 Gramm waren. In gutgehenden Praxen, die Jahr für Jahr etwa 5 Kilogramm Gold verarbeiten, war das immerhin ein leicht verdientes Nebeneinkommen von zwanzigtausend Mark und mehr. Steuerfrei, natürlich.

Jahrelang wurde aber nicht nur den Patienten, sondern auch den Krankenkassen teures und hochkarätiges Edelmetall in Rechnung gestellt, tatsächlich aber Spargold verwendet. Besonders trickreiche Vertreter der dentalen Branche machten sich noch nicht einmal die Mühe, bei den Kronen und Brücken ihrer Patienten den Gehalt des Goldes zu reduzieren, sondern benutzten dafür lieber gleich das billige Palladium. Mit den Goldgeschäften wurden in der zahnhandwerklichen Zunft sogar mit ganz einfachen Tricks Konten frisiert, ohne daß dies jemand merkte. Zahnärzte kauften dafür in nicht unerheblichem Umfang Feingold und ließen sich später den Gegenwert des angeblich angefallenen »Metallabfalls« und Bruchgold von Scheideanstalten und Goldankäufern entweder in bar oder auf ein Nummernkonto bezahlen. Im Schließfach eines Hamburger Dentisten fand die Kripo sogar 6 Kilogramm Gold: als Barren und fein säuberlich geschichtet. Ordnung muß sein. Mit dem Barscheck an der Steuer vorbei kann das durch manche Zahnärzte widerrechtlich angeeignete goldgelbe Metall schnell veräußert werden. Werbende Inserate entsprechender Ankäufer finden sich in zahnärztlicher Zeitschriften, und nicht selten versuchen es die Schnäppchenjäger auch direkt in den zahnärztlichen Praxen. Sie fragen dreist nach altem Zahngold, das den Zahnärzten beim Entfernen alter Brücken und Kronen in die Hände fällt, aber nach Recht und Gesetz eigentlich Eigentum der Patienten bleibt.

Nicht nur in den 80er Jahren manipulierten Zahnärzte, vereinzelt, wie man hoffen darf, mit dem von ihnen verwendeten und begehrten Edelmetallen. Auch heute noch verdient sich so mancher daran noch eine goldene Nase, wie dem *Spiegel* in seiner Ausgabe vom 7. September 1996 zu entnehmen war. Diesmal war die Staatsanwaltschaft gleich hinter drei Dutzend Dentisten und Laboren her, die man des Abrechnungsbetrugs und der Steuerhinterziehung bezichtigte. Da wurde bei der Abrechnung mit dem Zahngold wieder gemogelt und geklüngelt. Die beschuldigten Zahnärzte und Inhaber von dentalen Laboren hatten von den Goldlieferanten nämlich über Jahre zum Teil horrende Rabatte entgegengenommen, sie aber schlicht in ihre Kitteltaschen wandern lassen. Natürlich war ihnen bekannt, daß diese Preisvorteile an die Patienten und Krankenkassen weiterzugeben sind. Manche leugneten diese Kenntnis, andere gaben unter dem Druck der Ermittlungen reuig zu, ihre Patienten erheblich »geschädigt und betrogen« zu haben. Wie war dies möglich? Vertreter von Anbietern zahnärztlicher Goldlegierungen gewähren ihren Abnehmern zum Teil großzügige Nachlässe, wenn bestimmte Mengen abgenommen werden. Angeblich sollen Differenzen bis zu 25 Prozent unter Listenpreis aushandelbar sein. Ein üppiges Geschäft vor allem für jene Dentisten, die ihren Patienten viel Zahnersatz »verordnen« können. Im Hinterkopf das Zauberwort: Rabatt! Zwar sieht die Gebührenordnung für Zahnärzte (GOZ) für die Arztrechnung beim Zahnersatz genaue Angaben bezüglich der verwendeten Legierung, ihres Gewichts und den aktuellen Tagespreis vor, doch wird diese Vorschrift in manchen Zahnarztpraxen entweder »vergessen«, oder schlicht umgangen. Die Patienten können, wenn der Zahnersatz später fest auf ihren Zähnen sitzt, den genauen Goldeinsatz kaum kontrollieren. Zwei, drei Gramm pro Patient »verschwundenes« Metall summieren sich aber für Betrüger schnell auf ein paar Kilogramm im Jahr. Ein jetzt im verdienten Ruhestand befindlicher Zahnarzt vertraute mir selbst sogar an, daß er schon in ähnliche »Schwierigkeiten verwickelt« war. Selbstanzeige und freiwillige Zahlung in sechsstelliger Höhe an das Finanzamt hatten ihn damals angeblich »vor Schlimmerem« bewahrt.

Die Krankenkassen zahlen ihren Patienten zu dem um 30 Mark pro Gramm schwankenden Tagespreis zahnärztlich verwendeter Edelmetalle lediglich einen Zuschuß. Zwischen 9 bis 12 Mark Metallkosten für Kronen oder Brücken werden beim Zahnersatz je Gramm zurückerstattet. Die Deutsche Krankenversicherung (DKV) in Köln beklagt, daß die auf den ersten Blick korrekten Zahnarztrechnungen oft gar nicht bemängelt werden könnten. Welche Rabatte beim Goldeinkauf kassiert würden, wird oft vertuscht und kommt höchstens bei Untersuchungen ans Tageslicht. Die deftigen Bruttopreise der Hersteller liegen zudem nicht selten weit über dem, was das Edelmetall tatsächlich wert ist. Obwohl die Goldpreise an den Börsen der Welt in den letzten

Jahren erheblich nachgaben, zogen die Beträge für dentale Goldlegierungen in Deutschland zum Teil sogar noch an. Selbst Insider wittern üble Abzockerei. *»Rabatte von 9 Mark pro Gramm, meldet die Zeitschrift* Zahn Technik, *seien schwarz auf weiß zu belegen. Bereits ein mittleres Labor mit einem Jahresverbrauch von 20 Kilogramm Legierung könne so ganz nebenbei 180000 Mark wegstecken ... In diesem Jahr, so schätzen Experten, werden wohl mehr als 40000 Kilogramm Gold abgesetzt. Das kostet die Patienten über 1,2 Milliarden Mark, bei üblichen Rabatten von rund neun Mark pro Gramm sind das rund 360 Millionen zuviel. Im Vergleich dazu erscheinen die Schwindeleien im Herzklappenskandal geradezu harmlos.« (Der Spiegel* vom 7. 6. 96)

Es muß davon ausgegangen werden, daß die an diesen Betrügereien beteiligten Zahnärzte und Dentallabore sehr wohl wissen, daß sie damit nicht etwa nur anrüchig, sondern kriminell handeln. Ihnen war und ist bekannt, daß die von den Goldlieferanten gewährten Preisvorteile an die Patienten und Krankenkassen weiterzureichen sind. Leider gelangen den zuständigen Behörden die Goldgaunereien einiger Zahnärzte höchstens zufällig zur Kenntnis. Die Staatsanwaltschaft in Frankfurt am Main machte kürzlich nur aufgrund von Abrechnungsfehlern zwei Zahnlabore in Griechenland aus, die es gar nicht gibt. Für die Ermittler und das Landgericht in Hessen war das Motiv für die damit in Zusammenhang stehenden Abrechnungsbetrügereien der beteiligten Dentisten leicht auszumachen: Die Zahnärzte hätten eine *»erhebliche Gewinnsucht an den Tag gelegt, um sich ein besonders luxuriöses Leben leisten zu können«*, hieß es in der Urteilsbegründung. Sich mit Zahngold finanzielle Vorteile zu verschaffen, ist kriminell und strafbar. Manche Zahnärzte sollten, wenn sie schon das nicht einmal wissen, wenigstens von der Geschichte lernen. Der Verführung des gelben Metalls waren zwar schon die Pharaonen erlegen. Aber das ist der Fluch des Goldes, von dem schon die Alchimisten wußten: Wer es zusammenrafft, dem entzieht es sich. Fast immer.

☞ Bestehen Sie auf die Herausgabe des Altgoldes aus Ihrem Mund, wenn eine Krone oder Brücke erneuert werden muß. Schenken Sie es nicht dem Zahnarzt, denn Gold ist Geld. Sie können damit nicht reich werden, aber ein paar Mark erhalten Sie

zum Beispiel in kleinen Schmuckgeschäften doch dafür. Lassen Sie sich vom Zahnarzt außerdem das genaue Metallgewicht des neuen Zahnersatzes mitteilen, netto und ohne Verblendungen. Sie erhalten von Ihrer Krankenkasse nur einen Bruchteil der Goldkosten rückerstattet und haben den »Löwenanteil« selbst zu tragen. Da kann es sich mitunter lohnen, den Tagesankaufspreis zu kennen und bis auf eine Stelle nach dem Komma beim Gewicht Kontrolle auszuüben.
Lassen Sie sich den Produktnamen der bei ihrem neuen Zahnersatz verwendeten Goldlegierung nennen und sich zum Schutz vor späteren allergischen Reaktionen über deren Bestandteile aufklären. Die Angabe »Bio-Gold« oder »biokompatibles Metall« sollte Ihnen schon deshalb nicht genügen, weil auf dem dentalen Goldmarkt derzeit über 1000 verschiedene Legierungen von zum Teil dubiosen Anbietern gehandelt und von Zahnärzten auch verwendet werden.

# Doktor, ich bin doch kein Pferd: Ästhetik von Zahnersatz

Das Streben nach gutem Aussehen und schönen Zähnen gilt heute nicht mehr nur als pure Eitelkeit. Es ist auch nicht das Vorrecht der Reichen und Prominenten. »Hollywood-Zähne«, die das Aussehen natürlicher Zähne perfekt imitieren, gibt es heute nicht nur in Hollywood. Sie sind mit den Möglichkeiten moderner Zahntechnik eigentlich von jedem Zahnarzt zu verwirklichen.

Leider gelingt vielen Zahnärzten aber die ästhetisch perfekte Ausführung der Kronen, Brücken und Prothesen mitunter äußerst mangelhaft. Viele Bürger durften schon bei Bekannten, Kollegen oder nahen Verwandten die schlechten zahnärztlichen Ergebnisse »neuer Zähne«, die sowohl entstellen als auch jedes Schöne vermissen lassen, schweigend und verwundert zur Kenntnis nehmen. Wenn Patienten an einen Zahnarzt geraten sind, dem das Aussehen seiner Patienten egal zu sein scheint, sind deren Kronen nicht selten zu dick, entsprechen nicht der natürlichen anatomischen Zahnform, passen nicht zum Typ oder sind in der Farbe falsch und unnatürlich leblos. Ein ungezwungenes Lachen wird mit den zum Teil monströsen Zahnimitationen, die den Stempel ungewollter Häßlichkeit tragen, später entweder unterlassen, mit vorgehaltener Hand vorgenommen und manchmal auch zum Alptraum für den mißhandelten Besitzer.

Dabei hält nach Umfragen jeder zweite Deutsche gutes Aussehen für einen Erfolgsfaktor. Die Bereitschaft der Bürger, für ein strahlendes Lächeln, das, wenn es nötig wird, eben nur mit einem optimal restauriertem Gebiß gelingt, Geld auszugeben, ist vorhanden. Darauf ist auch der boomende Absatz »weißmachender« Zahnpasten, die vom amerikanischen Markt zu uns herüberschwappen, zurückzuführen. Es bedeutet: Möglichst helle und natürlich aussehende

Zähne auch beim Zahnersatz haben für die meisten einen hohen Stellenwert. Wer möchte nicht eventuell schiefstehende, vergilbte und besonders die beim Sprechen und Lachen nicht zu übersehenden Front- und Schneidezähne in neuem Glanz erstrahlen lassen? Helle Zähne haben in einer Zeit, in der man sich gern zeigt, einen Touch von Jugend, Frische und für manche sogar Verführerisches. Den Wunsch nach schönen Zähnen sollte jeder Zahnarzt bei der Restauration stets berücksichtigen, ja sich als Anwalt von Ästhetik begreifen. Hervorragende Materialien stehen zur Verfügung. Keramiktechniken, mit denen Kronen weiß verblendet werden, sind längst den Kinderschuhen entwachsen und machen perfekte Ergebnisse beim Zahnersatz möglich. Viele könnten nach der Korrektur besser aussehen als zuvor, wenn Karies, Zahnentfernungen oder Unfälle handwerkliche Perfektion erfordern. Dieser hohe Anspruch macht die konstruktive und intensive Teamarbeit zwischen Zahnarzt und Zahnlabor dringend erforderlich, um zu herausragenden Zahnrestaurationen bei allen Patienten zu kommen.

Bei der Anfertigung von Zahnersatz wird aber leider oft geschludert und gepfuscht. Das beginnt mit dem Abschleifen der Zähne und endet mit dem Überstülpen solcher Kronen, die eher an Bonbons als an Zähne erinnern. Manche Zahnärzte sehen offenbar ihre Arbeit damit erledigt, Abdrücke der zugeschliffenen Zahnsubstanz zu nehmen und die Farbe der späteren Zähne willkürlich so festzulegen, wie die Sehstärke es erlaubt oder das Farbempfinden zuläßt. Provisorien werden dann oft von der Helferin gemacht, die darin meist ungenügend ausgebildet ist. Besonders deshalb müssen Patienten die Zeit bis zur Fertigstellung des Zahnersatzes mit grauenhaften Plastikzähnen »überbrücken«. Aber auch die endgültigen und fertigen Kronen, auf die der Patient so lange so sehr hoffte, sehen manchmal nicht viel besser aus. Wie ist zu erklären, daß die »neuen Zähne« schon oft in der Farbe gar nicht stimmen, die Form zu groß oder zu klein geraten ist? Wieso wandert der so vom Labor gelieferte und schlecht aussehende Zahnersatz nicht prompt zur Nachbesserung zurück, schon aus ästhetischen Gründen? Und wieso werden solche entstellenden Restaurationen sehr oft am Patienten schnell und unentfernbar mit Zement befestigt? Viele Fallstricke für Patienten, einfache Erklärungen.

Fallstrick Nummer eins: Manche Zahnärzte versuchen, so viel Leistungen wie möglich in kurzer Zeit zu erbringen. Sie müßten ihre Arbeit eigentlich entschleunigen, um zu besseren Ergebnissen zu kommen. Sie müßten erkennen, daß gutes Handwerk immer Ruhe im Detail und Zeit erfordert.

Fallstrick Nummer zwei: Die Zahnformen der späteren Kronen legt der Zahnarzt gern allein fest. Sie sollten aber mit einem anwesenden Zahntechniker besprochen werden, idealerweise vor dem Beschleifen der Zähne durch den Zahnarzt. Bei dieser Gelegenheit muß auch der Patient zu Wort kommen und sich dahingehend äußern dürfen, wie er sich seine »neuen Zähne« vorstellt. Sollen sie vielleicht etwas vorstehen, zurückstehen, heller oder dunkler sein? Schließlich muß und will er sie später gerne tragen und mit dem Aussehen sehr zufrieden sein. Die Anwesenheit eines versierten Keramik-Zahntechnikers vor oder spätestens während der Zahnpräparation ist unentbehrlich für den Zahnarzt, der ästhetisch perfekten Zahnersatz eingliedern will. Nicht nur, weil vier Augen bekanntlich mehr sehen als zwei, der Umgang mit Keramik setzt viel Erfahrung voraus, die der Zahnarzt oft gar nicht haben kann. Er hat meist nie gelernt, Keramikkronen selber herzustellen, und von den komplizierten Arbeitsgängen bis zur Fertigstellung dieser Kronen oft nur eine vage Vorstellung. Was liegt näher, als den Fachmann anzufordern, der als Spezialist die Dinge beurteilen kann? Individuelles, kompetentes Wissen mit hinzuzuziehen ist unbedingt erforderlich.

Fallstrick Nummer drei: Die Farbe verblendeter Kronen und Brükken läßt oft viele Wünsche offen, sie paßt selten zu den eigenen Zähnen. Dabei können gerade Keramikkronen mit einer lebendigen Lichtdynamik brillieren, die dem komplexen Farbspiel von Zahnschmelz und den darunterliegenden Zahngeweben entspricht und absolut natürlich wirken. Am Tage, im Scheinwerferlicht der Disco oder bei öffentlichen Auftritten. Dies gilt auch für metallfreien Zahnersatz, der in der modernen Zahnheilkunde als glasfaserverstärktes Gewebe Einzug hält und durch natürliches Aussehen imponiert. Die optimale, individuelle Farbbestimmung späteren Zahnersatzes macht die enge Kooperation zwischen Zahntechniker und Zahnarzt dringend erforderlich. Aus der Ferne und nur an Hand von Abdrücken beschliffener Zähne kann selbst einem qualifizierten Zahntechniker, der den Patienten aber nie gesehen hat, natürlich aussehender Zahnersatz nur selten gelingen. Wenn doch, ist meistens Glück im Spiel. Dieser Auffassung von Perfektion kann nur der qualitätsbewußte Zahnarzt folgen, der seinen Beruf mit dem ständigen Bemühen um das jeweils optimal Erreichbare ausübt. Er ist ganz sicher anzutreffen, wenn auch nicht an jeder Ecke. Wer Zahnersatz benötigt, sollte sich umhören und auf die Suche nach dem Spezialisten machen. Mittelmaß im Aussehen braucht bei den Zähnen heute niemand hinzunehmen.

☞ Besonders wenn Kronen angefertigt werden, die man später »schon von weitem« sehen kann (Frontzähne!), bitten Sie den Zahnarzt, daß zur Farb- und Formbestimmung Ihrer neuen Kronen ein qualifizierter Zahntechniker anwesend ist – bei der Behandlung, in der die Zähne vom Zahnarzt beschliffen werden, spätestens aber bei der Anprobe der Kronen oder Brücken. Diese Forderung ist für jeden um Perfektion bemühten Zahnarzt ein Muß, und er wird sich eher freuen, wenn Sie ihn daran erinnern. Aber auch wenn nicht, verlangen Sie es einfach, und überlassen Sie die von Ihnen gewünschte Ästhetik weder dem Zahnarzt allein noch dem Zufall. Teilen Sie dem Zahnarzt bereits schon vor dem Eingriff mit, welche Vorstellungen Sie haben, und bitten Sie auch den Zahntechniker, die gewünschte individuelle Lösung zu verwirklichen. Genormte Zähne gibt es genauso wenig wie auch nur zwei Menschen mit exakt übereinstimmenden Zähnen in Form und Farbe. Erwarten Sie deshalb Ihre »persönlichen« Kronen oder anderen Zahnersatz, ja fordern Sie ihn ein. Zähne, die Ihnen aber nicht gefallen, lehnen Sie doch besser ab. Oder würden Sie ein Kleid oder einen Anzug kaufen, der Ihnen nicht gefällt?

Fallstrick Nummer vier: Zahnersatz wird oft, auch wenn er zunächst »paßt« und optisch gut gefällt, zu schnell auf den Zähnen befestigt. Dazu besteht kein ernsthafter Grund. Die Kronen lassen sich danach nämlich nicht mehr ohne weiteres entfernen und höchstens noch durch Einschleifen im Munde korrigieren. Patienten kommen oft in froher Erwartung zu der Behandlung, in der die neuen Kronen,

Brücken und anderer Zahnersatz fertig sind. Dabei können sie in der Zahnarztliege meistens gar nicht genau feststellen, ob die »neuen Zähne« nicht noch irgendwo stören oder Beschwerden beim Kauen verursachen. Schließlich werden von den meisten Zahnärzten im Behandlungszimmer nicht wirklich alle möglichen Bewegungen des Unterkiefers erfaßt, und die Folge sind rasch auftretende Beschwerden. Jeder Zahnersatz sollte deshalb, wenn möglich, vorerst provisorisch eingesetzt werden. Das endgültige Zementieren der Kronen auf die Zähne kann dann, völlige Schmerzfreiheit vorausgesetzt, nach einer kurzen Eingewöhnungszeit von etwa einer Woche erfolgen. Diese »Probezeit« hat für den Patienten mit neuem Zahnersatz einen großen Vorteil: zu Hause stellt sich beim Essen und Zusammenbeißen über mehrere Tage schnell heraus, ob damit wirklich alles in bester Ordnung ist. Wenn nicht, wird zwar ein weiterer Gang zum Zahnarzt fällig, aber der Behandler hat dann die Möglichkeit, die Kronen noch einmal zu entfernen und außerhalb des Mundes im Labor korrigieren zu lassen. Leider kennt der Zahnarztalltag mitunter aber auch ganz andere Vorgehensweisen. Zahnersatz wird, wenn er fertig ist, im Mund zusammengeschliffen, bis er »paßt«, und dann in Schnellimbißmentalität befestigt. Da diese Art der Behandlung wegen der noch sehr empfindlichen Zähne zum Teil äußerst schmerzhaft ist, verlangen viele Patienten auch dabei eine Spritze. Besonders Kronen, die unter dem Einfluß der »Betäubung« auf die Zahnstümpfe zementiert werden, lassen Patienten aber jede Kontrolle vermissen, »ob damit alles stimmt«. Dies bestätigt sogar ein Urteil des Landgerichts Mönchengladbach:

☞ In dem Urteil zugrundeliegenden Fall war wegen der Schmerzen beim Einpassen des Zahnersatzes vom Zahnarzt örtlich betäubt worden. Unter dem Einfluß der Betäubung kann der Unterkiefer aber meist nicht mehr in der gewünschten Position fixiert werden. Auch nach Auffassung der Richter müssen dem Patienten daher einige Tage zur Eingewöhnung eingeräumt werden, bevor der Zahnersatz endgültig festzementiert wird. Erst dies ermöglicht dem zuständigen Zahnarzt, notwendig werdende Korrekturen auch im nachhinein noch durchführen zu können und unnötige Schmerzen für Patienten als auch Kosten zu vermeiden. Ein optimaler Sitz der Kronen konnte also in diesem Fall nicht vorausgesetzt werden. Dem betroffenen Patienten wurde ein Schmerzensgeld in Höhe von 1500 Mark zuerkannt (Landgericht Mönchengladbach Az.: 10 O/88).

☞ Lassen Sie sich neu angefertigten Zahnersatz unter keinen Umständen sofort nach dessen Fertigstellung fest einsetzen, mit oder ohne Betäubung, auch wenn der Zahnarzt meint, daß alles in bester Ordnung ist. Bitten Sie ihn vorerst um die provisorische Befestigung mit Pasten, die jedem Zahnarzt zur Verfügung stehen. Wenn Sie ihm dann nach einer weiteren Woche den völlig beschwerdefreien Sitz seiner Arbeit melden, um so besser: einer endgültigen, definitiven Befestigung steht dann nichts im Wege, und Sie können sicher sein, daß der Zahnersatz auch später funktionell »paßt«. Stellen sich aber zu Hause entweder Beschwerden ein oder »es stört etwas« oder der Zahnersatz gefällt Ihnen vom Aussehen nicht, können Sie den Zahnarzt bitten, so lange nachzubessern, bis Sie wirklich zufrieden sind. Das »neue Aussehen« können Sie schließlich nur zu Hause ganz in Ruhe prüfen und nicht durch einen flüchtigen Blick in den vom Zahnarzt vorgehaltenen Handspiegel. Sie bezahlen für den Zahnersatz, und deshalb ist es Ihr gutes Recht, die Zähne zu bekommen, die Ihnen auch wirklich gefallen.

Oft sind Kronen, wenn Sie vom Labor kommen, geringfügig zu hoch, und die Zähne werden beim Zusammenbeißen als zu lang empfunden. Sie müssen dann vom Zahnarzt eingeschliffen werden. Dadurch wird bei den keramikverblendeten Kronen die empfindliche Glasur verletzt. Sie bleibt dann für immer rauh, wenn die Oberflächen dieser nachbearbeiteten Kronen nicht noch einmal im Labor »versiegelt« werden und im Ofen neuen Glanz erhalten. Auf rauhen Kronen bleiben später Speisereste kleben. Das nervt, ist unhygienisch und verursacht möglicherweise neue Karies.

Fallstrick Nummer fünf: Aus Bequemlichkeit oder anderen, nicht nachvollziehbaren Gründen belassen manche Zahnärzte unter neuen Kronen, aber auch den Inlays, einfach altes Amalgam. Dadurch geraten »unedles« Amalgam und hochgoldhaltige Edelmetallegierungen in intensiven und dauerhaften Kontakt. Als unmittelbare Folge dieser zahnärztlichen Fehlleistung kommt es unter Vermittlung des Speichels zu einem stetigen Ausgleich verschiedener Spannungspotentiale: Ein Strom fließt. Die Intensität dieses Elektronenflusses ist zwar gering und wie bei Niedervoltspannungen nicht ohne weiteres spürbar, aber trotzdem nachzuweisen. Dadurch hervorgerufene Krankheitsbilder sind nicht genügend erforscht. Amalgame, die unter hochgoldhaltigen Zahnrestaurationen belassen wurden, sind später röntgenologisch oft nicht darzustellen, weil sie vom Metall der Kronen »überblendet« werden. Diese Nachlässigkeit, die schon an Körperverletzung grenzt, ist, wenn sie klammheimlich begangen wurde, meist nur nach Entfernung der Kronen durch einen anderen (verdutzten?) Zahnarzt zu bemerken.

☞ Lassen Sie aus Ihrem Mund kein Elektrizitätswerk mit nicht absehbaren Folgen für Ihre Gesundheit machen. Bestehen Sie auf die zahnärztliche Versicherung, daß eventuell vorhandene Amalgamreste aus alten Füllungen beschliffener Zähne wirklich restlos entfernt wurden. Auch eine Goldkrone, die in unmittelbaren Kontakt zu benachbarten oder gegenüberliegenden Amalgamfüllungen gerät, hat den gleichen, strominduzierenden Effekt. Stellen Sie sicher, daß dies nicht der Fall ist, und lassen Sie diese Amalgamfüllungen nötigenfalls gegen solche aus Kunststoff wechseln.

Wenn Mängel an neu angefertigtem Zahnersatz auftreten, haben Patienten Rechte, diese einzuklagen. Den wenigsten ist bekannt, daß viele Zahnärzte dafür über einen Zeitraum von zwei Jahren Garantien übernehmen. Das Bundesgesundheitsministerium betont begründend, die Haltbarkeitsdauer von Zahnersatz müsse bei mindestens zwei Jahren liegen, in der Regel jedoch weit darüber. Der Zahnarzt muß die in diesem Zeitraum auftretenden Mängel eventuell auf seine Kosten beheben oder, wenn dies nicht möglich ist, Zahnersatz sogar neu anfertigen. Diese Verpflichtung gilt für ihn natürlich nur dann, wenn er die Mängel zu vertreten hat. Beschädigte Prothesen, die auf den Boden oder in den Ausguß gefallen sind, gehören sicherlich nicht dazu. Platzt aber innerhalb von zwei Jahren schon Keramik von den Kronen oder brechen Zähne aus Prothesen, darf auf unzulässige Materialermüdung oder statische Fehler schon bei der Planung des Zahnersatzes geschlossen werden.

☞ Notieren Sie den Tag, an dem neuer Zahnersatz vom Zahnarzt eingegliedert wurde. Treten innerhalb von zwei Jahren danach Mängel auf, die zu berechtigten Beschwerden der Funktion oder Ästhetik Anlaß geben und die nicht durch Sie verschuldet wurden, haben Sie Anspruch auf kostenfreie Nachbesserung. Wenn Sie mit dem Ergebnis nicht zufrieden sind, sogar auf Neuanfertigung. Das Bundesgesundheitsministerium betonte in einer Presseerklärung vom Januar 1998, daß Kronen und Brücken nach seiner Einschätzung eine durchschnittliche Haltbarkeit von 15 Jahren und mehr hätten. Abgeplatzte oder gerissene Keramikverblendungen von Kronen oder Brücken lassen sich nicht reparieren oder nur mit nicht hinnehmbaren Kompromissen. Keramik wird schließlich im Ofen gebrannt und geht keine wirklich zufriedenstellende dauerhafte, geflickte Verbindung mit anderen zahnärztlichen Werkstoffen ein. Weigert sich der Zahnarzt, seiner Garantieverpflichtung nachzukommen, sprechen Sie darüber mit Ihrer Krankenkasse, wenden Sie sich an Patientenschutz-Vereine oder richten Ihre berechtigte Beschwerde direkt an die zuständigen Zahnärztekammern. Sie werden das Nötige veranlassen, damit Sie zu Ihrem Recht kommen.

# Zahnärztliche Legierungen: Metalle als Falle?

In letzter Zeit sind in der Öffentlichkeit auch Themen diskutiert worden, die aus zahnärztlichen Legierungen möglicherweise resultierende Nebenwirkungen betreffen. Bei den dentalen Werkstoffen wird dabei immer lauter und zu Recht der Nachweis ihrer unbedenklichen Verträglichkeit gefordert. Insbesondere ist in den Medien auch über das Für und Wider bestimmter Legierungszusätze beim Zahnersatz, die bei einigen Patienten vielleicht unterschiedlichste Krankheitsbilder verursachen, heftig gestritten worden.

Unverträglichkeiten besonders gegenüber zahnärztlichen Metallen werden von einer wachsenden Zahl gesundheitsbewußter Bürger immer häufiger vermutet. Ein Grund für die zu beobachtende Verunsicherung dem Zahnarzt und seinen vielfältigen Materialien gegenüber ist auch die Vielfalt der auf dem Markt erhältlichen Metalllegierungen. Derzeit sind es weit über 1000 mit unterschiedlichen Namen angebotene Produkte. Verschärft wird die Problematik auch durch die nicht mehr überschaubare Zahl von mehr als einhundert zum Teil kleinen Anbietern, die in vielen Fällen sogar ohne den Nachweis einer besonderen Qualifikation Legierungen zur Verwendung durch den Zahnarzt auf den Markt gebracht haben.

Die Liste vermuteter Nebenwirkungen von Stoffen, die der Zahnarzt den Patienten in den Mund einbringt, ist lang. Jene, die sich durch Zahnersatz vermeintlich geschädigt fühlen, klagen über dauernde Entzündungen am Zahnfleisch, allergische Hautreaktionen, Haarausfall, Müdigkeit und Schlappheit, die bis zur völligen Erschöpfung führt. Nicht selten kommt es nach dem Eingliedern von Kronen, Brücken und Prothesen durch den Zahnarzt auch zur Beeinträchtigung des Geschmackssinns: Dem Essen soll ein ständig lästiger Metallgeschmack anhaften. Müssen die Leute damit weiterleben, wenn deren Schnitzel streng nach »Eisen« schmeckt? Patienten, die goldreduzierte Zahnlegierungen in den Mund bekamen, berichteten auch über Darmreaktionen.

Aus werkstoffkundlicher Sicht kommt der Korrosion metallischer Legierungen eine besondere Bedeutung zu. Aus stark korrodierenden Metallen können sich kleinste Teilchen lösen und in ständige Wechselwirkung mit der Mundschleimhaut treten. Das kann fatale gesundheitliche Folgen für die Betroffenen nach sich ziehen, ohne daß der Grund zunächst beim Zahnersatz vermutet wurde. Korrosionsbeständigkeit ist aus heutiger Sicht daher als entscheidend für die Bioverträglichkeit zahnärztlich verwendeter Legierungen anzusehen. In diesen Legierungen sind neben Gold, Silber und Platinmetallen (Platin, Palladium, Iridium, Rhodium, Ruthenium) aber auch unedle Metallbestandteile wie Eisen, Kupfer, Zink und Zinn enthalten. Werkstoffkundler und Hersteller dentaler Legierungen sind in einer Zwickmühle: Palladiumfreie Goldlegierungen wären im Sinne der Biokompabilität zum menschlichen Organismus zwar wünschenswert, weisen aber eine Reihe von Nachteilen auf. Palladium ist für viele Menschen allergieauslösend. Von daher könnte man es in dentalen Legierungen ja einfach weglassen. Es erhöht aber die Härte und mechanische Festigkeit von metallhaltigem Zahnersatz und ist daher unumgänglich. Welchem Patient würde es schließlich nutzen, auf einer weichen Krone zu beißen, die sich (ohne Zusatz von Palladium) schon nach wenigen Tagen verformt? Zink würde als Ersatz da helfen, aber dieses Element neigt zu verstärkter Korrosion mit der Abgabe entsprechender Ionen in das Gewebe. Für korrosionsbeständige dentale Legierungen scheint die Anwesenheit von Palladium (und Zinn) also unumgänglich.

Die individuelle biologische Verträglichkeit zahnärztlicher Metalllegierungen läßt sich durch Tests überprüfen. Der am häufigsten angewendete klinische Test ist dabei der durch die Hautärzte durchgeführte Epikutan-Test. Zu diesem Zweck werden verschiedene Metalle oder deren Salze auf die Haut gebracht und deren Reaktionen abgewartet. Um sicherzugehen und Spätreaktionen nicht zu verpassen, sollten diese Stoffe etwa 14 Tage auf der Haut verbleiben. Kommt es an der betreffenden Stelle eines in der Legierung enthaltenen Stoffes nicht zu einer Reaktion (z. B. Hautrötung, Jucken), ist davon auszugehen, daß dieser Bestandteil einer bestimmten Legierung bei dieser Person keine Nebenwirkungen hervorruft und gut vertragen wird.

Einige Zahnärzte setzen sich mit der Tatsache möglicher Gefahren, die von ihren Materialien ausgehen sollen, nur ungenügend oder gar nicht auseinander. Sie bringen die diesbezüglichen und berechtigten Sorgen ihrer Patienten mit ihrem angeblich übersteigerten Gesundheitsbewußtsein in Verbindung. Manche Dentisten interessiert auch recht wenig, welche Bestandteile in den von ihnen verwendeten Legierungen beim Zahnersatz genau enthalten sind. Ich bin sicher, die meisten wissen es gar nicht. Wie man dermaßen arrogant körperfremde Materialien installiert, ohne über die Zusammensetzung aufzuklären, ja selbst informiert zu sein, bleibt rätselhaft. Auch Zahnärzte sollten eigentlich über hinreichende Kenntnisse der physikalischen und chemischen Eigenschaften der von ihnen verwendeten Stoffe verfügen. Ihnen sollten Begriffe wie Mundbeständigkeit, Allergie und Unverträglichkeit geläufig sein, da sie sowohl in Werkstoffkunde als auch Biochemie, Physiologie und Hautkunde unterrichtet wurden. Nur in seltenen Fällen erfolgt an ihren Patienten allerdings ein Nachweis über die Wirkung einzelner Bestandteile der von ihnen angewendeten Stoffe, besonders auch beim Zahnersatz. Es dürfte zu den Ausnahmen gehören, daß Patienten vor dem Einbringen von Metallen in den Mund überhaupt nach bekannten oder möglichen Unverträglichkeiten und Allergien befragt werden. Gesundheitliche Gefahren und Bedenken der Behandelten entweder zu übergehen oder zu verniedlichen, hat für einige Zahnärzte möglicherweise gute Gründe. Zum einen macht es Arbeit, die ihnen ihrer Meinung nach keiner bezahlt. Andererseits sollen vielleicht auch über Jahre gut »funktionierende Beziehungen« zu den Dentallabors und Goldlieferanten nicht unnötig belastet werden. Die Inhaber dieser Labors und auch Zahnärzte selbst kaufen von ihnen favorisierte Edelmetalle schließlich nicht in kleinen Portionen, sondern zum Teil in großen Mengen an. Sie erhalten dafür von den Lieferanten, das ist bekannt, großzügige Rabatte, die »irgendwie« oft in die eigenen Taschen wandern. Für manche Zahnärzte fallen da am Jahresende nicht gerade schlappe Sümmchen extra ab, denn sie werden in hartem Wettbewerb von in- und ausländischen Laboren umworben. Rabatte, Skonti und umsatzbezogene Zugaben sollen Formen der möglichen Zuwendung sein. Die Höhe dieser verlockenden Zusatzeinkommen kann sich dabei, aufs Jahr betrachtet, schon mal dem jährlichen Durchschnittseinkommen des Bundesbürgers nähern. Welcher der betroffenen Dentisten fragt bei solch »engen Beziehungen« zu seinem freundlichen Labor oder dem netten Goldlieferanten für das eigene Praxislabor noch nach der Zusammensetzung der Materialien? Die Beschäftigung mit dieser Frage scheint ihnen wohl eher sekundär.

☞ Patienten sollten vom Zahnarzt einen Nachweis über den genauen Inhalt der verwendeten Metallegierungen erwarten dürfen. Dies geschieht jedoch selten und oft nur auf kritische Anfragen hin. Wenn Zahnersatz angefertigt werden soll, und Sie allergisch gegen bestimmte Metalle sind, geben Sie dies dem Zahnarzt rechtzeitig bekannt. Lassen Sie sich schriftlich bestätigen, daß die fertige Arbeit keines der für Sie gefährlichen Stoffe enthält, denn später läßt sich das kaum noch überprüfen. Die per Handschlag versicherte Unbedenklichkeit des Zahnarztes, der angeblich nur »Bio-Metalle« verwendet, ist jedenfalls keine Garantie. Vielleicht ist Allergie für Sie ein Fremdwort und allergene Reaktionen unbekannt. Allergien haben in den letzten Jahren allerdings rapide zugenommen. Interessieren Sie sich schon deshalb für den genauen Inhalt der vom Zahnarzt in Ihren Körper eingebrachte Materialien, und sollte es nur eine Krone sein. Wenn Sie im Zweifel über deren dauernde Verträglichkeit sind, konsultieren Sie vor dem Befestigen von Zahnersatz noch einen Hautarzt, der zur endgültigen Klärung einen Epikutan-Test macht. Nehmen sie die Liste der vom Zahnarzt verwendeten Stoffe und deren genaue Zusammensetzung dorthin mit.

Als gutes Beispiel ist zum Beispiel die Firma Heraeus Kulzer, auch Lieferant dentaler Edelmetalle, vorangegangen. Sie stellt dem Zahnarzt auf Verlangen einen Patientenpaß, die sogenannte *Heracard*, zur Verfügung, die Aufschluß über die genaue prozentuale Verteilung der in der Legierung enthaltenen Bestandteile gibt. Sie soll dem Patienten ausgehändigt werden. Eine Anforderung dieses Nachweises macht natürlich nur dann Sinn, wenn der Zahnarzt Legierungen dieser Firma anfordert und beim Zahnersatz zum Einsatz bringt.

Die gängige Praxis der Kronen- und Brückentechnik setzt in der technischen Herstellung fast immer ein Metallgerüst voraus, das dann entweder mit keramischen Massen oder mit Kunststoffen verblendet wird. Neueste Entwicklungen machen beim festsitzenden Zahnersatz jedoch den völligen Verzicht von Metallen möglich. Damit wurde versucht, der Forderung von Patienten nach höherer Gewebeverträglichkeit zahnärztlicher Werkstoffe bei den Kronen und Brücken Rechnung zu tragen. Festsitzender Zahnersatz kann heute aus glasfaserverstärktem Kunststoffgewebe angefertigt werden (zum Beispiel *Targis Vectris*). Es vereint die Vorteile mechanischer Festigkeit, hoher Ästhetik und Gewebeverträglichkeit. In rationellem Vorgehen kann damit metallfreier und paßgenauer Zahnersatz realisiert werden. Aus werkstoffkundlicher Sicht bestehen keine Einschränkungen für die im Mund auftretenden Kaukräfte, weder im Front- noch im Seitenzahnbereich. Auch die Ästhetik von Glasfasergerüsten ist nach der Meinung von Prof. Körber, Lehrstuhlinhaber des Universitätsklinikums Kiel, als herausragend zu bezeichnen.

☞ Wenn durch einen Hauttest bestätigt oder schon vorher bekannt ist, daß Sie auf einzelne Bestandteile der vom Zahnarzt verwendeten Metalle mit Unverträglichkeiten oder sogar Allergien reagieren, bietet sich als brauchbare klinische Alternative die Herstellung von Kronen und Brücken aus Glasfasergeweben an (System Vectris, Kunststoff Targis). Fragen Sie Ihren Zahnarzt auch dann danach, wenn Sie Metalle im Mund vermeiden möchten oder andere Bedenken haben. Einige Zahnärzte verwenden ausschließlich Metalle beim Zahnersatz und favorisieren meistens Goldlegierungen. Nach neuesten Untersuchungen und den Zahnmedizinische Mitteilungen 17/96 konnten mit Targis Vectris versorgte Patienten jedoch über eine erstaunlich harmonische Angleichung zu den eigenen Zähnen, uneingeschränktes Kauvermögen und eine auffallend kurze Eingewöhnungszeit der Kronen und Brücken von nur 15 Minuten berichten. Es darf vermutet werden, daß dieser glasfaserverstärkte Zahnersatz wegen der eingesparten Metallkosten sogar erheblich preiswerter sein dürfte als entsprechende Gerüste aus Goldlegierungen.

Das Beschleifen der Zähne zur Aufnahme von Kronen und Brücken stellt für jeden Patienten sicherlich eine hohe psychische Belastung und damit einen mehr als lästigen Gang zum Zahnarzt dar. Viele meinen, daß die Zähne dabei spitz zugeschliffen und auf den Querschnitt von Streichhölzern gestutzt werden. Manche sprechen gar nach der Überkronung nicht mehr von den eigenen Zähnen. Dies alles stimmt natürlich so nicht, und jeder verantwortungsvolle Zahnarzt wird versuchen, so viel Zahnsubstanz wie möglich zu schonen. Kronen und Brücken sind bei wirklich ausgedehnten Zahndefekten und großen Lücken sicher notwendig, um Kauvermögen und Ästhetik langfristig zu gewährleisten. Andererseits werden den Patienten nach meiner Auffassung zum Teil übereilt »Kronen« verordnet, obwohl die beschliffenen Zähne vielleicht noch mit Füllungen aus hochwertigen Kunststoffen zu erhalten gewesen wären. Die vermuteten Gründe sind schon angesprochen worden. Metallfrei und substanzschonend können vom geübten Zahnarzt auch ausgedehnte kariöse Defekte an den Frontzähnen rekonstruiert werden. Dazu werden die betreffenden Zähne nur auf ihrer Vorderseite beschliffen und mit hauchdünnen Keramikschalen, sogenannten *Veneers*, überzogen. Dauerhaft verfärbungsfrei. Diese, Kronen auf den Frontzähnen vermeidende zahnärztliche Leistung muß allerdings privat bezahlt werden. Eine Bezuschussung durch gesetzliche Krankenkassen ist ausgeschlossen.

☞ Sichtbare Kronen sind oft häßlich, entstellend und wirken künstlich. Das hat seine Ursache auch im verwendeten Metall, auf das nur hauchdünn Keramik gebrannt werden kann. Fragen Sie den Zahnarzt, wenn Frontzähne überkront werden sollen, nach metallfreien Veneers, mit denen hervorragende optische Ergebnisse erzielt werden können. Vielleicht entspricht es auch Ihrem eigenen Wunsch, kleinere Lücken, Verfärbungen und minimale Fehlstellungen im Bereich der Frontzähne zu korrigieren. Dies könnte sich trotz hoher Kosten für Sie lohnen. Strahlendes und natürlich wirkendes Lächeln ist damit oft eher zu verwirklichen als mit entsprechenden Kronen. Wenn Sie an einen Fachmann geraten. Auch Veneers sollten Sie nur dann in Erwägung ziehen, wenn die Zähne »vorne« nicht mehr dauerhaft und optisch ansprechend mit Füllungen aus zahnfarbenen Kunststoffen zu reparieren sind. Versuchen Sie, ganz allgemein gesagt, jede Krone, egal, auf welchem Zahn, so lange wie möglich hinauszuschieben. Sie sparen damit nicht nur Geld, sondern vor allem eigene Zahnsubstanz.

# DIE RECHNUNGEN

Die Deutschen zahlen zuviel an den Zahnarzt, das vermuten nach Durchsicht ihrer Rechnungen jedenfalls viele Patienten. Daß die zahnärztlichen Honorare nun aber sinken werden, darauf darf allerdings nicht gehofft und spekuliert werden, im Gegenteil. Das Abrechnungsverhältnis zwischen Zahnarzt und Patient hat durch das 2. Neuordnungsgesetz (NOG) zur gesetzlichen Krankenversicherung beim Zahnersatz sogar noch eine neue Bedeutung erlangt: Seit dem Juli 1997 kann jeder gesetzlich Versicherte auf dem Wege der Kostenerstattung beim Zahnarzt vom Kassen- zum Privatpatient avancieren. Wenn die Zahnärzte wirklich alle Möglichkeiten des Gesetzes nutzen, werden auch ehemals konsumfaule Patienten hin und wieder ihr Portemonnaie auf der Behandlungsliege weiter öffnen müssen, als ihnen eigentlich lieb ist. Zahnersatz wird teurer, und auch quecksilberfreie Füllungen macht der Zahnarzt nicht »umsonst« und nur auf Kassenkosten. Vor möglichen Raubzügen geldgieriger Dentisten ist dabei niemand mehr so richtig sicher, wird in der Bevölkerung gemunkelt, denn im Rahmen privater Vereinbarungen kann der Zahnarzt nun jede Behandlung auch nach der teureren privaten Gebührenordnung (GOZ) abrechnen. Gesetzlich versicherte Chipkarten-Patienten haben zwar auf dem Wege der Kostenerstattung, wenn ihnen die Sachleistungen ihrer Kassen nicht genügen, einen finanziellen Anspruch. Der erstattungsfähige Betrag deckt allerdings nur die Summe, die der Abrechnung zahnärztlicher Leistungen »auf Chipkarte«, also dem früheren Krankenschein, entspricht. Darüber hinausgehende zahnärztliche Leistungen, die nicht im Leistungskatalog der gesetzlichen Versicherungen enthalten sind, müssen bei Inanspruchnahme zusätzlich vom Patienten an den Zahnarzt entrichtet werden. Daher nimmt auch die Zahl derer, denen heimischer Zahnersatz zu teuer geworden ist, ständig zu. Viele ehemals ihrem Zahnarzt treuen Patienten verbinden einen Badeurlaub in Ungarn oder die Stadtbesichtigung in Polen mit der Zahnbehandlung zu erschwinglicheren Preisen. Dieser »Prothesen-Tourismus« im kleinen Grenzverkehr könnte sich noch erheblich ausweiten, wenn die Neuregelungen in Seehofers Reformgesetzen erst einmal voll durchschlagen. In Ungarn nehmen Zahnärzte zwischen 40 und 50 Mark für eine Krone, die in Deutschland mindestens 500 Mark kostet und in der Qualität durchaus Westniveau erreicht. Die deutschen Zahnarztfunktionäre macht diese Entwicklung nicht gerade glücklich, denn von den Patienten jenseits der Grenzen erworbener Zahnersatz verringert zunehmend die Pfründe der zahnärztlichen Brüder. Die Sorgen hätten andere gern, die nicht zu den Spitzenverdienern zählen. Manche Patienten können sich deutschen Zahnersatz schlicht nicht mehr leisten, bei dem nicht etwa Preisnachlässe gewährt, sondern eher noch private Sonderzahlungen erwartet werden.

Natürlich bleiben alle Kassenzahnärzte, die über ihre Vertreter Verträge mit den gesetzlichen Krankenkassen abgeschlossen haben, um die Zahngesundheit der Bürger zu gewährleisten, zur Behandlung verpflichtet. Sie müssen Kassenpatienten sogar zuzahlungsfrei, allerdings nur mit dem »Notwendigen«, und »wirtschaftlich« versorgen. So lautet ihr Anspruch, und das ist, zumindest auf dem Papier, klar festgelegt. Nicht selten ist jedoch rücksichtlose Geschäftemacherei auf dem Rücken der Patienten in den Zahnarztpraxen zum Alltag geworden. Schließlich ist die Liquidation zahnärztlicher Tätigkeiten nach der privaten Gebührenordnung wesentlich lukrativer für die Dentisten, die sich früher mit Kassensätzen begnügen mußten, für die der Patient nicht zuzahlt. Wer bei dem Begehren nach höherer Honorierung vieler Eingriffe der Zahnärzte aber abwinkt, den wird er nicht selten ohnmächtig spüren lassen, was medizinisch notwendige Zahnbehandlung heißt und meint. Dies läßt sich nur ändern, und dann aber schneller als gedacht, wenn zusätzliches Honorar in die Kitteltasche kommt. Dann kann auch schon eine besondere Wärme in den Worten vieler Zahnärzte bei der Behandlung mitschwingen, die mit einem warmen Schmelz von Vertrautheit vorgetragen wird. Besonders wenn der Patient Sonderhonorar signalisiert, tritt so mancher Behandler als ein bis in die letzte Faser seines Mundwerks trainierter »Verkäufer« in Aktion: Er redet und taktiert so lange, bis er den vor sich liegenden Laien von der Notwendigkeit freiwilliger, zusätzlicher Vergütungsvereinbarungen und seiner enormen Fachkompetenz überzeugt hat. Wer dagegen abblockt und hohe Preise moniert, sieht sich mitunter schnell enttäuscht vom netten Doktor. Nicht wenige Zahnärzte fahren dann ihre Behandlungsbereitschaft zügig gegen Null zurück.

Die Marketingboys der dentalen Branche haben versucht, ihre Hausaufgaben gründlich zu machen und die Zahnärzte gegen alle möglichen, vor allem finanziellen Einwände von Patienten gewappnet. Manche Patienten fragen nach billigeren Honoraren oder Preisnachlässen, ein auch beim Erbringen von Dienstleistungen nicht unübliches Begehren. Beim Zahnarzt wird dieser Versuch zur unerhörten Dreistigkeit erklärt, der mit aller gebotenen Entschiedenheit begegnet werden soll. Nachzulesen im kleinen »Brevier zur Abwehr unsachlicher Einwände . . .« in *Die Zahnarztwoche* 16/97 für den Zahnarzt, dem etwas »so Unerfreuliches« widerfährt: *‚Wenn Ihr Patient derartige Dreistigkeiten schildert, sollten Sie gut vorbereitet reagieren . . . Entweder man spart am Material (dessen Zusammensetzung dann nicht mehr genau definiert werden kann), oder die Ästhetik wird vernachlässigt, oder man läßt . . . Qualitätssicherung einfach weg.«* Wenn es um Geld geht, kennt so mancher Zahnarzt eben kein Pardon. Der Wille des Hippokrates zur Gleichbehandlung muß hintanstehen, wahrscheinlich ist er einigen Dentisten irgendwie verlorengegangen. Wäre doch gelacht, wenn sich der zu erwartende Geldregen und das Geschäft mit Zahnersatz und Inlays der oberen Preisklasse nicht realisieren ließe! Konsumfaule Patienten stören bei diesem Denken nur, und auch angesichts dieser Praktiken ist es kein Wunder, wenn Zahnärzte zum Teil recht unbeliebt geworden sind. Es muß in diesem Zusammenhang betont werden, daß Kassenpatienten, die gegenüber den privat Versicherten die überwältigende Mehrheit des Zahnarztklientels ausmachen, zu keiner Zeit zu einer Behandlung mit privaten Vereinbarungen gezwungen werden können. Trotzdem sollen sie immer wieder dazu »ermutigt« werden, wie einer Empfehlung an die Zahnärzte in *Die Zahnarztwoche* 30–31/97 zu entnehmen ist: *‚Frage: Sollte man den Kassenpatienten ermutigen, die Kostenerstattung zu wählen? Antwort: Ja . . . Wünscht der Patient ein höheres Leistungsspektrum als auf Kasse . . . sollte mit* *ihm über die Kostenerstattungsmöglichkeit ausführlich gesprochen werden.«* Wer aus Sicht vieler Zahnärzte als Patient bisher geglaubt hat, es ginge bei ihnen schlicht nur um Behandlung, der ist gut beraten, rasch umzudenken: Es geht vor allem um Verkauf. Die Dentisten bringen zunehmend auch gängige Verkäufertricks in das Gespräch mit den Patienten ein und versuchen rasch, ein hohes Maß an Vertrauen aufzubauen. Viele können die zum Teil halbwahren Argumente des Zahnarztes »für die bessere Zahnversorgung« ohnehin schlecht durchschauen, besonders dann, wenn er mit schwerverständlichen Fachbegriffen um sich wirft. Einige Patienten kommen sich dann regelrecht als Idiot vor, wenn sie auf seine vom Marketing her wohl durchdachten Therapiepläne nicht eingehen.

Die schöne neue Zahnarztwelt, in der so manche Praxis zum besseren Verkauf als schnuckliger Ort hergerichtet wurde, behandelt denn auch die Selbstzahler, Zuzahler und Nebenbeizahler am allerliebsten. Besonders durch sie steigen die Zahnarztpraxen zu profitablen Unternehmen mit satten Gewinnen auf. Vor dem Gewinn kommt aber erst einmal die Rechnung. Da wollen Zahnärzte manchmal nicht so ganz genau verraten, wo die Kosten herkommen. Einige lassen nicht ohne Grund den Patienten gern im Dunkeln stehen und lieben die Geheimniskrämerei. In der Hoffnung, daß die zum Teil überhöhten Rechnungen akzeptiert werden, wie vermutet werden muß. Jeder Patient, der vom Zahnarzt aber eine Rechnung kriegt, sollte wissen, daß § 305 des Sozialgesetzbuches den Dentisten eine sogenannte »Behandlungskosten-Mitteilungsverpflichtung« vorschreibt, aus der eine detaillierte Aufstellung aller Gebühren resultiert. Die Behandelten müssen also im Sinne von Transparenz auf Wunsch über alle entstandenen Kosten ihrer Zahnbehandlung informiert werden. Dies immer einzufordern, scheint auch dringend notwendig, denn »Unregelmäßigkeiten« bei der Rechnungsstellung ärztlicher Leistungen waren schon in der Vergangenheit keine Seltenheit. Sie sind es heute nicht und auch nicht bei den Zahnärzten.

Das angesehene Wirtschaftsmagazin *Capital* hat in seiner Ausgabe vom Juni 1997, in der auch der Frage nachgegangen wurde, ob Ärzte bei den Kosten mogeln, umfangreich recherchiert und kam zum Teil zu verblüffenden Ergebnissen, die mancher Leser vielleicht so nicht für möglich gehalten hätte: *»Das deutsche Gesundheitswe-*

*sen ist voller Wunder. Für einen Allgemeinarzt aus Berlin hatte der Tag im vergangenen Jahr 25,2 Stunden – soviel Praxisdienst rechnete er jedenfalls in den ersten beiden Quartalen 1996 gegenüber seiner Kassenärztlichen Vereinigung ab . . . Diese Beispiele zeigen, wie Ärzte in Deutschland betrügen und verschwenden . . . Machen die Ärzte also das Gesundheitswesen kaputt? Ja und nein. Sicher rechnet ein Teil der Ärzte falsch ab, erbringt überflüssige Leistungen und therapiert Patienten doppelt und dreifach . . .«* Abrechnungsbetrügereien sind unter Medizinern nicht auf den Einzelfall begrenzt und werden von einigen eher als Kavaliersdelikt betrachtet. Zwölf Prozent befragter Ärzte gaben dies sogar zu und anonym zu Protokoll, daß sie häufig bei den Kassen Leistungen abrechnen, die sie gar nicht erbracht haben. Immerhin 30 Prozent der Mediziner betrügen »gelegentlich«, wenn sich die Gelegenheit ergibt. Wer als privat Versicherter oder Zuzahler eine solche Praxis betritt, muß also auf der Hut sein, wenn er nicht weit überhöhte Rechnungen begleichen und dem kessen Griff nach seinem Portemonnaie tatenlos zuschauen will. Patienten müssen den Arzt ganz offenbar selbst kontrollieren, um bei der Inanspruchnahme notwendiger medizinischer Leistungen nicht ausgeplündert zu werden. Das Verbrauchermagazin *Quintessenz* unterstrich im Sommer genau diese Vermutung. Die Redaktion ließ verschiedene Personen mit genau denselben Krankheitsheitszeichen in zwölf Arztpraxen untersuchen. Bei korrekter Abrechnung hätte die Behandlung etwa 200 Mark kosten dürfen. Tatsächlich aber zogen die Ärzte den Testpersonen zum Teil bis zu 600 Mark mehr ab als erlaubt. Angesichts dieser Ergebnisse muß vor allem jedem gesetzlich versicherten Patienten geraten werden, sich vor der Unterschrift unter Vereinbarungen der Zahnärzte, sich zusätzlich privat behandeln zu lassen, ausreichend über die finanziellen Konsequenzen zu informieren. Aber auch die Kontrolle der späteren Rechnung kann mitunter viel Geld einsparen helfen. Wenn bei der Kostenaufstellung Patienten etwas nicht verstehen oder Zweifel haben, ist der Zahnarzt nämlich immer zur Begründung verpflichtet. Manchmal entstehen ja Fehler auch ungewollt. Deshalb kommen die meisten Dentisten der berechtigten Nachfrage ihrer Patienten bei etwas überhöht scheinenden Gebühren sicher gerne nach. Die Hand, die einen füttert, beißt man schließlich nicht.

# Saftige Honorare: »Der Preis ist heiß«

Der Gang zum Zahnarzt ist für viele spürbar teurer geworden. Seit standardisierte Festzuschüsse das früher geltende System der Krankenkassen, einen prozentualen Anteil zu den Kosten des Zahnersatzes zu leisten, abgelöst haben, müssen manche Patienten ihr Sparkonto gehörig anzapfen, wenn sie neue Zähne brauchen. Zahnärztliche Rechnungen sind vor dem Erhalt des Festzuschusses zum Zahnersatz zudem in voller Höhe erst beim Zahnarzt zu begleichen. Dabei können Zuzahlungen, die aus der privaten Gebührenordnung herrühren, an ihn dann entstehen, wenn Zahnersatz das Maß einer »zweckmäßigen und wirtschaftlichen« zahnärztlichen Versorgung übersteigt und darüber hinausgehende Behandlungen schriftlich vereinbart werden.

Wer zum Beispiel eine Krone oder Brücke nötig hat, bekommt von der Krankenkasse auch im sichtbaren Bereich nur die Verblendung aus Kunststoff bezahlt. Sie verfärbt sich auf Dauer und neigt zu Abplatzungen. Die Differenz zur wesentlich teureren Keramikverblendung, die farbecht bleibt, muß aus eigener Tasche an den Zahnarzt bezahlt werden.

Das Prinzip der Zuzahlung bei gewünschtem höherem Komfort und besserer Ästhetik läßt sich auf alle von den Kassen durch die Festzuschüsse getragenen Grundversorgungen beim Zahnersatz anwenden. Patienten haben auch nur dann einen Anspruch auf den Festzuschuß für neue Zähne, wenn vor dem Beginn der eigentlichen Behandlung vom Zahnarzt ein Heil- und Kostenplan an die Krankenkasse gerichtet wurde, der ihrer Genehmigung bedarf. Bei positivem

Bescheid werden alle zahnärztlichen Leistungen, die das Maß des Notwendigen beim Zahnersatz überschreiten, nach der privaten Gebührenordnung der Zahnärzte (GOZ) berechnet. Das haben ältere Patienten nun davon, daß viele von ihnen mehr als dreißig Jahre in die Krankenkasse einbezahlt hatten.

↳ Nach hinreichender Aufklärung durch den Zahnarzt wird ihnen mitgeteilt, daß zum Ersatz der fehlenden Zähne eine Teilprothese angezeigt ist und festsitzender Zahnersatz nicht mehr in Frage kommt. Der Festzuschuß, den Sie dafür von der Krankenkasse erhalten können, reicht unter Umständen gerade für eine »Klammerprothese«, die sich mit gegossenen Drähten an den Restzähnen befestigt. Nur: Diese Prothese sieht wegen ihrer Machart häßlich aus, ist aber aus dem Blickwinkel der Kassen zweckmäßig und wirtschaftlich, denn damit läßt sich auch kauen. Wenn eine derartige Lösung für Sie nicht in Frage kommt, und Sie sich für ästhetischeren Zahnersatz »ohne Klammern und Drähte« entscheiden, müssen die entstehenden Mehrkosten an den Zahnarzt bezahlt werden.

↳ Seit Jahren haben Sie auf einigen Frontzähnen im Oberkiefer Kronen, die erneuert werden müssen. Die Ränder dieser Kronen liegen zum Teil nicht mehr dicht am Zahn, und an den freiliegenden Zahnhälsen hat sich sogar Karies gebildet. Da Ihnen die Kronen vom Aussehen sowieso noch nie gefallen haben, stimmen Sie der notwendigen Anfertigung neuer Kronen zu. Die werden von der Kasse allerdings nur noch mit Verblendungen aus Kunststoff bezuschußt. Wenn Sie Keramik haben wollen, werden Sie an den Zahnarzt zusätzliches Honorar entrichten müssen, das von ihm »privat« berechnet wird.

Es gibt aber auch eine ganze Reihe zahnärztlicher Leistungen, die von den gesetzlichen Krankenkassen überhaupt nicht mit einem Zuschuß bedacht werden, sie sind von der Erstattung ausgeschlossen. Dies betrifft alle selbstgewollten Behandlungen zum Zahnersatz ohne Notwendigkeit und auf eigenen Wunsch. Auch Implantate und aufwendige, teure Inlays zahlt die Kasse im Regelfall nicht. Trotzdem können diese »Behandlungen auf Verlangen« natürlich vom Zahnarzt dann erbracht werden, wenn Patienten dies ausdrücklich wünschen und davon in Kenntnis gesetzt wurden, daß sie das Zahnarzthonorar auch allein bezahlen müssen. Zwischen Zahnarzt und Patient kann auch eine von der privaten Gebührenordnung abweichende Vergütung nach oben hin vereinbart werden. Solche als »Abdingungen« bezeichneten Verträge kosten den Zahnarzt viel Überzeugungschweiß, denn die meisten Patienten winken mit Blick in ihr Portemonnaie bei der Beutelschneiderei dankend ab. Abdingungen als Willenserklärungen der Patienten, sich außerhalb der bestehenden Vorschriften der privaten Gebührenordnung zu astronomischen Gebühren behandeln zu lassen, müssen von den Umgarnten unterzeichnet werden. Derlei Schriftstücke dürfen per Vorschrift auch ausdrücklich nicht der Feststellung entbehren, daß eine Erstattung durch die Kassen keinesfalls gewährleistet ist. Sie sind sonst unwirksam. Nicht abdingbar ist auch die schriftliche Begründungspflicht des Zahnarztes, warum er im Einzelfall ganz bestimmte seiner Leistungen höher als in der Regel bewertet sehen möchte, und in welchem Umfang dies geschehen soll. Dies wurde ihm vom Gesetzgeber deshalb zur Beachtung aufgegeben, damit der zuzahlungspflichtige Patient überhaupt die Dimension der auf ihn zukommenden Belastung erkennen und ihr zustimmen kann.

Die Zahnbehandlung gesetzlich versicherter Patienten blieb früher bis auf wenige Ausnahmen auf den sogenannten BEMA-Katalog begrenzt, der die erstattungsfähigen zahnärztlichen Leistungen der gesetzlichen Krankenkassen zum Inhalt hat. Neben der sogenannten Sachleistungsregelung können alle in der GKV Versicherten aber jetzt auch die sogenannte Kostenerstattung beim Zahnarzt anwählen, in deren Rahmen die Abrechnung auf der Basis der privaten Gebührenordnung erfolgt. Bisher war dieser Weg allein nur den freiwillig Versicherten vorbehalten. Das Kernstück dieser Gebührenordnung (GOZ) beinhaltet einen Gebührenrahmen, der vom Einfachsatz bis zu einem sogenannten Höchstsatz reicht. Je nach Schwierigkeit, Zeitaufwand und Besonderheit der zahnärztlichen Leistung steht dem Zahnarzt damit ein Recheninstrument zur Verfügung, das ihm nach Bedarf unterschiedliche Bewertungen seiner Tätigkeiten erlaubt. Dabei ist ihm die Steigerung von Gebührenpreisen bis zum Dreieinhalbfachen (Höchstsatz) möglich, und zwar ohne

Abdingung, vorherige Information und nach »billigem Ermessen«. Wie manche Zahnärzte mit Multiplikatoren so lange herumjonglieren, bis die Summe »paßt«, zeigt das folgende Beispiel eines nordrheinischen Zahnarztes, der 1996 folgende Abrechnungskapriolen zum besten gab und zur Nachahmung an seine Kollegen empfahl: *»Ein Patient hat eine akute Karies, ich mache Injektionen . . ., appliziere eine beruhigende Einlage mit einem Deckverschluß . . . Ich weiß aus Erfahrung, so etwas dauert, wenn es nicht allzu schwierig ist, 20 Minuten. Für diesen Zeiteinsatz brauche ich in meiner Praxis 175 DM . . . Es wäre natürlich Unsinn, für jede einzelne Position . . . einen besonderen Steigerungsfaktor zu vereinbaren. Deshalb vereinbare ich immer nur die herausragende Position. Das wäre hier die Caries profunda. Nach der GOZ kämen 113,53 dafür heraus. Diese Position muß aber 175 DM bringen. Die Differenz zwischen dem GOZ-Satz und dem Notwendigen beträgt 61,47 DM. Folglich vereinbare ich den abweichenden Steigerungsfaktor für die GOZ-Nr. 233. Diese hat eine Mindestgebühr von 12,10 DM. Der 3,5fache Satz wäre 42,35 DM. Auf den schlage ich die Differenz zwischen dem Erforderlichen und dem GOZ-Rahmen auf, das sind 61,47 DM – das ergibt zusammen einen Betrag von 103,82 DM. Dieser Betrag dividiert durch den Mindestsatz der Position 233, also durch 12,10 DM, ergibt 8,81. Das bedeutet, daß ich für die GOZ-Nr. 233 einen Steigerungsfaktor von 9fach vereinbaren muß. Dann weiß ich, ich liege richtig . . .«* (»Vergütungsvereinbarung mit dem Patienten« in: DZW 1–2/96).

Daß der Zahnarzt an seinem hier vorgeführten Rechenexempel die neunfache Gebühr verlangen durfte, ist eine unmittelbare Folge von mit Patienten vereinbarten »Abdingungen«, bei denen der sonst geltende maximale Steigerungssatz von 3,5 der einfachen Gebühr schwindelerregende Höhen annehmen kann. Das Zwölffache der Einfachgebühr ist bei dem sich auf Raubzug befindenden Zahnarzt dann keine Seltenheit, besonders wenn bei den Behandelten Vermögen oder hohe Einkommen gewittert werden. Wegen der saftigen Honorare, die dem Zahnarzt winken, werden solche Vergütungsvereinbarungen (Abdingungen) von ihm natürlich gerne abgeschlossen. Für alle Behandlungen, bei denen eine Abdingung als besondere Vergütung nicht vereinbart wurde, gilt für den Zahnarzt die Vorschrift seiner eigenen Gebührenordnung: Er hat sich bei der Berechnung des Honorars auf das Dreieinhalbfache der einfachen Gebühr zu beschränken. Für alle nach der Gebührenordnung für Zahnärzte (GOZ) berechneten Leistungen mit mittlerer Schwierigkeit und durchschnittlichem Zeitaufwand hat sich der Zahnarzt an den sogenannten mittleren Gebührensatz (Regelspanne) zu halten. Er bewegt sich in einem Intervall vom einfachen bis zum 2,3fachen Gebührensatz und darf weder schematisch bei allen Leistungen verlangt noch ohne nachzuvollziehende Begründung bis zum 3,5fachen überschritten werden. Gebühren, die der Zahnarzt privat nach GOZ berechnet, müssen von ihm nach »billigem Ermessen« bestimmt werden, so lautet die Vorschrift. Dies macht eine jeweils individuelle Beurteilung einzelner Leistungen sowie abgestufte Gebühren erforderlich. Nicht selten sehen Patienten, mit denen Privatbehandlung vereinbart wurde, auf ihren Rechnungen später Gebührenpositionen, die sämtlich mit dem Multiplikator 2,3 versehen wurden. Derartige Rechnungen dürfen zurückgewiesen werden, da eine Abstufung der Honorarbemessung nicht gegeben ist. Über den Gebührensatz 2,3 bis zum Dreieinhalbfachen (3,5) hinausgehende Bewertungen zahnärztlicher Leistungen müssen dem Patienten durch Begründung deutlich machen, warum sich die Behandlung an diesem Punkt von den üblicherweise vorliegenden Umständen deutlich unterschieden hat. Standardbegründungen, wie »Schwieriger Behandlungsfall« oder »Erhöhter Zeitaufwand« werden von Zahnärzten zwar gern herangezogen, sind aber als genauso unzureichend anzusehen wie andere, abstrakt formulierte Begründungen ohne konkreten Hintergrund. Sie dürfen von Patienten zu Recht moniert und in Zweifel gezogen werden.

☞ Für private Behandlungen, deren zahnärztliches Honorar nach der Gebührenordnung für Zahnärzte berechnet wird, ist Ihr schriftliches Einverständnis erforderlich. Es soll dokumentieren, daß Sie mit Extrazahlungen an den Zahnarzt für Eingriffe, die Ihre Krankenkasse nicht übernimmt, einverstanden sind. Nach der Inanspruchnahme solcher Leistungen müssen Sie allerdings nicht hinnehmen, daß auf der späteren Rechnung die aufgeführten Gebührennummern der GOZ durchweg mit dem Multiplikator 2,3 (Regelspanne) versehen wurden. Über die Regelspanne hinausreichende Steigerungen der Gebühren bis zum 3,5fachen machen stichhaltige und nachvollziehbare Begründungen erforderlich. Dies sind Vorschriften der privaten Gebührenordnung für

Zahnärzte. Bleiben Sie unerfüllt, haben Sie das Recht, derart ausgestellte Rechnungen zurückzuweisen. Sollte keine Einigung mit dem Zahnarzt möglich sein, dürfen Sie sich unter Umständen weit zurücklehnen, denn Ihre berechtigten Argumente halten mit hoher Sicherheit auch vor den Gerichten stand. Diesbezüglich klagende Zahnärzte müßten sich vom Richter nämlich fragen lassen, ob ihnen die Bestimmungen der eigenen Gebührenordnung überhaupt geläufig sind. Am Ende müßten Sie vielleicht gar keine Zahlung leisten: Durch mangelhaft ausgestellte Rechnungen kann man auch nicht in Verzug geraten.

☞ Manche Zahnärzte jonglieren gern mit Multiplikatoren auf der Rechnung nach Privatbehandlung. Deren Gültigkeit sollten Sie stets auf ihre Berechtigung hin überprüfen, denn überhöhte Honorare braucht niemand klaglos hinzunehmen. Hüten Sie sich vor dem Abschluß zusätzlicher Honorarvereinbarungen, die dem Zahnarzt die Liquidation von ihm erbrachter Leistungen über das 3,5fache hinaus erlauben und die Preise explodieren lassen. Bevor Sie irgendwelche Vereinbarungen gegenzeichnen, prüfen Sie deren Inhalt genau, und wenn Sie etwas nicht verstanden haben, fragen Sie danach. Als gesetzlich Versicherter brauchen Sie ohne schriftliche Einwilligung zur Privatbehandlung nie etwas an den Zahnarzt zusätzlich zahlen.

# Vorsicht Inkasso: Verkaufte Rechnungen

Die Ausübung ihres medizinischen Berufes verstehen einige Zahnärzte, die sich eigentlich als Anwalt der menschlichen Würde begreifen und zum Helfen berufen fühlen sollten, immer öfter als ein Rechenexempel. Ihre Bemühungen sind eine Wiederkehr des immer gleichen. Sie münden zuallererst in strategischen Überlegungen, wie mit den Patienten Zusatzleistungen zur Erhöhung des Honorars vereinbart werden könnten. Manche Dentisten verfolgen dabei stets die gleiche Doppelstrategie: Unermüdlich wird betont, daß der in privater Behandlung entstehende Zahnersatz dem Träger später besonders viel Freude machen wird und daß einem für das Wohl der Patienten nichts zu teuer sein darf. Bei näherem Hinsehen entpuppt sich der vermeintlich gutgemeinte Wunsch jedoch als marktstrategischer Trick, der das gekonnte Ausplündern der Patienten nur mühsam kaschieren kann. Die Mittel dazu haben sie bei ihren größtenteils unwissenden Klienten, die kaum eine Ahnung vom zahnärztlich Machbaren haben, allemal. Entweder bilden sie sich in verkaufstaktischen Fragen weiter oder lassen alles wie gehabt, Zahnarzt und Patient sind jedenfalls oft ein höchst ungleich gestelltes Paar. Patienten sind aber auf die Hilfe der Dentisten dringend angewiesen, denn der Bohrer für daheim wurde noch nicht erfunden, und was die Zahnärzte können, können eben nur die Zahnärzte.

Bei der Rechnungslegung zahnärztlicher Leistungen gaben die Strategen zahnärztlichen Marketings unterdessen die Parole aus, daß verspätet eingehende Zahlungen der Patienten den Dentisten nur schaden könne – und zwar nicht nur wegen entgangener Zinsen, sondern auch vom allgemeinen Risiko her. Man wisse ja nie so genau, wie es um die Bonität des einzelnen wirklich bestellt sei. Um

Verzögerungen beim Anwachsen der Gewinne zu vermeiden, ist es bei vielen Zahnärzten üblich geworden, Patientenrechnungen an sogenannte Abrechnungsgesellschaften weiterzuverkaufen. Nicht nur gelegentlich widerspricht dies allerdings geltendem Recht, nämlich dann, wenn Patienten dazu ihre Zustimmung versagen. Denn, so lautet die Vorschrift, Rechnungen aus privater Behandlung müssen vom Mediziner direkt an den Patienten gerichtet sein. Patienten sollen aber dem Zahnarzt gerade bei dieser »wichtigen Angelegenheit« nicht reinreden dürfen, und so wird diese Weisung oft klammheimlich übergangen. Ohne daß manche ahnen, welchen genauen Grund dies hat, finden Sie Rechnungen in ihren Briefkästen, die nicht vom Zahnarzt abgeschickt wurden. Die Absender, zum Teil auch Inkassofirmen, stellen sich vielmehr als im Auftrag handelnd und zum Erhalt von Geld berechtigt vor. Das Geld, daß der betreffende Zahnarzt von ihnen schon bereits nach ein paar Tagen nach Zustellung seiner an sie weitergereichten Forderungen per Verrechnungsscheck erhalten hat: zur Gutschrift auf sein Konto. Die vom Zahnarzt in Anspruch genommenen Abrechnungsunternehmen, auch Verrechnungsstellen genannt, bieten ihm, quasi als Gegenleistung seiner Nettigkeit, die spätere »Betreuung« seiner verkauften Rechnung an. Nachdem sie sich selbst einen kleinen Betrag genehmigen, der dem Zahnarzt abgezogen wird, übernehmen diese auch unter dem Begriff Factoring arbeitenden Firmen dann die gesamte weitere Abwicklung der Forderung. Der Service reicht von den Patienten eventuell bewilligten Teilzahlungen plus Zinsen, über Mahnungen bis hin, wenn nötig, auch zum Mahnbescheid. Die Beitreibung dieser Forderungen ist dann allerdings nicht ganz einfach, wenn Patienten weder dem »Verkauf« ihrer Rechnungen noch der Weitergabe ihrer personenbezogenen Daten zugestimmt haben. Genaugenommen ist sie sogar unmöglich, und manche Abrechnungsgesellschaft hat schon schnell aufgegeben, wenn der geschädigte Patient mit einem Anwalt droht und vielleicht persönlich an den Zahnarzt zahlen will. Leider merken die meisten erst zu spät, daß sie die Dummen sind, besonders dann, wenn wegen des Rechnungsbetrages Zank mit Herrn Doktor ins Haus steht. Rückfragen bei dem rechnungsankaufenden Unternehmen können von deren Mitarbeitern oft nur unzureichend geklärt werden, da der Zahnarzt ja die genaue Höhe seines Honorars festlegte. Durch den Verkauf seiner Rechnung, die eigentlich an den Behandelten direkt gerichtet werden soll, ist der Zahnarzt aber rechtlich dann nicht mehr Inhaber seiner Forderung. Dies besonders dann, wenn der betreffende Patient dem gewollten Ansinnen zum Verkauf des Rechnungsbetrages zugestimmt hat. Diese Tatsache muß besondere Erwähnung finden, weil hieraus gravierende Folgen resultieren können. Bei Mängelrügen innerhalb der dem Zahnarzt vorgeschriebenen zweijährigen Garantiefristen ist der Behandler in einem streitigen gerichtlichen Verfahren nämlich nur noch Zeuge und nicht Kläger. Dies dürfte Patienten unter Umständen zum Nachteil gereichen, besonders wenn sie anwaltlich nicht vertreten sind. Zu betonen aber ist nochmals, daß der Verkauf von Patientenrechnungen dann unwirksam ist, wenn deren Zustimmung dazu nicht gegeben wurde. Jeder Mediziner, und da darf der Zahnarzt nicht ausgenommen sein, unterliegt der Schweigepflicht ihm anvertrauter fremder Geheimnisse. Die Offenbarung dieser vertraulich zu behandelnden Mitteilungen ohne ausdrückliche Erlaubnis der Patienten ist sogar unter Strafe gestellt. Der Patient erwartet schließlich bei seinem Arztbesuch ein Umfeld anzutreffen, das seine Würde respektiert, und andererseits muß er vertrauensvoll über seine Probleme reden können. Er muß sicher sein, daß die Informationen, die der Zahnarzt von ihm erhält, zum einen in die Therapie einfließen und zum anderen an keinen unbefugten Dritten weitergegeben werden. Deshalb versuchen Zahnärzte oft bereits vor der Behandlung, an die begehrte Unterschrift von Vereinbarungen mit dem Patienten zu kommen, die sie von der ärztlichen Schweigepflicht entbinden und die eine Zustimmung zur späteren Abtretung entstehender Zahlungsforderungen dokumentiert. Es muß ausdrücklich davor gewarnt werden, diese Unterschriften übereilt oder gar gedankenlos zu leisten, denn Patienten sind sich der entstehenden Rechtsfolgen oft nicht bewußt. Dritte, die Forderung beitreibende Firmen, können wohl kaum beurteilen, ob die Behandlung wirklich abgeschlossen ist und die Rechnungslegung unter diesem Gesichtspunkt überhaupt gerechtfertigt scheint.

☞ Lesen Sie die Ihnen eventuell vom Zahnarzt vorgelegte Einverständniserklärung zur Weitergabe Ihrer Daten, mit der Sie den

Mediziner von der ärztlichen Schweigepflicht entbinden und mit dem Verkauf von Forderungen aus der Privatbehandlung einverstanden sein sollen, genau. Prüfen Sie, ob dies nicht etwa Nachteile für Sie haben könnte, denn ein für Sie daraus entstehender Vorteil ist sowieso nicht erkennbar. Wie soll ein Dritter, die nicht an der Behandlung teilhabende Abrechnungsfirma beurteilen können, ob sich am neuen Zahnersatz nicht doch in Kürze noch Beschwerden einstellen und die Arbeit somit noch gar nicht beendet ist? Es ist nicht einzusehen, daß schon bezahlt werden soll, wenn Sie Beschwerden oder eventuell noch vorhandene Mängel vor dem Begleichen der Rechnung beseitigt sehen möchten, der Zahnarzt aber schon der Meinung ist, seine Arbeit sei beendet. Unterschreiben Sie deshalb am besten nichts, was andere berechtigt zu kassieren. Wer als Patient entgegen seinem Willen die Zahnarztrechnung von Dritten erhält, kann eventuell sogar mit Schadensersatz und Schmerzensgeldansprüchen gegen das Honorar aufrechnen (Zahnärztliche Mitteilungen 3/90). Zahlen Sie möglichst immer nur an den Zahnarzt selbst und auch erst dann in voller Höhe, wenn Sie mit der Leistung zufrieden sind.

# Gauner in Weiß: Manipulierte Honorare

Wer als Patient zum Zahnarzt geht, erwartet vor allem, daß dort zuerst seine gesundheitlichen Probleme zur Sprache kommen. Das war einmal, denn auch die Dentisten schwanken bei den Honoraren willkürlich zwischen Kür und Pflicht. Sofern die noch korrekt berechnet werden und so manche Privatbehandlung nur als Hang zum Schröpfen auszulegen ist, mag das ja aus ihrer Sicht noch in Ordnung sein. Dem Vertrauen zu den Medizinern droht aber der endgültige Bankrott, wenn sich einige weiterhin verleiten lassen, Abrechnungen zu frisieren, statt die Kranken fair zu behandeln, wie hin und wieder öffentlich bekannt wird. Dies geschieht ja leider öfter als der geprellte Bürger glaubt, und die Liste unredlich honorierender »Betrüger in Weiß« ist lang. Dies gilt querbeet durch den heilenden Beruf hindurch, und auch andere Ärzte sind da nicht ausgenommen. Korrekt abzurechnen hat man ihnen beigebracht, aber grau, Gott im weißen Kittel, ist eben alle Theorie. In Kiel ermittelte kürzlich der Staatsanwalt gegen siebzig Ärzte wegen des Verdachts falscher Abrechnungen. Sieben Mediziner standen in Magdeburg wegen Beihilfe zu Betrug und Steuerhinterziehung im Verdacht. Die Ehefrau eines Arztes wurde zu zwei Jahren Haft auf Bewährung verurteilt, weil sie mit Einverständnis ihres werten Gatten fiktive Leistungen, die von ihm gar nicht erbracht wurden, abgerechnet hatte. In fast 2000 Ermittlungsverfahren gegen Krankenhausärzte und Klinikangestellte wurden Mediziner verdächtigt, im Zusammenhang mit dem sogenannten Herzklappenskandal mit hohen Rabatten eingekaufte Herzklappen maßlos überteuert abgerechnet zu haben. Ein Allgemeinarzt aus Westfalen-Lippe hatte allein das therapeutische, hausärztliche Gespräch von 15minütiger Dauer 3498mal im Quartal abgerechnet. Allein dafür hätte der Märchenerzähler 14,2 Stunden am Tag aufwenden müssen, eine völlig unglaubliche Geschichte. Zusammen mit allen übrigen von ihm abgerechneten Kassenleistungen kam er auf das traumhafte Einnahmeergebnis von 220 000 Mark, im Quartal selbstverständlich, nicht im Jahr. Ihm konnte allerdings nachgewiesen werden, daß diese Summe nur mit einem täglichen Behandlungspensum von 25 Stunden täglich abzuarbeiten ist und der Kalender neu zu erfinden sei. Elf weitere seiner Kollegen wurden von der Staatsanwaltschaft ähnlicher Fehltritte bezichtigt. Die drei häufigsten Spielarten des Betrugs an den Patienten und Kassen durch Ärzte sind: Abrechnungen von Leistungen, die vom Praxispersonal erbracht werden, obwohl sie zwingend nur vom Arzt persönlich vorgenommen werden dürfen. Die Vor- und Rückdatierung von medizinischen Eingriffen, die nicht nebeneinander abgerechnet werden dürfen. Die Abrechnung von Leistungen, die nicht oder nicht vollständig erbracht wurden. Mit diesen und anderen Methoden zocken etliche schwarze Schafe unter den Medizinern nicht nur Krankenkassen über die Chipkarte ab, sondern verschaffen sich auch durch die Privatbehandlung, nach der nur noch der Patient die Rechnung zu sehen kriegt, zwar fette, aber unberechtigt erworbene Pfründe. So entstehen für Ärzte auf wundersame Weise noch lukrative Zusatzeinkommen, von denen der normal verdienende Bürger nur träumen kann. Nicht zuletzt zahlt er vor allem über die Beiträge zur gesetzlichen Krankenversicherung dafür die Zeche. Die Ursache für die Straffälligkeit von Medizinern dürfte vor allem darin liegen, daß die Patienten dem Arzt mit ihrer maschinenlesbaren Chipkarte quasi einen Blankoscheck aushändigen, mit dem er hinter verschlossenen Praxistüren operieren kann. Er bestimmt oft insgeheim seine Leistung und damit zugleich das Honorar, was ihm Manipulationen zum Nachteil anderer kinderleicht machen kann. Betrüger in Weiß finden sich aber leider auch unter den Zahnärzten. Hunderttausendfach kommt Zahnersatz aus dem Ausland, ohne daß die Patienten davon in Kenntnis gesetzt werden. Die zahntechnischen Arbeiten sind außerhalb der Grenzen Deutschlands zu weit geringeren Preisen zu bekommen, und selbst teure Porti rund um den Globus ändern daran nichts. Der für den Zahnarzt entstehende finanzielle Vorteil wird jedoch an die Patienten und Krankenkassen nur selten weitergereicht. Billig im Ausland in Auftrag gegebener Zahnersatz aber, der zu gleichen Preisen wie in Deutschland an die Patienten weiter berechnet wird, bringt vielen Zahnärzten betrügerisch erworbenen Zaster. Staatsanwaltschaften in Frankfurt und Duisburg sind in letzter Zeit gegen Zahnärzte tätig geworden. Die gegen sie eröffneten Strafverfahren endeten zum Teil mit saftigen Bußgeldern, denen sich die angeklagten Dentisten freiwillig unterwarfen, um eine Einstellung der Strafverfolgung zu erreichen. Leider werden solche Verfehlungen krimineller Blindgänger der dentalen Branche oft hinter verschlossen Türen der Gerichtsgebäude verhandelt. Es darf vermutet werden, daß viele ihrer geschädigten Patienten in Kenntnis dieser Sachlage deren Praxis auch nicht mehr betreten würden. Nach allen staatsanwaltlichen Ermittlungen haben sich mitbeteiligte Dentallabore und die Zahnärzte die horrenden, betrügerischen »Gewinne« geteilt. Viele Patienten wurden über die tatsächlichen Kosten ihrer Kronen, Brücken, Inlays und Prothesen getäuscht. Die Staatsanwaltschaften vermuten schweren, organisierten und vor allem vorsätzlichen Betrug. Da warnte selbst *Die Zahnarztwoche* die Kollegen, nicht zu übertreiben, und mahnte in ihrem Artikel »Sturmtiefs auf dem Preismarkt ... ziehen auf ...«: *»Ob die erzielbaren Gewinne es wert sind, sich einem Betrugs- und Steuerhinterziehungsverfahren – beides kann ja auch in einem Approbationsentzug und damit in der Existenzvernichtung enden – auszusetzen, muß jeder für sich entscheiden.«* (DZW 8/97).

Wenn schon nicht wenige Arztrechnungen die Justiz beschäftigen, sind Patienten gut beraten, auch ihre aus privater Behandlung herrührenden zahnärztlichen Forderungen genau unter die Lupe zu nehmen. Ihnen kann außerdem nur dringend empfohlen werden, den Anfertigungsort ihres Zahnersatzes in Erfahrung zu bringen. Zu dieser Information ist der Zahnarzt verpflichtet. Natürlich kann man auch auf polnischen Prothesen kauen, und die Krone aus Vietnam ist vielleicht genauso schön wie die aus Stuttgart. Aber, und dies ist Zweck des zahnärztlichen Verschickens von Gebissabdrücken nach Fernost und anderswo: Zahnersatz wird von freundlichen Asiaten eben billiger als hierzulande angefertigt. Dabei könnten Patienten tatsächlich Kosten sparen, denn besonders die Material- und Laborkosten machen oft den größten Teil der Zahnarztrechnung aus. Statt dessen aber horten einige Zahnärzte auch noch diese Differenzen. Klammheimlich und an der Steuer vorbei. Das gehört wahrlich an den Pranger. Die Gebührenordnung für Zahnärzte regelt nämlich eindeutig, daß den Patienten nur die dem Zahnarzt tatsächlich entstandene Kosten berechnet werden dürfen. Auch § 9 der GOZ regelt unmißverständlich, daß wie auch immer erzielte Rabatte und Preisvorteile an die Behandelten weiterzugeben sind, da der Zahnarzt ansonsten ja *»mehr als den . . . vorgesehenen Auslagenersatz, nämlich einen zusätzlichen Gewinn erhalten würde«.*

Die meisten Zahnärzte erstellen ihre Rechnungen sicherlich korrekt. Für einen insgesamt bitteren Nachruf besteht kein Anlaß. Sich auf ordnungsgemäß berechnete Gebühren nach Privatbehandlung aber blindlings zu verlassen, könnte Patienten mitunter teuer zu stehen kommen. Man kann nach den Beispielen wissentlich vollzogenen Betrugs nur ahnen, daß manche, bisher unentdeckte Mediziner bis zur Krawattennadel im Abrechnungssumpf stecken. Im Kampf um möglichst hohe Honorare danken Moral und Ethik auch bei einigen Zahnmedizinern offenbar als erste ab. So bleibt dem Patient als Fazit nur Kontrolle.

☞ Prüfen Sie jede vom Zahnarzt erhaltene Rechnung genau, und zwar vor deren Begleichung. Nur so schützen Sie sich vor überraschenden Eigenanteilen, die so möglicherweise nicht stimmen. Die leidvolle Erfahrung ist, daß nicht alle Abrechnungsstellen, Rechenzentren und Dentisten immer richtig abrechnen. Wenn der angeforderte Betrag aber übereilt und vorschnell überwiesen wird, ist es meist schwierig, strittige Summen zurückzuerhalten. Achten Sie bei der Durchsicht der Rechnung auch darauf, ob die dort aufgeführten Leistungen auch wirklich erbracht wurden und von wem. Zahnärzte sind verpflichtet, die von ihnen berechneten Tätigkeiten auch selbst zu erbringen. Assistierendes Hilfspersonal verfügt oft nicht über notwendige Qualifikationen, Handgriffe der Ärzte ordnungsgemäß erledigen zu können. Besondere Aufmerksamkeit sollten Sie den in der Rechnung zugrunde gelegten Steigerungsfaktoren der Gebührennummern widmen. Für die Überschreitung der Regelspanne (2,3facher Satz) sind wahrheitsgemäße Begründungen zu erbringen, und über den 3,5fachen Satz hinaus darf ohne Sondervereinbarung sowieso nicht liquidiert werden. Wenn die Rechnung wirklich falsche Angaben enthält, sprechen Sie den Zahnarzt darauf an, es handelt sich vielleicht um ein Versehen. Wenn er dies anders sieht, versuchen Sie mit einem Sachbearbeiter ihrer Krankenkasse nochmals zu prüfen. Rufen sie ansonsten die Schlichtungsstelle der zuständigen Zahnärztekammern an, die kostenlos helfen, oder setzen Sie sich mit einer Verbraucherzentrale oder Patientenschutz-Organisation in Verbindung, die Fachanwälte nennt. Und verfallen Sie nicht in Panik, wenn der Zahnarzt oder die Verrechnungsstelle zwischendurch eine Mahnung ins Haus schickt. »Eine Zahnarztrechnung ist nur mit Abschluß der korrekten Leistungserbringung sofort fällig.« (Rechtsanwalt Graf von Schweinitz in: DZW 27/97). Widersprechen Sie nötigenfalls, und überweisen Sie nur einen Teilbetrag. Forderungen von Abrechnungsstellen brauchen Sie überhaupt nur dann anzuerkennen, wenn Sie dem Zahnarzt schriftlich zugesagt haben, mit der Weitergabe Ihrer persönlichen Daten an Dritte einverstanden zu sein.

# PFLICHTEN UND RECHTE

Seit Juli 1997 können sich auch Kassenpatienten auf Wunsch privat behandeln lassen. Sie wählen dazu statt der Sachleistung die sogenannte Kostenerstattung und holen sich den ihnen gesetzlich zustehenden Anteil von der Krankenkasse zurück. Dies gilt für alle zahnärztlichen Behandlungen, sofern bei Patienten der Wunsch aufkommt, entstehende Differenzen durch Privatbehandlung an den Zahnarzt selbst zu zahlen. Zwar ist theoretisch jeder »bohrende Mediziner« mit Kassenzulassung verpflichtet, für seine Patienten das medizinische Notwendige zu tun. Die Sache hat nur einen Haken. Schon der sanfte Druck der Mediziner, die Qualität der Behandlung lasse sich durch private Zusatzvereinbarungen besser realisieren als durch die schnöde Versicherungskarte aus Plastik, ist für viele Weißkittel ein Freibrief zum Abkassieren. Unwissende und verunsicherte Patienten öffnen dann schnell ihre Brieftaschen. Gerade im Zahnarztstuhl fühlen sich viele von ihnen in denkbar schlechter Lage, die Gier einiger Zahnärzte nach ständig höheren Honorartöpfen durchschauen zu können und nüchtern zu bewerten. Noch dazu werden sie nicht selten mit zahnchinesischen Fremdbegriffen konfrontiert, die dem Laien ziemlich unverständlich anmuten. Das Dilemma hat noch andere Ursachen. Viele Patienten schaffen es einfach nicht, sich gegen die zur Schau getragene Autorität und angeblich allwissende Kompetenz selbsternannter zahnärztlicher Eliten durchzusetzen und Kritik dann zu äußern, wenn sie wirklich angebracht scheint. Doch Patienten haben Rechte und die Zahnärzte auch Pflichten. Niemand braucht die Kultur des Kniefalls vor dem Mediziner zu pflegen und in Ehrfurcht vor seiner Dienstleistung erstarren. Vor diesem Hintergrund ist es angebracht, Richtlinien, an die sich jeder Zahnarzt halten muß, zu kennen. Die Erkenntnis ist einfach, und trotzdem gestaltet sich deren Umsetzung in die Praxis teilweise schwierig. Aufklärung der Patienten in allen rechtlichen Belangen ist den Medizinern eher ein Dorn im Auge und von dort oft nicht zu erwarten. Da fragt man sich als Patient, wie man dem Wunsch nach mehr Transparenz bei der Zahnbehandlung die notwendige Schubkraft verleihen kann. Die Antwort ist einfach und ernüchternd. Patienten müssen selbst Kontrolle ausüben und die Dinge, die sie angehen, in die Hand nehmen. Dazu gehört vor allem: Klarheit fordern, wenn sie versagt bleibt: Aufklärung in sämtlichen Behandlungsfragen durchzusetzen und sich ein komplettes Bild aller finanziellen Belastungen – inklusive der diversen Neben- und Schattenleistungen, die meist später erst auf der Rechnung auftauchen – erstellen zu lassen. Ganz einfach: Mehr Durchsichtigkeit fordern, denn bei einigen Medizinern fußt das geplante Schröpfen vor allem auf der Unkenntnis und übertriebenen Ehrfurcht ihrer Patienten. Aber Sie haben rechtliche Mittel in der Hand, um deren Hang zum Abkassieren in Schach zu halten. Viele lassen sich schon längst nicht mehr wie unmündige Kinder behandeln. Der Zahnarzt wird sich besonders heute immer mehr den berechtigten Fragen stellen müssen. Das mag manch einem Doktor ganz schön überflüssig vorkommen, aber mit dem Ignorieren der Patientenwünsche und Niederschweigen ihrer Rechte soll es zu Ende gehen. Wer sich nicht gut behandelt fühlt, kann als Patient sein Geld festhalten und bei einem anderen Zahnarzt investieren. Angst und Skepsis werden für viele sicherlich immer unberechenbare Begleiter beim Gang in deren Praxis bleiben. Trotzdem sollten sie sich selbst nicht nur als Melkkuh begreifen, und erst wenn Sie sich wirklich als Partner fühlen, dort ihren Mund öffnen. Die Ampel zur Behandlung wird erst dann auf Grün geschaltet, wenn man sich gut aufgehoben weiß. Und nur im Märchen klappt dann noch die Sache: Wer den Dukatenesel mit schlichtem Heu füttert, wird von dem possierlichen Tier zum Dank mit blanken Goldtalern belohnt. »Einspruch, Herr Doktor, nicht mit mir«, kann jedoch der Patient zum Zahnarzt sagen, wenn er von ihm nicht ernst genommen wird.

# Dienst ist Dienst: Vertragspflichten der Zahnärzte

Der auf die Behandlung abgestellte Vertrag zwischen Zahnarzt und Patient ist ein sogenannter Dienstvertrag. Dem Wesen dieses Vertrages nach verpflichtet sich der Zahnarzt, eine sachgerechte Heilbehandlung zu erbringen. Dabei gilt auch heute noch die Trias des Behandlungsablaufes: Anamnese – Diagnose – Therapie, bei der die anerkannten Grundsätze der zahnmedizinischen Wissenschaft berücksichtigt werden müssen. Zahnärzte handeln zum Beispiel dann vertragswidrig, wenn schon bei der Planung von Zahnersatz die Regeln der zahnärztlichen Kunst außer acht gelassen und Kronen oder Brücken auf gelockerte Zähne zementiert werden. Der Behandlungsvertrag ist erst mit dem Abschluß der jeweiligen Behandlung beendet, zum Beispiel mit der Eingliederung von Zahnersatz, der ordnungsgemäß erstellt wurde, einschließlich notwendiger Nachsorge.

In der Behandlung fallen für den Zahnarzt Sorgfaltspflichten an, die nicht außer acht gelassen werden dürfen. Es handelt sich zunächst einmal um die allgemeine Obhutspflicht, die auch Inhaber von Bäckereigeschäften ihren Kunden oder die Betreiber von Schwimmbädern den Besuchern gegenüber haben: Niemand darf dort, leichtsinnig verursacht, zu Schaden kommen. Die besondere Sorgfaltspflicht von Zahnärzten ergibt sich immer erst aus dem Einzelfall und zum Beispiel aus der Tatsache, daß zahnärztliche Eingriffe nicht zwingend mit der aktuellen Heilung beendet sein müssen.

↳ Nach dem Einbringen eines Implantats in den Kiefer genügt es im Hinblick auf fehlerfreie Nachsorge nicht der zahnärztlichen Sorgfaltspflicht, die Behandlung als beendet anzusehen und dem Patienten einen guten Tag zu wünschen. Der Behandelte muß eingehend über die hygienischen Pflegemöglichkeiten des im Knochen verankerten Zahnersatzes unterrichtet werden.

Daß der Zahnarzt seine Behandlung nur nach den Grundsätzen der Heilung ausrichten darf, ist schon besprochen worden. Wenn er zum Beispiel eigenmächtig Zähne mit Kronen versieht, die dieser Überdeckelung eigentlich gar nicht bedürfen, begeht er ein rechtswidriges Delikt. Sind von ihm angefertigte Inlays möglicherweise gar nicht randdicht und wird dadurch neue Karies verursacht, steht dieser Behandlungsfehler unter Umständen einer Körperverletzung gleich, die schadensersatzpflichtig sein kann.

Aus der an ihn zu stellenden Forderung, seine Patienten nach den anerkannten Grundsätzen zu behandeln, hat der Zahnarzt die Pflicht zur Fort- und Weiterbildung. Ob diese Pflicht wirklich immer wahrgenommen wird, darf aus unterschiedlichen Berichten verschiedener Patienten, die von älteren Zahnärzten behandelt wurden, bezweifelt werden. Entweder wegen nachlassender Sehkraft oder anderen Altersumständen ist bei ihnen die Lustlosigkeit, neue und anerkannte Methoden der zahnmedizinischen Therapie anzuwenden, nicht selten anzutreffen. Entsprechend von ihnen hergestellter Zahnersatz genügte vielleicht dem Standard von noch vor ein paar Jahren, und leider müssen den dort behandelte Patienten dann auch tragen.

☞ Ob Ihr Zahnarzt sich regelmäßig weiterbildet oder nicht, ist für Patienten mitunter schwer durchschaubar. Informieren Sie sich gelegentlich über das von ihm gebotene Leistungsspektrum und hinterfragen vielleicht einmal beiläufig bevorzugte Spezialgebiete. Vielleicht ist Ihr Zahnarzt ja ein Fachmann bei der Erstellung ästhetischen Zahnersatzes oder mit den neuesten Methoden der Reparatur von Zahndefekten mit modernen Kunststoffen bestens vertraut. Meiden Sie andererseits Behandler mit nur durchschnittlichen Behandlungserfolgen. Vielleicht kennt Ihr Nachbar oder der Kollege in der Firma ja einen Spezialisten.

Zahnärzte sind im Rahmen von Behandlungen zur persönlichen Leistungserbringung verpflichtet. Ihr Beruf ist kein Gewerbe, bei dem

*»durch die beliebige Verwendung von Hilfskräften die Arbeitskraft vervielfältigt werden kann.«* (M. Jörg: Das neue Kassenarztrecht 1993) Es ist aber trotzdem eine weitverbreitete Unsitte unter Zahnärzten, Tätigkeiten, die eigentlich sämtlich in ihren Aufgabenbereich gehören, an Hilfspersonal zu delegieren. Abdrücke präparierter Zahnstümpfe werden oft von Helferinnen genommen, während der Doktor für eine Stippvisite schnell ins nächste Behandlungszimmer rauscht. Oder von diesem Personenkreis wird Zahnstein bei Patienten entfernt, weil der Zahnarzt bereits schon andere behandelt. Helferinnen sind aber aufgrund ihrer Ausbildung nicht zur Wahrnehmung ärztlicher Aufgaben ausgebildet und berechtigt. Daß im Krankenhaus der Pförtner den Blinddarm entfernt, ist schließlich auch nur ein Gerücht. Doch alles hat seinen Preis, es werden zunehmend Fehler gemacht, wenn Versuch und Irrtum greifen. Beim Zahnersatz zum Beispiel auch, denn der kann im Labor höchstens so perfekt gelingen, wie der vom Patienten genommene Abdruck es dem Techniker erlaubt.

☞ Das Erstellen von Abdrücken zur Anfertigung von Zahnersatz, Entfernen von Zahnstein oder gar Legen von Füllungen ist nicht Aufgabe von Helferinnen, denn offen ist die Frage, ob sie immer wissen, was sie tun. Lassen Sie derartige Behandlungen niemals durch diesen Personenkreis an sich selbst ausführen, nur weil der Zahnarzt aus Faulheit oder Zeitmangel keine Lust verspürt, seinen später teuer berechneten Leistungen selber nachzugehen.

Zahnärzte haben auch die Pflicht, in Ausübung ihres Berufes Aufzeichnungen und Befunde anzufertigen. Sie müssen den Stand der Behandlung bei Patienten dokumentieren. Diese Aufzeichnungen dienen ihm nicht nur als Gedächtnisstütze, sondern sind wichtige Unterlagen, die erst drei Jahre nach Abschluß von Behandlungen vernichtet werden dürfen. Bei Röntgenaufnahmen beträgt diese Frist sogar zehn Jahre. Eine schlüssige Dokumentation der zahnärztlichen Behandlung dient auch der korrekten Berechnung von Gebühren. Wird sie vom Zahnarzt unterlassen oder nur unzureichend durchgeführt, ist Patienten nicht nur das Recht zur Einsichtnahme in diese Dokumente verwehrt. Zahnärzte benachteiligen sich wegen mangelnder Beweise dadurch selbst: in Haftpflichtprozessen wegen angeblicher Behandlungsfehler.

Aus Altersgründen oder Krankheit geben Zahnärzte ihre Praxen auf und verkaufen sie meistens an einen Nachfolger. Auch dann können sie sich ihrer Aufbewahrungspflicht patientenbezogener Aufzeichnungen und Dokumente aber nicht entziehen. Sie müssen diese Unterlagen bis zum Ablauf der genannten Fristen aufbewahren oder sie dem nächsten Kollegen übergeben. Wegen der Schutzbedürftigkeit von Daten seiner ehemaligen Patienten braucht der weiterbehandelnde Zahnarzt allerdings zu deren Einsicht immer erst die ausdrückliche Erlaubnis der Behandelten. Sie darf verweigert werden.

☞ Wenn Sie sich im Falle der Praxisveräußerung Ihres ehemaligen Zahnarztes nicht von seinem Nachfolger behandeln lassen möchten, haben Sie natürlich das Recht dazu. Weil nicht einzusehen ist, daß Ihre Kartei dann dort verbleibt, fordern Sie ihn schriftlich auf, Ihre gesamten Unterlagen an den Zahnarzt Ihres Vertrauens zu übersenden. Manche Zahnärzte kommen diesem Wunsch nicht nach und verweigern die Herausgabe. Bitten Sie dann Ihren nächsten Zahnarzt darum, dem die Dokumente ausgehändigt werden müssen. Schließlich ist er über frühere Behandlungen dann bestens informiert und kann bei schon vorhandenen Röntgenaufnahmen zusätzliche Strahlenbelastungen vielleicht reduzieren.

Alle Zahnärzte mit Kassenzulassung haben die Zahngesundheit der Versicherten gesetzlicher Krankenkassen sicherzustellen, so lautet ihr Auftrag. Diese Pflicht schließt immer auch die Behandlung von Notfällen in den üblicherweise abzuhaltenden Sprechstunden mit ein. Dringende Behandlungen bei Schmerzen dürfen weder vom Personal noch vom Zahnarzt selbst abgelehnt werden. Andere Behandlungen aber, die ein sofortiges Eingreifen nicht erforderlich machen, darf der Zahnarzt dann verweigern, wenn er entweder die persönliche Überlastung oder eine Störung des Vertrauensverhältnisses zum Patienten geltend macht. Diese Gründe befreien ihn trotzdem nie von seiner Behandlungspflicht im Schmerzfall.

☞ § 1,3 der zahnärztlichen Berufsordnung verpflichtet jeden Zahnarzt, im Rahmen seiner von ihm abgehaltenen Sprechstunden und falls nötig schmerzbefreiende Maßnahmen zu ergreifen. Wer Zahnschmerzen hat, braucht sich also nicht vom Personal an andere Zahnärzte verweisen oder mit einer Schmerztablette abspeisen lassen. Erinnern Sie die Sekretärin gegebenenfalls daran, daß Schmerzfall Notfall heißt. Die Nichtbehandlung eines Notfalls aber erfüllt mindestens den Tatbestand der unterlassenen Hilfeleistung, vielleicht aber auch den der vorsätzlichen Körperverletzung.

Mitgliedern gesetzlicher Krankenversicherungen dürfen wegen des sogenannten Sachleistungsprinzips keine Zuzahlungen zu Behandlungen abverlangt werden. Natürlich bleibt der ausdrückliche Wunsch nach Privatbehandlung und Kostenerstattung davon unberührt. Diese Tatsache ergibt sich daraus, daß die Krankenkassen auch zur Abgabe der notwendigen und wirtschaftlich sinnvollen zahnärztlichen Dienstleistungen an die Versicherten verpflichtet sind. Wer auf Verlangen nach dem Leistungskatalog der Gebührenordnung GOZ privat behandelt werden möchte, muß dies dem Zahnarzt schriftlich zusagen. Auch Mehrkostenvereinbarungen im Rahmen gewollter adhäsiver Kunststoffüllungen sind von Patienten schriftlich zu bestätigen, um diesen Wunsch zweifelsfrei zu dokumentieren. Sondervergütungen dürfen aber nur dann vereinbart werden, wenn sie nicht Leistungen des Zahnarztes honorieren, die selbst schon Gegenstand der kassenzahnärztlichen Versorgung sind.

↳ Schmerzen an einem Backenzahn zwingen dazu, während der Sprechstunden die Zahnarztpraxis aufzusuchen. Der Zahnarzt gibt eine Spritze und betäubt den Zahn, fertigt eine Röntgenaufnahme an und entfernt die alte Füllung. Er beseitigt eventuell vorhandene Karies und führt schmerzbefreiende Maßnahmen mittels einer beruhigenden Einlage oder eine Wurzelbehandlung durch. Der Zahn wird provisorisch verschlossen. Bis hierhin brauchen Versicherte keinen Pfennig an den Zahnarzt zahlen, denn die o.g. Behandlungen werden durch die Krankenkassen genauso bezahlt wie viele andere zahnärztliche Leistungen auch.

Nicht selten versuchen Zahnärzte »vom Stamme Nimm« allerdings, auch die Begleitleistungen zu dentalen Vertragsleistungen der gesetzlichen Krankenkassen den Patienten mit in Rechnung zu stellen, und erlegen ihnen damit einige zusätzliche Abgaben auf. Röntgenaufnahmen, Spritzen, unter den definitiven Füllungen anzufertigende Aufbauten und die Gebührenposition »besondere Maßnahmen« zum Beispiel sind bei allen von den Kassen zu erbringende Leistungen vom Zahnarzt über die Chipkarte der Versicherten abzurechnen. Sie kosten Patienten dann keinen Pfennig.

☞ Nur bei frei »ausgehandelter« Honorargestaltung, wenn also die Vertragsleistungen überschritten sind, können Begleitleistungen dem Versicherten direkt in Rechnung gestellt werden. Sie sind ausschließlich dann, wie die »Hauptleistung«, über die private Gebührenordnung abrechenbar. Haben Sie gar keiner Privatbehandlung zugesagt, übergeben Sie eine eventuelle Rechnung des Zahnarztes, die kassenvertragliche Begleitleistungen zur Zahlung anmahnt, einfach dem Reißwolf.

Die Pflicht zur richtigen Aufklärung nötigt den Zahnarzt eben auch, den Patienten genauestens über die Kosten, die er zusätzlich entrichten soll, in Kenntnis zu setzen. Wer darüber nicht informiert wurde und später eine Rechnung erhält, braucht auch nicht zahlen, denn es mangelte ihm ja an der dafür notwendigen Darlegung dieses Umstandes.

☞ Unterschreiben Sie möglichst keine Sondervereinbarungen, aus denen nicht ersichtlich wird, was die Behandlung am Ende wirklich kosten soll. Legen Sie den Zahnarzt eher auf eine konkrete Summe fest. Schätzungen des Gesamtbetrages der Behandlung dürften für Sie am Ende eher ungünstig ausfallen. Lassen Sie sich von allen ihren gegengezeichneten Schriftstücken immer Kopien aushändigen. Das erspart die Überraschung.

## Aufklärung: Die allererste Zahnarztpflicht

Wegen selbstverursachter Zeitnot ist es in einigen Zahnarztpraxen Mode, nach der knappen Begrüßung des Patienten sogleich mit der Behandlung loszulegen. Dahinter steckt die zahnärztliche Idee, daß Zeit eine Ware ist, die als Währung gehandelt werden darf. Behandlungszeit, die ein ausführliches Gespräch verschlingen könnte und nicht in Geld verwandelt werden kann, wird für so manchen Zahnarzt wertlos. Sie ist aus dieser, seiner Sicht unproduktiv. Langsamer soll sich allein das Karussell der privaten Behandlungen drehen, auf dem die zur Zuzahlung nicht bereiten Bürger beschleunigt behandelt und herausgeschleudert werden sollen. Das Rasen zum Geld der Patienten hin wird aber nicht nur zum Unsicherheitsfaktor für die Qualität beim Zahnersatz und anderswo. Gelegentlich widerspricht es nämlich sogar geltendem Recht, nämlich dann, wenn vor der Behandlung nicht die Aufklärung über den bevorstehenden Eingriff erfolgt. Obwohl jedem Zahnarzt diese Pflicht genauestens bekannt sein dürfte, steht Lernfähigkeit bei einigen offenbar nicht hoch im Kurs. Immer wieder wird selbst in Fachzeitschriften dazu ermahnt, dieses fundamentale Recht der Patienten zu wahren, und der sich daraus ableitenden zahnärztlichen Hauptpflicht mehr Aufmerksamkeit zu widmen.

➡ Patienten werden während der Behandlung oft mit Gesprächen konfrontiert, und hinterher hat mancher Zahnarzt das Gefühl, sich unterhalten zu haben. Das Dumme ist dabei nur, daß die Behandelten währenddessen den Mund aufhalten sollen und sich höchstens sehr undeutlich artikulieren können. Nicht selten bricht beim Personal darüber offene Heiterkeit aus.

Die Informationen dagegen, die den Patienten wirklich interessieren, werden ihm manchmal vorenthalten oder schlicht und arrogant übergangen. Mürrische oder einschüchternde Antworten auf von Patienten gestellte Fragen haben viele schon gehört: »Wenn Sie mich ausfragen wollen, dann muß ich sagen, das haben wir hier gar nicht gern. Überlassen Sie das mal mir, denn der Arzt bin immer noch ich. Wie denn, haben Sie kein Vertrauen? Also, Sie über alles aufzuklären, die Zeit habe ich nun wirklich nicht.« Daß manche dieser Sätze zum Standardrepertoire von Zahnärzten gehören soll, ist keine Erfindung. Sich aber die Zeit zur Aufklärung von Patienten in allen Belangen ihrer Behandlung zu nehmen, gehört zu den elementaren Pflichten von Medizinern überhaupt. Nach dem § 223 Strafgesetzbuch ist jeder noch so sorgfältig durchgeführte ärztliche Eingriff eine Körperverletzung, die dann geahndet werden kann, wenn die notwendige Einwilligung des Patienten nach ausreichender Aufklärung nicht vorlag. Nur die Zustimmung des Patienten zur vorgesehenen Behandlung schließt überhaupt die Haftung des Zahnarztes für behandlungsbedingte Gesundheitsschäden aus, wenn die Behandlung nach den Regeln der zahnärztlichen Kunst erfolgte.

➷ Ärzte unterliegen bei ihrer Tätigkeit neben anderen Bestimmungen auch denen des bürgerlichen Rechts und des Strafrechts. Das Oberlandesgericht München hat aufgrund mangelnder Risikoaufklärung bei der Entfernung eines Weisheitszahnes einen Zahnarzt zur Zahlung von 20000 Mark an die später klagende Patientin verurteilt. Vor der Behandlung hatte der Zahnarzt nicht auf das zwar seltene, aber typische Risiko einer Nervdurchtrennung bei derartigen Extraktionen hingewiesen. Die Richter kamen zu der Auffassung, daß dem Patienten die Möglichkeit belassen werden muß, über den Eingriff selbstbestimmend zu entscheiden. Dies ist ohne die Erklärung von Risiken nicht möglich. Als Dauerschaden blieb bei der Patientin eine Gefühllosigkeit der linken Zungenhälfte mit der Folge häufiger Bißverletzungen. Sie konnte glaubhaft machen, daß sie sich in Kenntnis dieses Risikos gegen den Eingriff entschieden hätte.

Die Einwilligung zu einem zahnmedizinischen Eingriff ist nur dann rechtswirksam, wenn der Patient die an ihn gerichteten Worte auch verstehen konnte und er insbesondere über die Risiken der Behandlung informiert war. Der Bundesgerichtshof hat den Sinn jeder ärztlichen Aufklärung nämlich so beschrieben, daß Patienten die notwendigen Fakten, sich für oder gegen die Behandlung zu entscheiden, in einer auch für den Laien verständlichen Form angeboten werden müssen. Latein wäre hier die falsche Sprache. Auch die zahnärztliche Behandlung darf sich stets nur unter strenger Beachtung der freien Selbstbestimmung vollziehen und wirft ohne ausreichende Aufklärung immer auch die Frage von eventueller Haftung mit auf. Sogenannte Aufklärungsrügen nehmen in von Patienten angestrengten Haftpflichtprozessen auch gegen die Dentisten zu. Über spezialisierte Patientenanwälte werden über den Gerichtsweg immer öfter Schadensersatzansprüche und Schmerzensgelder für Patienten erstritten, wenn Aufklärungsmißstände nachzuweisen waren. Unter für Zahnärzte fatalen Bedingungen: Sie müssen die mindestens mündlich vorgetragene Aufklärung an klagende Patienten beweisen können. Gelingt ihnen dies nicht hinreichend, haben sie an den Behandlungsaufzeichnungen überzeugend darzulegen, daß sie ihrer Aufklärungspflicht genügten.

↳ Sind bei einer Wurzelbehandlung trotz besten Bemühens des Zahnarztes nicht alle Wurzelkanäle eines Zahnes vollständig bis an die Wurzelspitzen abzufüllen, muß der Patient über die Tatsache unterrichtet werden. Gerichte könnten ansonsten von einer dem Behandler begangenen Körperverletzung und vorsätzlichem Handeln ausgehen.

Es muß in diesem Zusammenhang allerdings darauf verwiesen werden, daß auch Patienten in zahnärztlicher Behandlung eine Nachfragepflicht haben, wenn sie etwas nicht verstehen. Sie müssen bei der Aufklärung mitwirken.

☞ Informieren Sie sich bei einer bevorstehenden Behandlung beim Zahnarzt stets darüber,

- was genau gemacht werden soll,
- wie die Behandlung verlaufen wird,

- welche Ergebnisse zu erwarten sind,
- welche Alternativen zur vorgeschlagenen Behandlungen existieren,
- welche Risisken auftreten können,
- welche Kosten auf Sie zukommen könnten.

Wird Ihnen auf diese Fragen nicht ausreichend geantwortet, brechen Sie die Behandlung lieber ab, denn der Zahnarzt verletzt ja schon bei der Aufklärung seine Pflichten.

Nur über den Sinn und Zweck einer Behandlungsmaßnahme hinreichend aufgeklärt, können sich Patienten ohne psychischen Druck für oder gegen den Eingriff entscheiden. Ihnen muß die Möglichkeit gegeben werden, noch andere ärztliche Meinungen einzuholen, denn schließlich haben sie das alleinige Recht, über ihren Körper frei zu verfügen und zu entscheiden, welche Risiken sie eingehen wollen. Sie dürfen schließlich in Erfahrung bringen, ob die ihnen genannten gesundheitlichen Gefahren nicht doch woanders vermieden werden können.

☞ Die Vorschriften zur Aufklärung werden auch von vielen Zahnärzten nicht genügend beachtet. Einige müssen sich fragen lassen, ob das Unterschlagen der für den Patienten notwendigen Informationen nicht auch dazu dient, teure Privatbehandlungen durchzusetzen. Inlays sind zur Zahnfüllung nicht immer unbedingt notwendig. Wenn Sie aber dahingehend informiert werden, fragen Sie nach anderen Behandlungsalternativen, die sehr oft bestehen: in diesem Fall vielleicht nach einer zahnfarbenen Kunststoffüllung.

# Schmerzen und Notdienst: Die nächtliche Behandlung

Jeder niedergelassene Kassenzahnarzt ist verpflichtet, auch am zahnärztlichen Notdienst teilzunehmen. Diese Verpflichtung hat er etwa zweimal jährlich für jeweils 3 bis 4 Tage wahrzunehmen. Damit soll zu jeder Zeit die ausreichende zahnmedizinische Versorgung der Versicherten gewährleistet sein. Während der Zahnarzt des Nachts rund um die Uhr zur Behandlung akuter und dringender Schmerzfälle bereit sein muß, kann er tagsüber zu festgelegten Zeiten am Vor- und Nachmittag Patienten mit Beschwerden, die keinen Aufschub dulden, empfangen. Fällt der für ihn eingeteilte Notdienst auf ein Wochenende oder auf Feiertage, ist die Praxis dann zum Beispiel von 10 bis 12 und 16 bis 18 Uhr geöffnet. Die Namen der an einem bestimmten Datum zum Notdienst verpflichteten Zahnärzte werden über die Tagespresse und telefonische Ansagedienste bekannt gemacht oder sind durch das Anwählen von Notrufnummern in Erfahrung zu bringen.

Patienten mit starken Zahnschmerzen haben auch am Wochenende ein Recht auf Beseitigung ihrer Beschwerden. Der Zahnarzt hat telefonisch zu jeder Zeit erreichbar zu sein, um den Ort seiner Praxis und einen Termin zur Behandlung bekanntzugeben, falls dies notwendig wird. Oft versuchen Zahnärzte aber, schon am Telefon und ganz besonders nachts, Patienten abzuwimmeln. »Nehmen Sie doch mal eine Schmerztablette« läßt sich nicht selten durch den Hörer vernehmen, wenn der geplagte Anrufer die Behandlung nötig hat. Daß es sich bei dieser Information um puren Unsinn handelt und Tabletten schon längst eingenommen wurden, um den Zahnarzt möglichst gar nicht zu belästigen, stört manchen jedoch kaum. Je später der Abend, desto dreister ist mitunter aber auch die Sprachregelung an den, der es wagt, den Doktor an seine Pflichten zu erinnern. »Stellen Sie sich mal nicht so an«, klingt nicht gerade wohlerzogen, ist aber demütigend für den, der sich nicht zu helfen weiß. Manche Zahnärzte lassen den Anrufer auch gerne etwas länger in der Warteschleife hängen oder leiten die angegebene Telefonnummer nochmals auf das eigene Handy um, wohl hoffend, daß entnervt aufgegeben wird und der heiße Brei erkaltet. Der Konflikt ist nicht neu. Immer wieder gibt es Beschwerden an die zuständigen Zahnärztekammern, zum Notdienst eingeteilte Zahnärzte seien entweder überhaupt nicht erreichbar oder nicht bereit, ihr Bett in Richtung Praxis zu verlassen. Manches deutet darauf hin, daß die lästige Zahnarztpflicht von einigen Dentisten nur deswegen nicht so gerne wahrgenommen wird, weil mit der Notbehandlung, die sich auf die Schmerzbeseitigung beschränken muß, nicht viel zu verdienen ist. Der Schuß kann für den Zahnarzt aber auch nach hinten losgehen. Wird nachweislich eine notwendige telefonische Beratung oder Behandlung von ihm unterlassen, und kommt es hierdurch zu Nachteilen des Patienten und weiteren Komplikationen, muß der notdiensthabende Zahnarzt unter Umständen mit erheblichen rechtlichen Konsequenzen rechnen. Er muß sich dann nicht nur aus berufsrechtlicher Sicht vorwerfen lassen, seine Pflichten vernachlässigt, sondern notwendige Hilfe unterlassen zu haben. Auch Körperverletzung kann zur Sprache kommen. Alles schon vorgekommen.

Zu den besonders behandlungsbedürftigen Notfällen zählen alle Unfallverletzungen, Nachblutungen nach Zahnentfernungen und von den Zähnen ausgehende fieberhafte, eitrige Entzündungen, die zum Teil mit »dicker Backe« (Abszessen) einhergehen. Die hier vom Zahnarzt zu leistende Hilfe kann sich auf eine Notversorgung beschränken, muß aber in jedem Fall weitere Komplikationen abwenden. Die Beschränkung auf die gerade notwendige Behandlung ist aus Sicht des Zahnarztes gerechtfertigt. Schließlich stellt die nächtliche Behandlung auch für ihn eine Ausnahmesituation dar, bei der er meist ohne qualifizierte Assistenz auskommen muß. Diese Tatsache entbindet ihn allerdings nie von der Pflicht, in dringenden Fällen helfend einzugreifen.

☞ Lassen Sie sich vom diensthabenden Zahnarzt, den Sie zum Zweck der zahnärztlichen Notbehandlung konsultieren möchten, nicht auf den nächsten Tag vertrösten. Auch nicht zu später Stunde oder nachts, wenn dies erforderlich scheint. Haben Sie das Gefühl, abgewimmelt zu werden, erinnern Sie den Zahnarzt freundlich und bestimmt an seine Behandlungspflichten. Wird die Behandlung abgelehnt, oder ist der zum Notdienst eingeteilte Zahnarzt überhaupt nicht erreichbar, informieren Sie umgehend die Feuerwehr als Zeugen. Benennen Sie Uhrzeit und Namen, und bitten Sie um entsprechende Unterstützung. Kommt es dennoch zu keiner Behandlung, bitten Sie, ungeachtet der Einleitung zivilrechtlicher Schritte, die zuständige Zahnärztekammer gleich am nächsten Werktag um unverzügliche Stellungnahme.

# Bescheid wissen: Einige Patientenrechte

Patienten nehmen längst nicht mehr jede ihnen vorgeschriebene Anweisung und Behandlungsmethode der Ärzte als gegeben hin. Nicht jede Medizin wird mehr unkritisch geschluckt, die der Doktor aufschreibt. Von echter Partnerschaft aber, bei der Patient und Mediziner in der Behandlung auf eine Stufe gestellt sind, kann, wer den Arzt aufsucht, oft nur träumen. Doch viele beginnen, aus ihrem Dornröschenschlaf zu erwachen, und sind nicht mehr länger bereit, sich vom Mediziner bevormunden zu lassen. Falsche Diagnosen und sinnlose Therapien werden keineswegs mehr klaglos hingenommen. Obwohl dies einigen Ärzten sicher sehr mißhagt und ein Dorn im Auge ist, reden Patienten bei der Behandlung zum Teil heute sogar mit. Geschädigte drohen Medizinern gar mit dem Fachanwalt und klagen ihre Rechte bei Behandlungsfehlern ein. Der Gott in Weiß beginnt zu bröckeln, und das Gehabe, mit dem sich manche Ärzte gern umgeben, wird von aufgeklärten Patienten auch schon einmal auf eine gesunde Grundlage zurückgestellt. Wer schlau ist, sollte als Patient in groben Zügen seine Rechte kennen und auch vehement einfordern, wenn sie ihm verwehrt werden. Schließlich stehen Patient und Arzt in einem gegenseitig eingegangenen Behandlungsvertrag mit daraus resultierenden Rechten und Pflichten. Patienten sollten sich auch beim Zahnarzt darüber bewußt werden, daß letztlich sie es sind, die mit ihren Beiträgen zur Krankenversicherung den Mediziner in Lohn und Brot halten. Denn nicht »die Kasse« zahlt dem Zahnarzt Honorar, sondern dahinter steht eine Versichertengemeinschaft, bei der alle Mitglieder durch ihre Abgaben zu bestimmten Teilen das Recht erworben haben, auch eine notwendige zahnmedizinische Behandlung in Anspruch nehmen zu dürfen. Jeder einzelne

Patient finanziert doch den zum Teil aufwendigen Lebensstil von Ärzten, die mit dem Achtzylinder aus der Praxis fahren und ihnen den – ach nee – auch gönnen. Dafür dürfen sie aber auch anständig und fair behandelt werden, nicht wahr?

Vom Recht, über die Behandlung, bestehende Alternativen und Risiken des Eingriffs aufgeklärt zu werden, war schon die Rede. Nur die hinreichende und verständliche Aufklärung durch den Zahnarzt macht schließlich erst eine Entscheidungsfindung zur Annahme oder Ablehnung der vorgeschlagenen Behandlung für Patienten möglich. Es darf nicht übersehen werden, daß manche Zahnärzte allerdings die Autonomie der sich ihnen anvertrauenden Patienten verletzen, indem sie sie zum Teil für dumm verkaufen. Weil sich mit teuren Therapien mehr Geld verdienen läßt, klären sie gern dahingehend auf, daß anderes nicht machbar sei. Inlays sind geliebter als Füllungen, Zahnersatz wird Zahnerhaltung gegenüber stark bevorzugt. Bei manchen Dentisten scheinen denn auch Zweifel an der wirklichen Notwendigkeit von »Überversorgungen« an den Zähnen ihrer Patienten mehr als angebracht zu sein. Zahnärztliche Behandlung darf sich nur unter strenger Beachtung der freien Selbstbestimmung des Patienten vollziehen. »Aufklärungen«, die mit sanftem psychischem Druck nur teure Therapien empfehlen, werfen nach geltendem Recht Haftungsfragen gegen Mediziner auf.

☞ Sie haben ein Recht darauf, vom Zahnarzt über jeden Eingriff eingehend aufgeklärt zu werden, wozu auch die Nennung aller bestehenden Alternativen gehört. Zähne werden oft viel zu schnell mit Kronen überdeckelt, anstatt sie durch Füllungen nochmals zu reparieren. Dann wird erzählt, das ginge nicht mehr anders und wäre, weil endgültig, besser so. Es sei denn, man würde Inlays nehmen. Horchen Sie genau in sich hinein, und wenn Sie im Zweifel darüber wie auch anderen vermeintlich notwendigen Behandlungen gegenüber sind, befragen Sie lieber noch einen anderen Zahnarzt in ihrer Nähe. Obwohl dies verwundern mag, kommt man dort aber vielleicht zu ganz anderen Ergebnissen.

Aus Artikel 1 Abs. 1 des Grundgesetzes resultiert das Recht von Patienten auf den Schutz ihrer Würde. Sie müssen sichergehen können, daß die dem Arzt anvertrauten Geheimnisse und Auskünfte bei ihm sicher aufgehoben sind, und er sie für sich behält. § 3 der Berufsordnung der Zahnärzte beschäftigt sich in sechs Absätzen mit der ihm auferlegten Schweigepflicht, und im Genfer Gelöbnis heißt es dazu: *»Ich werde meinen Beruf mit Gewissenhaftigkeit und Würde ausüben ... Ich werde alle mir anvertrauten Geheimnisse bewahren.«* Da nicht zur Kenntnis Unbefugter gelangen darf, was nicht sein soll, macht die Weitergabe persönlicher Daten von Patienten an Dritte immer auch deren Einwilligung dazu erforderlich. Nur so kann zwischen Arzt und Patienten jenes Vertrauen bestehen, das zu den Grundvoraussetzungen ärztlichen Handelns zählt. Störungen massiver Art entstehen dann, wenn über Abrechnungsgesellschaften und zahnärztlichen Verrechnungsstellen von Zahnärzten vor Behandlungen, die einen bestimmten Betrag überschreiten, Auskünfte hinsichtlich der Bonität von Patienten angefordert werden. Dies ist aber durchaus üblich bei denen, die Rechnungen an Inkassofirmen verkaufen, um das Risiko eventuellen Forderungsausfalls zu minimieren.

☞ Untersagen Sie dem Zahnarzt die Weitergabe Ihrer ihm anvertrauten Geheimnisse dann, wenn Sie dies nicht wünschen. Unterschreiben Sie keine Forderungsabtretungen, mit denen Ihre Krankenunterlagen Dritten (Abrechnungsfirmen) zur Kenntnis gelangen könnten. Nach Arztbesuchen gläsern und durchsichtig für andere zu werden, muß man nicht hinnehmen, auch wenn versichert wird, daß Ihre Daten dort vertraulich behandelt werden.

Jeder Patient hat das Recht auf die freie Arztwahl. Er darf Ärzte bei laufenden Behandlungen nicht wie Jacke und Hose wechseln, was auch keinen Sinn macht. Bestehen aber berechtigte Zweifel an der Kompetenz des Mediziners oder ist das Vertrauen zu ihm nachweislich gestört, hat er die Möglichkeit, andere Ärzte zu konsultieren. Dies dürfte wegen entgangenen weiteren Honorars den verlassenen Doktor zwar nicht begeistern, es ändert dennoch nichts an dem grundsätzlichen Prinzip freier Medizinerwahl. Allerdings können Patienten gesetzlicher Krankenkassen natürlich – im Unterschied zu privat Versicherten – nur unter Kassenzahnärzten frei wählen. Die machen aber die Mehrheit unter den Dentisten aus, und es sollte nicht schwerfallen, einen anderen Arzt zu finden.

☞ Bei gestörtem Vertrauensverhältnis dürfen Sie auch im laufenden Quartal den Zahnarzt wechseln und die weitere Behandlung beim gleichen Arzt versagen. Um fair zu bleiben und damit der Doktor das auch weiß, sollten Sie ihn aber über die Sekretärin oder mit ein paar Zeilen von Ihrem Vorhaben in Kenntnis setzen.

Auch einzelne Behandlungen bei demselben Zahnarzt dürfen selbstverständlich von Patienten abgewählt und dann verweigert werden. Viele Röntgenaufnahmen, die von Ärzten erbracht werden, sind zum Teil unnötig und verursachen hohe Strahlenbelastungen. Manche Zahnärzte finden das Wiederholungsröntgen neu zu ihnen kommender Patienten eben nicht nur bequem, sondern vor allem lukrativer, als schon vorhandene Aufnahmen von Kollegen anzufordern. Daß aber Röntgenstrahlen hochenergetische Wellen sind, die den Körper wie Schrotkugeln durchdringen, und für manche erhebliche Gesundheitsgefahren mit sich bringen, haben einige Zahnärzte offenbar vergessen oder nehmen es damit nicht so genau. Dies kommt einem »Diskettenfehler« im Arztgehirn gleich. Wie bei einem Computervirus, das sich in den Kopf des Mediziners eingeschlichen hat, macht der Honorarhunger den zum Teil bedenkenlosen Umgang mit der gefährlichen Strahlung möglich. Wie anders läßt sich sonst erklären, daß bei einigen Dentisten die Anfertigung vor allem großformatiger Panoramaaufnahmen, die fast den ganzen Schädel zeigen, Mode und Routine ist? Trotz Beschwerdefreiheit der Patienten, die zur Begründung die Auskunft erhalten, das sei nötig, um die Lage ihrer noch nicht durchgebrochenen Weisheitszähne zu beurteilen. Dabei ist solches Handeln zum Teil höchst überflüssige Röntgendiagnostik, mit denen vielleicht die teuren Apparate bezahlt oder ausgelastet werden sollen. Sie bringen dem leichtsinnig und oft röntgenden Zahnarzt aber auch nicht unerhebliche Honorare ein. Immerhin werden der Krankenkasse von dem Mediziner pro Großaufnahme vom Gebiß etwas über 70 strahlende Mark in Rechnung gestellt, und das summiert sich schnell zu größeren Summen. Man schätzt, daß bei den etwa 40 Millionen Zahnröntgenaufnahmen pro Jahr 20 Menschen zu Tode kommen. Nicht weil sie verstrahlt würden, sondern weil die dort erhaltene Röntgendosis auslösender Faktor schwerer Krankheitsbilder wird. Diese Röntgenbelastung soweit wie möglich zu reduzieren, sollte deshalb vordringliche Aufgabe jedes Arztes sein. Auch Patienten müssen wachsam sein und überflüssigen Röntgenaufnahmen ihres Körpers entgegentreten, ja, sie versagen, wenn dies gar keinen Sinn macht. Zum Schutz des ungeborenen Lebens sind besonders Schwangere und Frauen in gebärfähigem Alter zu besonderer Vorsicht beim Umgang mit den Röntgenstrahlen aufgerufen.

☞ Die Bedeutung und Aussagefähigkeit von Röntgenbildern wird von manchen Zahnärzten überschätzt, während andere, einfache diagnostische Untersuchungsmethoden, wie Kältetests oder das einfache Abklopfen der Zähne bei Beschwerden, dabei oft den gleichen Zweck erfüllen könnten. Große Röntgenaufnahmen des gesamten Gebisses (OPG), die unter fadenscheinigen Begründungen erstellt werden sollen, lehnen Sie am besten ab. Bei lokal begrenzten Zahnschmerzen ist das Röntgen mit kleinen Filmen fast immer als völlig ausreichend anzusehen und die Belastung entsprechend geringer. Noch besser aufgehoben sind Sie bei der »durchleuchtenden« Diagnostik, wenn Ihr Zahnarzt digitales Röntgen dem der herkömmlichen Apparate vorzieht. Die Röntgenbelastung ist bis um 75 Prozent niedriger, Fehlbelichtungen und Wiederholungsaufnahmen sind weitgehend ausgeschlossen. Der beliebig oft wiederholbare Computerausdruck dieser strahlungsarmen Aufnahmen hat die gleiche Aussagekraft wie die herkömmlicher Röntgenapparate und gilt vor Gerichten sogar als Dokument. Fragen Sie nach digitalem Röntgen, das Ihnen allerdings mit etwa 15 Mark dann in Rechnung gestellt werden darf, wenn der Zahnarzt dieselbe Aufnahme nicht auch noch der Krankenkasse zur Erstattung vorlegt.

Das Recht von Patienten, darüber Auskunft zu erhalten, welche Materialien in welcher Zusammensetzung bei ihrer Zahnbehandlung zum Einsatz kommen, soll an dieser Stelle nicht unerwähnt bleiben. Es bleibt leider die Ausnahme, daß Patienten vom Zahnarzt über den genauen Inhalt der in die Zähne eingebrachten Werkstoffe unterrichtet werden und ihnen ein entsprechender Nachweis darüber ausgehändigt wird. Dies ist auch darauf zurückzuführen, daß Patienten diese wichtigen Informationen von selbst zu wenig abfragen. Dadurch könnten aber eventuell später ausgelöste Allergien oder Unverträglichkeiten schon im Vorfeld abgeklärt werden. Es drängt sich auch der Verdacht auf, daß viele Zahnärzte den genauen Inhalt von ihnen verwendeter Legierungen und anderer Materialien selbst nicht so genau kennen. Sie verlassen sich auf die Hersteller, die sich die Unbedenklichkeit ihrer Produkte, man glaubt es kaum, zum Teil selbst attestieren dürfen. Rein theoretisch kann ein Zahnarzt dem Patienten auch einen rostigen Nagel als Implantat in den Kieferknochen treiben, der schön verpackt und mit einer an Eides Statt versehenen Unbedenklichkeitsbescheinigung per Bestellung in seiner Praxis landet. Natürlich bleibt auch der Zahnarzt aus seinem Tun immer voll haftbar, und so wird er dies wohl tunlichst unterlassen. Patienten sollten jedoch den zahnärztlichen Werkstoffen nicht unbegrenztes Vertrauen entgegenbringen, auch wenn es sich nicht um Amalgame handelt. Sie sollten sich nicht mit nichtssagenden Erklärungen abspeisen lassen, sondern Aufklärung auch darüber wie selbstverständlich einfordern. Folgen gesundheitlicher Gefahren für den einzelnen werden später nämlich kaum noch mit früheren Zahnarztbesuchen in Verbindung gebracht.

☞ Viele zahnärztlichen Materialien werden schon lange verwendet und können sicherlich als unbedenklich gelten. Unverträglichkeiten mit entsprechenden Krankheitsbildern nehmen allerdings unter der Bevölkerung ständig zu, das ist bekannt. Deshalb sollten Sie den Zahnarzt besonders dann nach der genauen Zusammensetzung fragen, wenn Allergie für Sie kein Fremdwort ist. »Das nehme ich schon immer« oder »Es sind keine Nebenwirkungen bekannt« sind keine qualifizierten und ausreichenden Antworten bezüglich des Inhalts seiner von ihm verwendeten Stoffe. Solche Auskünfte wirken wie von gestern und sollten Ihnen keineswegs genügen. Nehmen Sie Ihr Recht zur Aufklärung, das zumindest auf dem Papier klar festgelegt ist, wenn nötig selbst in die Hand. Es wird Zeit, einen neuen Akkord anzuschlagen, und niemand muß sich vom Mediziner dumm kommen lassen oder tatenlos dabei zusehen, von ihm nicht ernst genommen zu werden. Das Tun des einen ist das Tun des anderen.

# DIE HYGIENE

Nach einer Studie der Universität Freiburg werden deutsche Krankenhäuser immer gefährlicher. Jeder 30. Patient infiziert sich dort mit neuer Krankheit, weil Ärzte und Krankenpfleger sich zuwenig die Hände waschen. Dabei sollte der Infektionsschutz im Mittelpunkt allen ärztlichen Handels stehen und darf von Patienten selbstverständlich erwartet werden. Dem vorbeugenden Gesundheitsschutz durch konsequente Anwendung von Hygiene wird auch so manche Zahnarztpraxis nicht in vollem Umfang gerecht. Zahnärzte tragen oft bei weitem nicht den meist unausgesprochenen Ansprüchen der Patienten nach Desinfektion und Sterilisation Rechnung. Zwar genügt derzeit bei den Betreibern zahnärztlicher Praxen noch der ihnen unterstellte »zahnärztliche Sachverstand«, um hygienischen Maßnahmen zum Durchbruch zu verhelfen, kontrolliert werden sie in der Einhaltung hygienischer Normen aber kaum. Selbst der Deutsche Arbeitskreis für Hygiene in der Zahnarztpraxis (DAHZ) vertritt die Position, Infektionsschutzmaßnahmen bei zahnärztlichem Handeln seien nicht so dringend erforderlich wie in der allgemeinen Chirurgie, fragt sich aber dennoch besorgt, ob denn ein Tropfen Blut etwa weniger gefährlich wäre als ein ganzer Liter. Natürlich, das sagt uns schon der gesunde Menschenverstand, sind unter Umständen schon wesentlich geringere Mengen infektiösen Blutes und anderer Körperflüssigkeiten krankheitsauslösend. Diese Tatsache mußte die Menschheit in den zurückliegenden Jahren auch durch die rasante Verbreitung der Immunschwächekrankheit Aids und verschiedener Gelbsuchtformen (besonders Hepatitis C) schmerzlich zur Kenntnis nehmen. Möglicherweise ist mehr Hygiene für manchen Zahnarzt mit mehr Investition verbunden. Dies ist aber im Hinblick auf die vom Patienten zu erwartende Selbstverständlichkeit, gefahrlos und da, wo es nötig ist, keimfrei behandelt zu werden, dringend geboten. Nach einschlägigen Untersuchungen kommt nur etwa jeder zehnte Patient derzeit in den Genuß der Behandlung mit sterilisierten Bohrern, sogenannten Hand- und Winkelstücken. Dieses Ergebnis ist nicht nur skandalös, sondern muß wachrütteln. Patienten sollten Zahnärzte verstärkt dazu zwingen, ihre Maßnahmen zu besserem Infektionsschutz zu erhöhen und für den einzelnen sicherzustellen. Kontrolle ist auch hier vonnöten, denn schließlich geht es um Sicherheit. Nicht nur um die des zahnärztlichen Teams, sondern vor allem auch um die der Behandelten. Die sich mit Infektionsschutz befassende Wissenschaft diskutiert seit einiger Zeit auf europäischer Ebene neue hygienische Normen, die in zahnärztlichen Praxen beträchtliche Unruhe gestiftet hat. Besorgt wird sich da gefragt, ob vielleicht seit Jahren schon unzureichend sterilisiert worden ist. Die Fachwelt ist sich einig: Neben selbstverständlichen und unzweideutigen Maßnahmen, wie das Tragen von Schutzhandschuhen und Mundschutz bei der Behandlung, sollen sich Zahnärzte vor allem von ihren klassischen Kesselautoklaven trennen, durch die Keimfreiheit nicht in vollem Umfang gewährleistet werden kann. International wird die konsequente Sterilisation der zahnärztlichen Hand- und Winkelstücke und Turbinen aber gefordert, und der Patient hat ein berechtigtes Interesse an der Umsetzung dieser Maßnahmen. Er sollte zum Schutz seiner Gesundheit auch vom Zahnarzt den dokumentierten Nachweis fordern dürfen, daß die Instrumente, mit denen er behandelt wird, nachweislich sterilisiert wurden und daß der Sterilisationsvorgang überhaupt erfolgreich war. Dies scheint nur durch neuere Geräte des B- oder S-Typs gewährleistet.

# Mikroorganismen: Krankheitserreger und Risiken

Patienten gehen im Normalfall unbedarft davon aus, daß eine Übertragung gefährlicher Krankheiten in zahnärztlicher Praxis für sie ausgeschlossen bleibt. Sie haben ein geradezu blindes Vertrauen in die Durchsetzung aller notwendigen hygienischen Vorschriften und können sich wohl kaum vorstellen, daß sie hin und wieder auch unerfüllt bleibt. Die konsequente Einhaltung von Desinfektion und Sterilisation ist gerade beim bohrenden Mediziner besonders wichtig, denn bei vielen seiner Eingriffe kommen Instrumente mit Blut und infektiösen Flüssigkeiten in Kontakt. Es gibt eindeutige Vorschriften, die jeder Praxisinhaber zum Schutz seiner Patienten durchzuführen hat, um Infektionsmöglichkeiten zu minimieren oder ganz zu beseitigen. Weil Zahnärzte aber darin weitgehend unkontrolliert bleiben, nehmen es manche aus Bequemlichkeit mit ihren Pflichten bei der Sauberkeit nicht so genau und setzen die Gesundheit anderer leichtfertig aufs Spiel. Die 1. Große Strafkammer des Landgerichts Aurich verurteilte 1997 eine Zahnärztin aus Niedersachsen wegen verschiedener ihr zur Last gelegter Delikte. Nach Zeugenaussagen war die mittlerweile geschlossene Praxis außerdem »total versifft und verdreckt«.

Dabei leitet sich die Notwendigkeit der Durchführung aller hygienisch erforderlichen Maßnahmen schon allein aus Forderungen des Strafgesetzbuches, dem BGB und den einschlägigen Bestimmungen des Bundesgesundheitsministeriums für jeden Zahnarzt her. Wegen der großen Infektionsgefahr sind die Berufsgenossenschaften, der Gesundheitsdienst und die Wohlfahrtspflege zwar zu hygienischen Kontrollen in den Praxen berechtigt. Sie machen von diesem Recht aber höchstens stichprobenartig und zu selten Gebrauch. Bei der Nichtbeachtung dringend erforderlicher hygienischer Maßnahmen können krankmachende Mikroorganismen durch verschiedene Infektionswege auf die sich in den Behandlungszimmern aufhaltenden Personen übertragen werden. Die Infektion ist durch die Berührung mit verkeimten Instrumenten, Bohrern, Flächen Griffen, Händen und vielen anderen Quellen möglich. Aber auch beim Sprechen, Niesen und Husten werden Mikroorganismen mit der Möglichkeit, sich dadurch anzustecken, übertragen. Ein einziger Tropfen Speichel kann immerhin bis zu zehn Millionen Bakterien enthalten. Auch der Zahnarzt, sein Team und die Patienten selbst können Krankheitserreger wechselseitig übertragen. Eine ganz besondere Bedeutung kommt der möglichen Übertragung von Hepatitis (Gelbsucht) und der Immunschwächekrankheit Aids zu, denn diese Krankheiten enden nach dramatischem Verlauf auch heute noch nicht selten tödlich. Es ist bekannt, daß wahrscheinlich wegen der Folgen unterlassener Hygiene Hepatitisübertragungen auch beim Zahnarzt nicht nur möglich sind, sondern sogar stattfinden. Bei der Befragung entsprechender Patienten hat sich gezeigt, daß bei vielen während der Ansteckungszeit zahnärztliche Behandlungen durchgeführt worden sind. Das beweist zwar nicht zwingend, daß die Gelbsucht eben durch diese Behandlungen verursacht wurde, macht aber nachdenklich.

☞ Zahnärzte und das ihnen helfende Personal sind wegen der vielen Patienten, mit deren Blut und Speichel sie oft in Kontakt geraten, in besonderer Weise infektionsgefährdet. Hepatitis-Schutzimpfungen gerade für diesen Personenkreis sollten eigentlich ganz selbstverständlich sein, um auch andere während der Behandlung nicht zu gefährden. Fragen Sie den Zahnarzt gelegentlich, ob das behandelnde Team ausreichend immunisiert ist. Nur ausreichender Impfschutz setzt die Gefahr, selbst daran zu erkranken und andere mit Gelbsucht-Viren zu infizieren, herab. Hepatitis ist eine sehr ernst zu nehmende und hoch infektiöse Krankheit. Etwa 1 Prozent verläuft tödlich.

Das Infektionsrisiko für Aids soll durch Nadelstichverletzungen und den Kontakt mit Blut HIV-Infizierter in den Praxen zwar äußerst gering sein. Trotzdem sind angesichts des tödlichen Verlaufs der Krankheit alle denkbaren Vorsichtsmaßnahmen dringend geboten. Das HIV-Virus ist in den Körperflüssigkeiten infizierter Personen enthalten und wird nur durch bestimmte Desinfektionsmittel und Erhitzung bei der Sterilisation inaktiviert. Die Immunschwäche, von der in Deutschland etwa 60000 Personen befallen sind, tritt manchmal erst fünf Jahre nach erfolgter Übertragung auf und dann aber fast 100prozentig. Impfungen gegen Aids gibt es nicht.

# Herr Doktor: Bitte viel steril!

Besonders die ungeschützten und nicht einwandfrei gewaschenen Hände des Zahnarztes und die seiner Helferinnen könnten während der Zahnbehandlung krankmachende Mikroorganismen auf Patienten übertragen. Auch durch Sprechen, Niesen und Husten ohne Mundschutz ist Ansteckung möglich. Vor allem hygienisch nicht einwandfrei gewartete zahnärztliche Instrumente, wie unsterile Zahnsteinentferner, können mit hochinfektiösen Keimen verunreinigt sein. Rotierende »Bohrer«, die in der Behandlung als Hand- und Winkelstücke und hochtourige Turbinen zum Einsatz kommen, sind zum Schutz der Zahnsubstanzen vor Überhitzung wassergekühlt. Bei deren Anwendung bildet sich ein aus dem Mund wieder austretender, mit Mikroorganismen gesättigter Aerosolnebel, der den gesamten Behandlungsstuhl in einer Reichweite von 3 Metern umgibt. Die Tröpfchen dieses Spraynebels sind so klein, daß sie eingeatmet werden können, schweben bis zu 24 Stunden im Behandlungszimmer und sinken danach auf Flächen, Griffe, den Stuhl und Boden nieder. Der Zahnarzt kann weder wissen noch feststellen, ob die bei ihm behandelten Patienten Keimträger unterschiedlichster Krankheitsbilder sind und sich vielleicht schon in der Ansteckungsphase einer Krankheit befinden. Deshalb muß natürlich damit gerechnet werden, daß er mitunter auch in Kontakt mit Personen gerät, die an Hepatitis der besonders gefährlichen B- und C- Formen und sogar Aids leiden oder (noch) symptomlose Träger dieser Viren sind. Umgekehrt können auch Patienten nicht erkennen, ob Personen des zahnärztlichen Behandlungsteams vielleicht selber Mikroorganismen auf sie weiter verbreiten. Deshalb ist besonders von dieser medizinischen Berufsgruppe die strikte Durchführung und Einhaltung aller hygienisch notwendigen Maßnahmen zu fordern. Eine einzige Lücke in der Hygienekette kann die Übertragung gefährlicher Krankheiten ermöglichen.

Zum Schutz vor infektiösen Mikroorganismen und ihrer Weiterverbreitung in der zahnärztlichen Behandlung müssen der Zahnarzt und sein Team Schutzkleidung anlegen. Dabei sollen nach vorne geschlossene, saubere Kittel oder Jacken getragen werden. Es muß als selbstverständlich gelten, daß wegen der kurzen Entfernung zur Mundhöhle der Patienten von diesen Personen auch immer nur mit Mundschutz behandelt wird. Nur so kann die Gefahr wechselseitiger Übertragungen von Bakterien, Pilzen und Viren über die Schleimhäute gering gehalten werden. Das Überstreifen von Schutzhandschuhen während zahnärztlicher Eingriffe darf von Patienten nicht nur erwartet, sondern muß zu ihrem Schutz dringend von ihnen gefordert werden. Man muß sich vor Augen halten, daß gerade die Hände des Zahnarztes und helfender Personen ständig mit dem Blut und Speichel unterschiedlicher Patienten in Berührung kommen. Undenkbar, wenn hier ungeschützt behandelt und Körperflüssigkeiten der einen mit denen der anderen vermengt würden. Deswegen ist auch die Verwendung von Einmalhandschuhen mehr als logisch, die bereits nach 30minütigem Gebrauch Porositäten aufweisen können. Vor dem Überstreifen dieser Latex- oder Gummihandschuhe müssen die Hände des Zahnarztes dringend notwendig desinfiziert werden. Diese Maßnahme soll der Inaktivierung von sich auf der Haut des Behandlers befindlichen Mikroorganismen dienen und soll als hygienische Händedesinfektion vor jeder Behandlung durchgeführt werden. Chirurgische Eingriffe, wie Zahnentfernungen und Wurzelresektionen, erfordern eine besondere Sorgfalt bei der Beachtung hygienischer Kriterien.

☞ Manche Zahnärzte führen einige ihrer Eingriffe ohne Handschuhe oder Mundschutz aus. Dies widerspricht den einschlägigen Vorschriften und gesetzlichen Bestimmungen. Das ist milde gesprochen. In Wahrheit ist es sogar gefährlich oder zumindest unhygienisch. Zahnärztliche Behandlungen mit bloßen Händen entsprechen wegen der in den Praxen möglichen Ansteckungsgefahr mit Gelbsucht, Aids und anderen hochinfektiösen Krankheiten nicht hygienischem Standard, und alleiniges Händewaschen durch den Behandler muß als völlig unzureichend angesehen werden. Verlangen Sie, wenn dies nicht der Fall sein sollte, die Behandlung mit Einmalhandschuhen und Mundschutz. Diese Schutzkleidung sollte vor Ihren Augen angelegt werden, damit nicht während einer Stippvisite des Doktors in das Nebenzimmer von dort krankmachende Keime auf Sie übertragen werden.

# Verkeimte Instrumente und Geräte: Ansteckung und Gefahr

Fast bei jeder zahnärztlichen Behandlung kommt es neben dem Speichelfluß auch zu kleineren Blutungen und damit zum Austritt potentiell infektiösen Flüssigkeiten, die von den Helferinnen abgesaugt werden. Sie kontaminieren natürlich dann die Saugschläuche und damit die gesamte übrige Absauganlage des Behandlungsstuhls. Spätestens beim nächsten Patienten entstehen dann erhebliche Infektionsgefahren, wenn mit diesem Saugsystem innerhalb der Mundhöhle in unmittelbarer Nähe von Wunden gearbeitet wird. Die Verwendung frischer, steriler Saugkanülen ist selbstverständlich. Auch der unappetitliche Inhalt der Sauganlagen beinhaltet ein erhebliches Infektionsrisiko. Die Innenwände der Schläuche werden von einem Film lebender und toter Mikroorganismen überzogen, der nur schwer wieder entfernbar ist und schon während der Nacht zu übler Geruchsentwicklung führt. Zum Schutz der Gesundheit der Patienten ist diese Sauganlage durch sachgemäße Desinfektion regelmäßig zu »entsorgen«, da nur so das Infektionsrisiko entscheidend minimiert wird. Eine Kontrolle darüber, ob dies wirklich geschieht, haben Patienten aber leider nicht und dürfen lediglich darauf vertrauen.

☞ Riskieren Sie bereits beim Betreten des Behandlungsraumes mit den Augen einen hygienischen »Rundum-Check«. Macht die Behandlungseinheit einen sauberen und gereinigten Eindruck? Ist ein neuer Einmalbecher zum Ausspülen vorhanden, oder sollen Sie den des vorhergehenden Patienten mit benutzen? Werfen Sie einen Blick in das Speibecken, das durch die ständige Benutzung vor allem mit Naßkeimen besiedelt ist. Ist es sauber und trocken? Befindet sich am Absaugschlauch eine frisch verpackte

Absaugkanüle, die in Ihren Mund gelangt? Sollten Ihnen Hygienemängel auffallen, sprechen Sie diese Mißstände unverzüglich an. Manchmal fallen Gegenstände, wie Zahnersatz, Provisorien oder Instrumente, versehentlich zu Boden. Akzeptieren Sie niemals, daß diese kontaminierten Materialien einfach aufgehoben werden und ohne Desinfektion oder Sterilisation in Ihre Mundhöhle gelangen.

Nicht nur die »Bohrer« sollen vor ihrem Einsatz in der Behandlung steril sein. Auch für die meisten zahnärztlichen Instrumente gilt, daß sie dem Behandler keimfrei (steril) zur Verfügung stehen. Das betrifft nicht nur das zahnärztliche »Besteck«, bestehend aus Mundspiegel, Sonde und Pinzette, sondern zum Beispiel auch alle während Füllungen benutzte Instrumente. Vor allem diejenigen, die zu chirurgischen Eingriffen benutzt werden, machen eine sachgemäße Säuberung, Desinfektion und Sterilisation unentbehrlich.

Sie können nur dann relativ sicher sein, mit wirklich keimfreiem Instrumentarium behandelt zu werden, wenn die zum Einsatz kommenden zahnärztlichen Utensilien aus sterilisierten Klarsichtverpackungen entnommen werden. Das Einschweißen der Instrumente vor dem Sterilisieren ist mit einem höheren Zeitaufwand für die Helferinnen verbunden, aber das sollte Sie gar nicht interessieren. Alle möglichen Einwände, warum dies in dieser Praxis nicht möglich sein soll, können ja plausibel klingen und schlüssig argumentiert sein. Sie dürfen aber ein hohes Maß an Sicherheit und Schutz verlangen, denn hygienische Fehlleistungen könnten Sie teuer zu stehen kommen. Mit nichtverpackten, unsterilen Instrumenten, die aus Schubladen entnommen werden, würde ich mich nicht behandeln lassen. Vertrauen ist ja ganz schön, Kontrolle aber besser. Und meine Gesundheit ist mir sowieso am allerwichtigsten. Ihnen wird es nicht anders gehen.

# DIE PROPHYLAXE

Es entspricht der einhelligen Überzeugung fast aller Zahnärzte, Karies und ihre Folgen werde durch die Patienten allein verursacht. Sie würden zuviel Süßigkeiten naschen, ihre Zähne nicht oder nicht richtig putzen und den Zahnarzt überhaupt zu selten konsultieren. Diese Propaganda soll verschleiern, daß sich der Begriff Karies, zu deutsch Zahnfäule, als ein durch viele Faktoren bedingtes Geschehen darstellt. Es läßt sich nicht platt und einfach auf die Nachlässigkeit beim Zähneputzen reduzieren, das ist doch den Patienten gegenüber ein bißchen einfach dargestellt. Es soll der Gewohnheit einiger Zahnärzte entsprechen, ihre Aufzeichnungen von Patienten mit nach ihrer Meinung nicht ausreichender Mundhygiene mit dem Kürzel »MS« (Mundsau) zu versehen. Dann weiß der Doktor immer gleich, wen er demnächst vor sich hat. Bei diesen einseitigen, und demütigenden Schuldzuweisungen wird von den Zahnärzten übersehen, daß die Entwicklung von Karies bei den Bürgern auch mit der Qualität ihrer Arbeit und teils unterlassener Aufklärung zu effektiver Mundhygiene in Zusammenhang gebracht werden darf. Zahnärztliche Interessengruppen sehen dies natürlich anders und verkündeten noch 1994 lautstark: *»Karies ist eine selbstverschuldete Krankheit.«* (Internationale Gesellschaft für Ganzheitliche Zahnmedizin)

↳ Eine Untersuchung der Mainzer Universität über die Karieshäufigkeit angehender Zahnärzte zeigte verblüffende Ergebnisse: Viele hatten selbst den Gang zum Zahnarzt nötig, denn immerhin 53 Prozent der untersuchten Studenten der Zahnheilkunde waren dringend behandlungsbedürftig. Die künftigen Dentisten konnten offenbar noch nicht einmal ihre eigenen Zähne kariesfrei halten (Zahnärztliche Mitteilungen 15/95).

Die Verankerung des Prinzips der selbstverschuldeten Karies im Bewußtsein der Bevölkerung dient manchem Zahnarzt auch dem Ziel, den Anteil zuzahlungswilliger Patienten bei privater Zahnbehandlung in der eigenen Praxis anzuheben. Das Motto des kommerziellen dentalen Marketings lautet folgerichtig: Karies? Selbst schuld, selbst bezahlen. Natürlich, und daran will keiner zweifeln, tragen sowohl eine gute Zahnhygiene wie auch die gesunde Ernährung ganz entscheidend zur Verbesserung der Mundgesundheit bei. Regelmäßiges, richtiges Zähneputzen und auch das Meiden von Zucker helfen mit, Zahnfäule zu stoppen. Die alleinige Schuldzuweisung an Patienten wegen Karies und ihrer Folgen aber verschleiert auch andere mögliche Ursachen dieser Krankheit, die diese eben nicht zu verantworten haben. Kinder zum Beispiel, die vom Zahnarzt nicht oder nur unzureichend auf die Bedeutung guter Zahnpflege hingewiesen wurden, sind doch später nur schwer für die Folgen unterbliebener Anleitung zum effektiven Zähneputzen allein verantwortlich zu machen. Bei manchen Zahnärzten stecken prophylaktische Bemühungen heute noch in den Kinderschuhen. Aber auch Allgemeinerkrankungen Erwachsener lassen effektive Mundpflege von Patienten oft genauso wenig zu wie die älterer Menschen mit eingeschränkter Konzentrationsfähigkeit. Vielen Menschen ist außerdem die effektive Reinigung ihrer Zähne wegen Engständen, rauhen Zahnoberflächen und zum Teil angeborenen Zahnschmelzdefekten nur eingeschränkt möglich. Darf auch dieser Personenkreis von den Zahnärzten als nur eigenverantwortlich für Karies eingestuft werden? Das Wort Schuld allein ist hier nicht angebracht und darf nicht vergeudet werden. Daß Patienten nur selbst schuld an Karies und ihren Folgen sind, ist eine Lüge. Zahnarztdenken ist in zum Teil elitärem Gehabe nicht darauf ausgelegt, sich auch selbst einmal Schuld zu geben, und eigene Behandlungsfehler werden gern verniedlicht. Viele Patienten können sich nicht daran erinnern, vom Zahnarzt in der hygienischen Pflege angefertigten Zahnersatzes unterrichtet worden zu sein. Obwohl dies besonders wichtig wäre, sind ihnen die Reinigung von Zahnzwischenräumen und die individuelle Sauberhaltung ihrer neuen Kronen oder Brücken nicht bekannt. Wie könnte sich da ein Zahnarzt bei auftretenden Folgeschäden ernsthaft als Richter über seine eigenen Versäumnisse aufspielen? Patienten wechseln nicht selten auch deshalb den Dentisten, weil sie sich von ihm weder ernst genommen noch wirklich gut betreut fühlen. Ursachen von Zahnschäden, die oft jahrelang zurückliegen, sind später für den Nachbehandler oft sowieso nicht mehr genau zu klären, und kariöse Befunde reichen für Schuld, die allein nur beim Patienten liegen soll, bestimmt nicht aus. Wurde denn von den Kollegen wirklich immer die penible Diagnostik und Therapie betrieben, die Karies vermieden hätte? Ist die Aufklärung über Karies begünstigende Faktoren je erfolgt? Das darf vielleicht bezweifelt werden. Zahnärzte können sich aber nicht aus ihrer Verantwortung auch für eigene Fehler stehlen. Patienten brauchen aus dieser Überlegung heraus nicht ins Stottern zu geraten, wenn der Doktor wieder am Zahn ein Loch entdeckt. Besonders wenn ein Zahnarzt wegen einer Plombe schon einmal daran tätig war, ist der neue Zahndefekt ja vielleicht die Folge der früheren Behandlung. Es könnte sich dann auch um Fremdverschulden handeln.

# Loch im Zahn? Nein, danke!

Wir leben in einer Zeit, in der Schönheit und Gesundheit hohe und erstrebenswerte Ideale sind. Bei dem Streben nach gutem Aussehen ist man sich im Kommunikationszeitalter darüber bewußt, daß auch der Zustand der Zähne den Blick und die Aufmerksamkeit des Gegenübers auf sich zieht und entscheidender Teil des ersten Eindrucks ist, den man auf andere macht. Viele, besonders die im Rampenlicht der Öffentlichkeit Stehenden, werden heute zum guten Teil nach ihrem Äußeren beurteilt und ein gesundes Gebiß von ihnen geradezu erwartet. Aber auch die eigenen Bemühungen um den ästhetischen Erhalt der Zähne haben bei vielen Bürgern zu verstärkter Mundhygiene geführt. Wem mißhagt nicht der Gedanke, später auf den »Felgen« kauen zu müssen oder die »Dritten« über Nacht ins Wasserglas zu hängen? Zahnlosigkeit im Alter ist heute vermeidbar und keine Illusion. Besonders dann nicht, wenn man die Zusammenhänge kennt, die dazu führen könnten. Neben effektiver und regelmäßig betriebener Mundhygiene gehört dazu vor allem auch eine gesunde Ernährung.

Trotz aller vermeintlichen Anstrengungen zur Gesunderhaltung der eigenen Zähne wird deren intakter Zustand aber manchmal trotzdem empfindlich gestört, und ein Loch oder die kaputte Füllung signalisiert die notwendige Begutachtung durch den Zahnarzt. Daß daran nicht nur immer der Patient selbst schuld ist, wurde schon besprochen. Zur Erinnerung: Wie soll Karies und ihre Folgen für den Betroffenen überhaupt vermeidbar sein, wenn Zahndefekte nicht nach den Regeln zahnärztlicher Kunst gefüllt werden und eine Reinigung der Zahnzwischenräume erschwert oder gar nicht möglich ist? Aber Hand aufs Herz: An der optimalen, häuslichen Pflege der

Zähne ließe sich für viele noch einiges verbessern. Doch was kann man tun? Wer klärt einen richtig auf? Nicht alle Zahnärzte unterrichten ihre Patienten jedenfalls über effektive Zahnputztechniken und schon gar nicht über noch darüber hinausgehende Maßnahmen zur dauerhaften Gesunderhaltung der Zähne. Das Verständnis darüber aber, wie ein gesunder Zahn löchrig werden kann und wann dieser Zustand immer wahrscheinlicher wird, ist der Schlüssel zur Vermeidung von Zahndefekten. Wer genau weiß, was zu tun ist, und dies auch befolgt, kann den Gang zum Zahnarzt demnächst locker nehmen.

Karies, gemeinhin als Zahnfäule bezeichnet, wird ausschließlich durch bakterielle Beläge verursacht. Wer hier nur auf Speisereste tippt, liegt falsch, und nur für sich und isoliert betrachtet, sind sie gar nicht in der Lage, die Zahnsubstanz zu attackieren. Der Prozeß, der dort Löcher provoziert, ist diffiziler und will genau verstanden werden. Auf einem sauberen Zahn entsteht nach etwa 4 Stunden immer ein vom Speichel aus Kohlehydraten und Eiweißen gebildetes Häutchen. Wenn in den darauffolgenden zwei Tagen die Zähne nicht gereinigt werden, wobei dieses Häutchen wieder mit entfernt wird, wachsen darauf Bakterien. Besonders gut gedeihen sie, wenn ihnen mit der Nahrung niedermolekulare Kohlenhydrate, wie raffinierte Zucker und feine Auszugsmehle, zugeführt werden. Manche Bakterienarten bilden daraus einen filzartigen, klebrigen Belag, der sich an den Unebenheiten der Zahnoberflächen anheftet und Plaque heißt. Wird dieser bakterienhaltige Belag nicht entfernt, entwickelt er ein gefährliches Eigenleben. Die darin enthaltenen Bakterien treiben als Kennzeichen jeglichen Lebens Stoffwechsel, vergären vor allem Zukker und produzieren später Säuren. Diese Säuren greifen zuerst den Schmelz an, entmineralisieren ihn und zerstören dann auch darunterliegende, weichere Zahnsubstanzen. Unter dem Mikroskop betrachtete Plaque enthält massenhaft Mikroorganismen, die wie Maden aussehen und sich auch genauso bewegen.

☞ Es ist schon aus praktischen Gründen oft gar nicht möglich, eine Reinigung der Zähne sofort nach den Mahlzeiten vorzunehmen. Wer sein Frühstück und Mittagessen in Kantinen einnimmt, dem ist das Zähneputzen auf Betriebstoiletten oft aus

Gründen des Geruchs erschwert. Auch nach einem Essen im teuren Restaurant denken viele sicher nicht im Traum daran, dort auf dem Örtchen die Zahnbürste auszupacken. Das ist auch nicht notwendig, und deswegen passiert Ihren Zähnen nichts. Allerdings sollten Sie möglichst nie versäumen, die Speisereste, die an und zwischen Zähnen haften, noch am gleichen Abend mindestens mit der Bürste zu entfernen. Wer noch Zahnseide nimmt, darf sich gratulieren.

Aus Plaque kann sogar harter Zahnstein werden. Saubere, belagfreie Zähne nehmen aus dem Speichel ständig Kalzium auf. Durch diesen wichtigen Regenerationsvorgang härtet sich der Zahnschmelz sozusagen immer wieder selbst. Haftet besonders auf den Frontzähnen des Unterkiefers aber ein klebriger Belag, wird dieser durch Kalziumaufnahme verkalkt und erscheint als Zahnstein. Das bedeutet, daß Zahnstein niemals in Abwesenheit von Plaque entstehen kann. Viele wundern sich darüber, daß beim Gang zum Zahnarzt oft auch Zahnstein entfernt werden muß, und sind sich über den Vorgang der Entstehung nicht im klaren. Wie denn auch, wenn ihnen dieses Wissen von den Zahnärzten oft vorenthalten und höchstens gegen Bares bei bezahlter Prophylaxe vermittelt wird. Zahnstein ist weder erblich, noch kommt er einfach so daher. Er läßt sich dann vermeiden, wenn auch besonders die Innenflächen der unteren Zähne in die Zahnpflege mit einbezogen werden.

☞ Leider wird oft vergessen, die Innenseiten der Zähne mit zu putzen, weil diese zum Gaumen und zur Zunge hin gelegenen Zahngebiete mit der Bürste umständlicher zu erreichen sind als die Zahnaußenflächen. Dort nicht entfernte Beläge verkalken und sind vor allem im Unterkiefer als Zahnstein nur durch den Zahnarzt zu beseitigen. Beziehen Sie demnächst auch die Innenflächen der Zähne beim Putzen mit ein, denn wenn Sie das gründlich und konsequent tun, kann sich dort gar kein Zahnstein bilden.

Ziel kariesvorbeugender Maßnahmen ist es, möglichst ungünstige Bedingungen für eine Infektion in der Mundhöhle zu schaffen, damit ein Kariesprozeß gar nicht zustande kommen kann beziehungsweise unterbrochen wird. Jeder kann durch Ernährungsgewohnheiten und tägliche Mundhygiene selbst Einfluß darauf nehmen, ob seine Zähne dem Säureangriff der Kariesbakterien standhalten. Zahnärztliche Maßnahmen wie professionelle Zahnreinigungen, Fluoridierung, Zahnversiegelungen und die Gabe antibakterieller Medikamente können dieses Vorhaben unterstützen. Es scheint vor allem für den eigenen Geldbeutel allemal sinnvoller, die Ursachen von Karies und ihre Folgen anzugehen, als sich durch Zahnärzte die eigenen Zähne aufbohren und Defekte mit körperfremden Materialien wieder zustopfen zu lassen. Niemand unterdrückt bei dauernden Kopfschmerzen die lästigen Symptome allein durch andauerndes Einnehmen von Schmerztabletten, wenn sich das vermeiden ließe. Beseitigung der Ursachen von Karies heißt auf einen Punkt gebracht: konsequente Entfernung der an den Zähnen klebenden bakteriellen Beläge und Vermeidung niedrigmolekularer Zucker. Wie lange bekannt ist, kann Karies nämlich grundsätzlich auch über eine Senkung der Zuckereinnahmefrequenz verhindert werden: Viel Zucker zu den Hauptmahlzeiten führt kaum zu neuen Kariesdefekten. Wenig Zucker über den ganzen Tag verteilt läßt viel neue Karies entstehen. Wer verinnerlicht hat, daß ein sauberer Zahn grundsätzlich nicht erkrankt, kann durch einfache, aber konsequent durchgeführte Mundhygiene beim Zahnarzt demnächst viel Geld sparen. Auch wenn die Erfahrung zeigt, daß es schwierig ist, den eigenen Schweinehund konsequent zu überwinden und besonders vor dem Zubettgehen noch zur Zahnbürste zu greifen. Aber: Jeder Verlust natürlicher Zahnsubstanz erhöht das weitere Kariesrisiko, denn jede zahnärztliche teure Restauration schwächt den Zahn langfristig. Das weiß auch der gut verdienende Zahnarzt.

# Zahnarztkosten mindern: Richtig putzen ist die halbe Miete

Obwohl in Deutschland mehr als genug Zahnärzte praktizieren, sind die Zähne der Deutschen trotzdem nicht gesund und die Kosten für Patienten hoch. Die Ursache dafür wird vor allem ihnen in die Schuhe geschoben und behauptet, sie würden ihre Zähne viel zuwenig putzen. Die einseitige Schuldzuweisung ist natürlich bequem. Allerdings beruht diese Tatsache auch auf dem Versäumnis der Zahnärzte, ihr Augenmerk vor allem auf die Beseitigung der Ursachen von Karies zu richten. Lieber reparierten die Dentisten Zahndefekte, denn diese Leistungen wurden ihnen von den Kassen besser bezahlt, als vorbeugende Maßnahmen bei der Kariesfrüherkennung zu fördern. Den Fehler hat die Gesundheitspolitik nun erkannt und korrigiert. Sie räumte mit dem Inkrafttreten des 2. Neuordnungsgesetzes (NOG) zur Gesetzlichen Krankenversicherung auch manchen Erwachsenen zahnärztliche Leistungen zur Prophylaxe ein: Versicherte Erwachsene mit hohem Kariesrisiko haben Anspruch auf Kassenleistungen zur Schmelzhärtung und Keimzahlsenkung.

Auch die Zahnärzte haben bemerkt, daß sich mit Prophylaxe viel Geld verdienen läßt. Das Prinzip selbstverschuldeter Karies macht's möglich: Wenn der Patient nicht richtig putzt, dann wird es ihm eben gezeigt. Gegen Bares selbstverständlich nur und oft nicht vom Zahnarzt selbst. Nein, derartige Leistungen, die privat auf Grundlage der Gebührenordnung für Zahnärzte berechnet werden, lassen sich auch an Helferinnen delegieren. In eigens dafür geschaffenen Räumen wird von ihnen Mitarbeit der zahlenden Patienten eingefordert, die hier das Zähneputzen lernen. Patienten dazu zu überreden, ihnen die Ursachen der Karies darzulegen und die Feinmotorik der Putzbewegung zu verbessern, hat sich in manchen Praxen zu einem wahren Geldsegen entwickelt. Zahnbeläge werden mit Tabletten rötlich angefärbt und im Spiegel lächelnd vorgeführt. Ein schöner Trick, der Kindern vorbehalten bleiben sollte, denn den wirklich belagfreien Zahn gibt es nicht. Ähnliche Bilder ergäben sich deshalb auch beim Behandler selbst, wenn er mit dem Patienten die gleichen Pillen lutscht. Indes, das läßt sich alles in Rechnung stellen und auf dieser Basis weitermachen und privat verdienen. Um prophylaktischer Bemühung Professionelles zu verleihen, braucht der Zahnarzt noch ein Mikroskop, einen Brutschrank und Teststreifen. Das macht Eindruck auf den Laien, der danach den Puffergehalt seines Speichels, also die Fähigkeit, Säuren neutralisieren zu können, ebenso kennt wie den Vorgang der Bakterienanzüchtung aus noch vorhandenen Zahnbelägen. Bis hierher kostet der Spaß den Patienten etwa 40 Mark. Alle vorhergehenden Maßnahmen sollen allerdings in eine logische, die Kosten erheblich steigernde zahnärztliche Maßnahme münden, die »mechanische, professionelle Zahnreinigung.« An 28 Zähnen vollführt, sind dann noch einmal etwa 130 Mark zusätzlich fällig, macht zusammen wenigstens 170 Mark. Nun ist es ja nicht so, daß diese prophylaktischen Bemühungen zur Gesunderhaltung der Zähne etwa unnütz wären, ganz im Gegenteil. Und es kann auch sein, daß derart »angezapfte« Patienten, die dies selbst zu zahlen haben, auch den praktisch erworbenen Hinweisen für effektive Mundhygiene zu Hause kurzfristig Folge leisten. Das Risiko, an Karies oder Zahnfleischentzündungen zu erkranken, fällt vorübergehend sicherlich, das ist unbestritten. Wer also dazu neigt, das Zähneputzen öfter zu vergessen, für den mag bezahlte und dauernd wiederholte Prophylaxe durchaus sinnvoll sein. Wer aber Geld beim Zahnarzt sparen möchte, führt die effektive Zahnpflege zu Hause einfach selber durch, denn die nach der »professionellen Zahnreinigung« notwendig werdenden eigenen Bemühungen kann einem weder die nette Assistentin noch der Zahnarzt selbst abnehmen. »Gesund« und »schön« durch Prophylaxe, so lauten die flotten Werbesprüche vieler Dentisten. Dahinter stecken allerdings oft ökonomische, handfeste eigene Interessen. Auf die Frage »Warum Prophylaxe in meiner Praxis?« wird vom Marketing verraten: *»Es gibt keine bessere Methode, Patienten an die Praxis zu binden . . . Der Patient, das ist sein größtes Streben, will ›gesund und schön‹ sein. Die Individualprophylaxe,* *selbst bezahlt, schafft die Grundlage . . ., bessere Leistungen ›verkaufen‹ zu können. Der Patient liefert als Kassenpatient über die Krankenversicherungskarte seinen Versicherungsnachweis ab und kann . . . privat behandelt werden. Ein ›weiterer Krankenschein‹, ohne viel darauf zu haben, verbessert deutlich alle Fallwerte . . .«* (*DZW-Spezial* 5/95) Mit dem Anbieten privater prophylaktischer Leistungen scheint es einigen Zahnärzten also vor allem darum zu gehen, wie man die Konkurrenz der anderen Kollegen abwehrt und sich mit neuen Leistungen gegen die Wettbewerber im eigenen Lager durchsetzt. Der vermeintliche Clou ihrer teuren Zahnreinigungsofferten lautet, daß der Besuch beim Zahnarzt dann zur gegenseitigen Freude würde, weil der so behandelte Patient über ein »strahlend schönes Gebiß« Ansehen gewinnen kann. In Wahrheit geht es einigen Zahnärzten wohl eher auch darum, Umsatz zu machen und weitere Privatbehandlungen ins Auge zu fassen. Wer nicht zahlen will, fliegt bei der Prophylaxe raus, genauso wie bei schönem Zahnersatz, den nur der erhalten soll, der sein Portemonnaie weit öffnet. *‚Für »blinde« Passagiere sollte kein Platz an Bord des Schiffes »Zahnprothetik« sein.* (*DZW-Zahn Technik* 10/97)

Es ist nicht so besonders wichtig, wie oft oder wie lange man die Zahnbürste im Mund bewegt, sondern wie: Auf die richtige Technik kommt es dabei an. Viele hantieren dabei an den Zähnen unkontrolliert herum, wie mit einem Bleistift ohne Borsten, der einfach hin und her geschoben wird. Mit dieser Putzbewegung werden aber auch Schäden an der Zahnsubstanz, besonders am Übergang zum Zahnfleisch hervorgerufen. Diese weitverbreitete Bewegung mit der Zahnbürste ist nur auf den Kauflächen der Zähne sinnvoll und richtig. Wird sie über längere Zeit auch an den Außenflächen der Zähne betrieben, liegen schon bald Wurzelanteile frei. Über Jahre frißt sich eine so benutzte Zahnbürste immer weiter in die Zahnsubstanz hinein. Die Zähne werden dadurch überempfindlich und für Karies anfälliger. Die Außen- und Innenflächen sollten deshalb nur in vertikaler Richtung, also vom Zahnfleisch (rot) zum Zahn hin (weiß), bearbeitet werden. Diese Zahnputz-Technik heißt folgerichtig auch »von Rot nach Weiß« und kann bakterielle Beläge schonend, aber gründlich entfernen.

☞ Nehmen Sie sich schon beim nächsten Mal vor, die Zahnreihen des Ober- und Unterkiefers getrennt voneinander zu putzen. Dazu müssen Sie den Mund nur leicht entspannt und offen halten. Beginnen Sie im Oberkiefer und setzten die Borsten der Zahnbürste zur Reinigung der Zahnaußenflächen mit sanftem Druck direkt am Zahnfleisch an. Bewegen Sie die Bürste im Oberkiefer mit einer ausschließlich nach unten gerichteten, rüttelnden Abwärtsbewegung am Zahn entlang. Beenden Sie diese »von Rot nach Weiß« gerichtete Bewegung, wenn Sie mit dem Zahn fertig sind, und setzen Sie neu an. Bearbeiten Sie auf diese Weise alle Zähne des Oberkiefers innen und außen. Vergessen Sie danach nicht die Kauflächen, die Sie hin und her schrubben dürfen. Im Unterkiefer setzen Sie die Zahnbürste mit etwas Druck am Zahnfleisch an und putzen mit leicht massierender Bewegung nur nach oben. Setzen Sie neu an, wenn Sie mit dem Zahn fertig sind, und arbeiten sich innen und außen langsam weiter vor. Kauflächen nicht vergessen, fertig! Das getrennte Putzen der Zähne in der richtigen Richtung bedeutet auch vielleicht für Sie eine Umgewöhnung. Den wenigsten Menschen wurde die richtige und wirksame Art der Entfernung von Zahnbelägen kostenlos erklärt. Lassen Sie sich nicht entmutigen, und üben Sie unbeirrt weiter. Um auch die Zahnzwischenräume zu reinigen, die von den Borsten nicht erreicht werden, benutzen Sie nach dem Putzen Zahnseide. Jetzt sind Ihre Zähne wirklich sauber!

Eine häufig an den Zahnarzt gestellte Frage lautet, welche Zahnpasta er empfehlen würde. Die Werbung trommelt pausenlos, und da machen auch gerade die Zahnpastenhersteller keine Ausnahme. Andauernd werden neue Pasten auf den Markt gebracht, die zum Teil das Blaue vom Himmel versprechen. Von »Ultra weiß« über »Perlweiß« bis »Unverschämt weiß« wird dem Käufer die künftige Zahnfarbe suggeriert. Versprechungen, die sich indes kaum halten lassen, denn die Wahl der Zahnpasta ist eher sekundär und die Farbe der Zähne dadurch kaum beeinflußbar.

☞ Benutzen Sie einfach die Zahnpasta, deren Tube Ihnen vom Design gefällt oder deren Aroma schmeckt. Viel wichtiger als die

Wahl der »richtigen« Zahnpasta ist die täglich durchgeführte Entfernung bakterieller Beläge mit der Zahnbürste. Vorsicht: Manche Zahnpasten enthalten aggressive Scheuermittel, die besonders Rauchern empfohlen werden und den Zahnschmelz aufrauhen können. Zahncremes, die »gegen harten Zahnbelag auch dort wirken, wo die Zahnbürste nicht hinkommt«, sind wohl eher ein Werbegag, der den gutgläubigen Käufer teuer zu stehen kommt. Vielleicht sind auch deshalb manche Zahnpasten bis zu siebenfach teurer als andere.

Ein Wort zu den Zahnbürsten. Elektrische Zahnbürsten sind teuer und bringen dem normalen Anwender keine nennenswerten Vorteile. Wer sie schon längere Zeit benutzt, kann dies ruhig weiter tun, Neuanschaffungen sind allerdings nicht notwendig. Für manche bringt die falsche Handhabung elektrischer Zahnbürsten aber auch Nachteile. Wer zu Zahnfleischproblemen neigt, dem sollte davon abgeraten werden, weil dann dem kontrollierten Putzen mit der Handzahnbürste eher der Vorzug zu geben ist. Welche Handzahnbürste nun eine besonders effektive Reinigung der Zähne zuläßt, kann auch der Zahnarzt nicht mit Bestimmtheit sagen. Am unwichtigsten ist mit Sicherheit der Griff. Abgeknickte, weich federnde Stiele sind Erfindungen hausinterner Designer der Hersteller, um im hart umkämpften Zahnbürstenmarkt die Nase vorn zu haben. Einig ist sich die Fachwelt darin, daß der Bürstenkopf kurz sein sollte, um alle Zähne möglichst gut zu erreichen. Die Borsten sollten abgerundet und aus hygienischen Gründen aus Kunststoff sein. Mittelharte Borsten sind zu bevorzugen, da die bessere Anschmiegsamkeit an die Zahnoberflächen eine gründlichere Reinigung als die mit harten Borsten möglich macht.

☞ Die Wirkung jeder noch so guten Zahnbürste läßt bei regelmäßiger Anwendung nach. Das liegt daran, daß die Borsten bei regelmäßiger Anwendung ermüden. Eine wirkliche Entfernung bakterieller Beläge ist damit nicht mehr möglich. »Ausgeleierte« Zahnbürsten sollten Sie ausmustern und nicht mehr benutzen. Eine Zahnbürste hält bei richtigem Gebrauch etwa drei Monate. Kaufen Sie dann eine neue, oder wechseln Sie den Bürstenkopf.

Der richtige Gebrauch von Zahnseide ist geeignet, bakterielle Beläge auch in den Zahnzwischenräumen restlos zu entfernen. Die Borsten der Zahnbürste sind nämlich gar nicht in der Lage, auch die Bereiche, in denen die Zähne zusammenstoßen zu erreichen. So können Kariesbakterien selbst bei sonst gutem Zähneputzen dort verbliebene Plaque besiedeln und ihr zerstörerisches Werk fortsetzen. Bei Erwachsenen entsteht Karies übrigens vor allem aus den Räumen zwischen den Zähnen heraus. Bei der Zahnseide handelt es sich um einen in Drogerien und Apotheken erhältlichen gewachsten oder ungewachsten Faden, der unter Spannung in die Zwischenräume der Zähne eingeführt wird, um die »unsichtbaren« bakteriellen Beläge in diesen Bereichen flächig abzustreifen. Da der richtige Umgang mit Zahnseide schon manchen zum Verzweifeln brachte, sind die Hersteller von Hilfsmitteln bei der Mundhygiene auf einen sinnvollen Dreh gekommen. Sie bieten Zahnseidehalter zum Gebrauch an, die das umständliche Fummeln mit der Zahnseide wesentlich erleichtern. Auch Mundduschen sind, richtig angewendet, zur Reinigung der Zahnzwischenräume bestens geeignet. Die entsprechenden Geräte erzeugen einen gepulsten Wasserstrahl, der durch die Kontakte benachbarter Zähne hindurchzudringen vermag und dort verbliebene Speisereste wegspülen kann.

☞ Ob Sie Zahnseide oder Mundduschen bevorzugen, reinigen Sie nach dem Zähneputzen auch immer noch die Zahnzwischenräume. Nur dann sind Ihre Zähne wirklich rundherum sauber. Bei umschaltbaren Mundduschen sollten Sie den Wasserstrahl ausschließlich waagerecht in die Zwischenräume richten, niemals von oben in den Zahnfleischsaum. Wenn Ihnen die Anschaffung einer Mundddusche zu teuer sein sollte, benutzen Sie zur Zahnzwischenraumreinigung eben Zahnseide. Sie ist genauso effektiv, aber wesentlich billiger.

Optimale Vorbeugung zur Gesunderhaltung der Zähne wird vor allem durch die eigene effektive Mundhygiene gewährleistet. Um den Gang zum Zahnarzt aber immer öfter als Spaziergang zu gestalten, bei dem selten oder überhaupt nicht mehr gebohrt werden muß, ist auch die Einhaltung weniger Ernährungsregeln wichtig. Mit Auslassungen über eine ausgewogene und vitaminreiche Nahrungsaufnahme möchte ich den Leser an dieser Stelle nicht langweilen. Dazu stehen dem Interessierten etliche Ratgeber zur Verfügung, die in jeder Buchhandlung oder Bibliothek erhältlich sind. Zur Erinnerung sei lediglich nochmals erwähnt, daß sich Karies auch über die Änderung der Zuckereinnahmefrequenz drastisch reduzieren läßt. Normaler Zuckerkonsum zu den Hauptmahlzeiten verursacht kaum neue Karies, der Säureangriff auf die Zähne steigt allerdings dramatisch, wenn über den Tag verteilt häufig Zucker eingenommen wird. Einige Zahnärzte haben neben ihrer normalen Tätigkeit auch das Geschäft mit der Ernährungsberatung für sich entdeckt. Dabei wußten Sie darüber bis vor kurzem auch nicht viel mehr darüber als viele andere auch. In schnellen Kursen vermitteltes oder angelesenes Wissen, dessen Inhalt jede Ernährungsfibel ziert, soll jetzt gewinnbringend an den Patienten gebracht werden. Billiger als diese teuren Ratschläge in Anspruch zu nehmen, scheint der Kauf entsprechender Bücher verschiedener Autoren zu sein, die heute jede gute Buchhandlung im Sortiment hat.

☞ Mit dem Kauf dieses Buches haben Sie das notwendige Wissen zur Entstehung und Vermeidung der Karies erworben. Wenn Sie die Ratschläge zur effektiven Mundhygiene ernst nehmen und konsequent anwenden, können Sie beim Zahnarzt viel Geld sparen. Ob es um Zahnfüllungen geht, die Sie dann genauso wenig benötigen wie unnatürliche und teure Zahnkronen: Zahnarztrechnungen könnten sich zukünftig reduzieren oder sogar ganz entfallen. Zahnschmerzen und Bohrgeräusche sind unangenehm und zu vermeiden. Vielleicht nicht immer, aber immer öfter.

# Karieskiller: Die empfiehlt der Zahnarzt auch seiner Familie

Die Zufuhr fluoridhaltiger Substanzen verbessert unbestritten die Zahngesundheit und nimmt einen wichtigen Stellenwert unter den kariesvorbeugenden Maßnahmen ein. Studien konnten allein durch die regelmäßige Verwendung fluoridhaltiger Zahnpasten eine Reduktion der Karies um bis zu 35 Prozent belegen. Fluoride »härten« den Zahnschmelz gegen den Säureangriff bakterienhaltiger Beläge und wirken nachweislich hemmend auf das Wachstum von Plaquebakterien. Als besonders wirkungsvoll haben sich Aminfluoride erwiesen, die Inhaltstoff entsprechender Zahnpasten, Gelees und Lacke sind. Zur wirksamen, ergänzenden Vorbeugung gegen Karies und ihre Folgen hat sich eine zeitlebens durchzuführende Basisprophylaxe mit Fluoriden erwiesen. Kindern sollten genau dosierte Mengen Fluor in Form von Tabletten zugeführt werden, während Erwachsene dieses wichtige Element zum Beispiel in ausreichendem Maße über fluoridiertes Speisesalz aufnehmen können. Zusätzlich ist eine lokale, häusliche Anwendung über das Einbürsten von Fluoridgelees und das Umspülen der Zähne mit entsprechenden Mundspüllösungen zu empfehlen. Für Erwachsene wird eine ideale Dosis von etwa 1 mg Fluor pro Tag empfohlen. Besonders Kinder dürfen Fluor nur nach einem vom Kinderarzt festzulegenden »Fahrplan« zu sich nehmen, um Überdosierungen zu vermeiden.

☞ Durch die permanente Zufuhr von Fluoriden können Sie eine beachtliche Karieshemmung erzielen. Achten Sie beim Kauf von Zahnpasten, Salz und Mineralwässern auch darauf, ob sie Fluoride enthalten: Sie machen die Zahnoberflächen nachgewiesen widerstandsfähiger. Eine besonders intensive Zahnhärtung wird auch durch das Aufbringen fluoridhaltiger Lacke erzielt, die der Zahnarzt im Rahmen bezahlter Prophylaxe auf die Zähne pinselt. Bei der Verwendung hochwirksamer Präparate (z. B. Kombi-Packung zur Tiefenfluoridierung der Human Chemie GmbH) beträgt die Wirkdauer auf die Zähne durchweg länger als ein Jahr.

Neben den Fluoriden ist auch der Wirkstoff Chlorhexidin bestens geeignet, der Karies wirksam zu begegnen. Die Wirkung von Chlorhexidin beruht auf seiner antibakteriellen Eigenschaft, mit der das individuell verschiedene Kariesrisiko durch die massenweise Vernichtung von der für die Zähne gefährlichen Bakterien (Mutans-Streptokokken) erzielt werden kann. Da diese spezielle Bakterienart vornehmlich Plaque besiedelt und somit als hauptverantwortlich für die Entstehung der Karies anzusehen ist, bringt ihre Reduktion rasche Erfolge. Chlorhexidin muß flächig auf die Zähne einwirken können und ist rezeptfrei in Apotheken als *Corsodyl-Gel* erhältlich. Allerdings ist die Anfertigung individueller Trägerfolien durch den Zahnarzt notwendig, der dazu einen Abdruck beider Kiefer nimmt. Die fertigen Medikamententräger passen sich dadurch den Zahnreihen genau an und gewährleisten einen intensiven Kontakt aller Zahnflächen mit dem hochwirksamen und bakterienvernichtenden *Corsodyl*. Die Methode ist für jeden praktikabel, weil der Zeitaufwand gering gehalten werden kann. Die Anwendung von *Corsodyl-Gel* kann einmal halbjährlich erfolgen. Die Einwirkzeit ist dabei über einen Zeitraum von 14 Tagen auf täglich 5 Minuten zu begrenzen. Sechsmonatige Wiederholungen dieser »Intensivpackung« für die Zähne lassen beste Ergebnisse bei der Karieshemmung erwarten.

☞ Bitten Sie den Zahnarzt gelegentlich um die Anfertigung spezieller Medikamententräger für die Zahnreihen. Diese hauchdünnen Plastikschienen werden Ihnen mit den Abdrücken zwar privat in Rechnung gestellt, aber Sie können mit der konsequent zu Hause durchzuführenden halbjährlichen Corsodyl-Kur Karies entscheidend hemmen. Und demnächst viel Geld beim Zahnarzt sparen, wenn Sie auch die anderen, schon genannten Hinweise zur Zahnpflege beachten. Corsodyl erhalten Sie in Apotheken, und die Tube (etwa 15 Mark) reicht für eine zweimal jährliche

Anwendung über jeweils zwei Wochen. Die Anschaffung der Trägerschienen rentiert sich bald, denn sie halten bei sachgemäßem Gebrauch ewig.

Auch die Fissurenversiegelung der Zähne mit lichthärtenden Kunststoffen durch den Zahnarzt kann vor löchrigen Zähnen schützen. Sie hat sich weltweit als sicherer Schutz für die Kauflächen der bleibenden Zähne vor Karies erwiesen. Während Kinder altersabhängig Fissurenversiegelungen »auf Kasse« in Anspruch nehmen dürfen, sind Versiegelungen der Zähne für erwachsene Patienten Privatleistung. Bei konsequenter Befolgung der häuslichen Zahnhygiene, einer dosierten Zufuhr von Fluoriden und halbjährlichen Chlorhexidin-(*Corsodyl*-)Kuren erscheinen sie zudem verzichtbar. Zahnärzte haben die Bedeutung präventiver Maßnahmen auch für ihren eigenen Geldbeutel entdeckt. Die meisten angebotenen Leistungen im Rahmen der Prophylaxe für Erwachsene sind Privatleistungen, die sich schnell zu höheren Beträgen addieren. Wer hier investieren möchte, kann dies tun. Wer aber schlau ist, führt die effektive Mundhygiene lieber selbst zu Hause durch und tritt beim Zahnarzt nur noch zur Kontrolle an. Untersuchungen und das eventuelle Entfernen von Zahnstein sind schließlich Kassenleistungen und müssen nicht aus eigener Tasche bezahlt werden. Gesetzlich Versicherte haben bei hohem Kariesrisiko zudem Anspruch auf Maßnahmen zur Keimzahlsenkung und Schmelzhärtung. Sie sollten ihren Zahnarzt diesbezüglich ansprechen.

# DAS LETZTE

# Keine Angst mehr vor dem Zahnarzt: Die etwas andere CD

Angst vor dem Zahnarzt ist für viele ein Grund, den mitunter notwendigen Gang dorthin zu verzögern oder gar nicht anzutreten. Die weitverbreitete Angst vor der Behandlung ist aus dem Blickwinkel des Zahnarztes oft für ihn nicht nachvollziehbar. Manche Behandler geben sich die denkbar größte Mühe, Angst zu mindern. Indes, sie läßt sich bei vielen nicht einfach wegzaubern oder in Luft auflösen. Andere Zahnärzte nehmen sich kaum Zeit, auf den verständlichen Wunsch ihrer Patienten nach der angstfreien Behandlung einzugehen. Wenige behandeln in entspannter Atmosphäre unter Hypnose. Der Preis für diese Trance ist mit etwa 150 Mark pro Eingriff für viele Patienten unerschwinglich, und nur wenige Zahnärzte verstehen überhaupt wirklich etwas von Hypnose. Eine preiswerte Möglichkeit, schon von zu Hause aus die Angst vor zahnärztlichem Handeln anzugehen, bietet vielleicht das mehrmalige Abhören suggestiver Worte mit unterlegter, beruhigender Musik. Die CD *»Keine Angst im Zahnarztstuhl«* zum Beispiel entwickelt rasch tiefenpsychologische Wirkung, wenn sie vor oder auch während zahnärztlicher Beghandlungen gehört wird. *»Keine Angst im Zahnarztstuhl«* kann nach einer Presseinformation zu einem Preis von 16,90 DM plus Versandkosten (Nachnahme) bestellt werden bei:

TRIMAX-MUSI
Langerfelder Str. 129
42389 Wuppertal
FAX: 0202 500291 oder
0202 601286

# Qualität: Behandlungszeiten einiger zahnärztlicher Eingriffe

Jeder zahnärztliche Eingriff macht bei guter Ausführung einen unbestritten notwendigen Zeitaufwand erforderlich. Der Zeitbedarf verschiedener Behandlungen ist natürlich unterschiedlich und wird gemittelt angegeben. Die Angabe der Zeitwerte erfolgte in Minuten. Im Einzelfall kann es zu erheblichen Abweichungen kommen, die sich durch unterschiedliche Krankheitsbilder und anatomische Besonderheiten ergeben können. Wesentliche Unterschreitungen der angegebenen Zeiten für die unten angegebenen Behandlungen sollten nachdenklich stimmen, ob sie vom Behandler mit der gebotenen Sorgfalt ausgeführt worden sind.

| Art der Behandlung | Ungefähre Behandlungszeit bei mittlerer Schwierigkeit unter normalen Umständen | | |
|---|---|---|---|
| **Professionelle Zahnreinigung** | 28 Zähne | 20 | Minuten |
| **Kunststoffüllung** *Seitenzahn* | klein | 15 | Minuten |
| | mittel | 25 | Minuten |
| | groß | 35 | Minuten |
| **Kunststoffüllung** *Schneidezahn* | klein | 15 | Minuten |
| | mittel | 20 | Minuten |
| | groß | 25 | Minuten |
| **Teilkrone/Inlay** *Metall* | je Zahn | 75 | Minuten |
| *Keramik* | je Zahn | 90 | Minuten |
| **Krone** *Metall* | je Zahn | 75 | Minuten |
| *verblendet* | je Zahn | 85 | Minuten |
| **Fissurenversiegelung** | je Zahn | 10 | Minuten |
| **Mundhygiene** *Anleitung* | | 30 | Minuten |

# Sachregister